The BiG SiN – Die Lust zum Sündigen

Eveline Ratzel
(verwirklicht mit Andrea Keller)

Erika Wisselink "Hexen"

Eveline Ratzel

verwirklicht mit Andrea Keller

The BiG SiN
Die Lust zum Sündigen

Mary Daly und ihr Werk

1. Auflage 2011
Titelgestaltung: Andrea Keller, Karlsruhe
Satz: Kerstin Weber, Nauheim
© Christel Göttert Verlag
www.christel-goettert-verlag.de

ISBN 978-3-939623-32-8

Widmung

Mary Daly ist die Denkerin einer elementalen Philosophie für Frauen. Sie hat die patriarchalen Schrecknisse von der griechischen Antike bis heute analysiert. Ebenso die Bedingungen, die es Frauen ermöglichen, die langweiligen und mörderischen Prozessionen der Welt der Väter und Söhne zu durchqueren, dabei die patriarchalen Bandagen abzustreifen, über sie zu lachen und ihre Reine Lust zu entdecken.
Das scheint mir ein guter Grund, Mary Daly zu lesen.
Dieses Buch soll ein hilfreicher Einstieg in ihr großes Werk sein und vor allem die Neugier der Frauen befeuern, die sich erstmals auf Dalys Philosophie einlassen wollen. Es wird an den heutigen Leserinnen sein zu entscheiden, ob sie Dalys Werk für sich nutzen, weitertragen und weiter beleben wollen. Euch ist mein Buch gewidmet.

                 Eveline Ratzel

Inhalt

Prolog: Das Gelächter der Häxen (von Eveline Ratzel) 9

Biografische Stationen von Mary Daly (von Andrea Keller) 12

Boston College – Stationen im Grabenkampf
(von Andrea Keller) 15

Der rote Faden – Wie es zu diesem Buch kam
(von Eveline Ratzel) 17

Über dieses Buch (von Andrea Keller) 27

Mary Daly, 1928 bis 2010 (von Linda Barufaldi in cahoots
[unter einer Decke] mit Emily Culpepper) 29

Mary Daly – eine biografische Skizze/Eine Feministin der
Feministinnen. Zur Erinnerung an Mary Daly, 1928 – 2010
(von Mary E. Hunt im Zusammenschnitt der Herausgeberinnen) 32

Jennifer Benson will dich veranlassen, deinem Bücherregal
ein paar Sünden einzuverleiben (von Jennifer Benson) 36

Nachruf auf Mary Daly (von Julie Bindel) 39

Mary Daly, radikalfeministische Theologin, starb mit 81 Jahren
(von Thomas Fox) 41

Mary Daly, Feministische Theologieprofessorin des
Boston College, starb mit 81 Jahren (von Jay Lindsay) 44

Mary Daly, 81. Die feministische Autorin forderte Kirche
und Patriarchat heraus (von Bryan Marquardt) 45

Mary, Quite Contrary [reichlich gegensätzlich]
(von Ann Powers) 46

Mary Dalys »Mut zur großen Sünde« (von Susan Brooks Thistlethwaite)	59
Text zur Gedenkfeier (von Robin Morgan)	62
Gedanken über Mary Daly (von Janice Raymond)	64
»New Ground« [»Neues Land«]. Ein ausgewählter Songtext für dieses Buch (von Alix Dobkin)	66
No Man's Land. Interview mit Mary Daly (von Susan Bridle)	69
Schreiben gegen die Phallokratie (von Dagmar Buchta)	102
Wie ich über den Mond sprang. Ein persönlicher Nachruf auf Mary Daly (von Irmgard Neubauer)	104
Zusammenschau des Werkes von Mary Daly (von Ilka Albers)	106
Quantensprünge des Bewusstseins. Die politische Dimension in Mary Dalys neuem Buch Reine Lust (von Gerda Weiler)	114
Eine FEMMAGE an Mary Daly (1928 – 2010) und Würdigung ihres Werks (von Gudrun Nositschka)	120
Zum Tod von Mary Daly (von Luise F. Pusch)	141
Reine Lust, gestern, heute, morgen (von Eveline Ratzel)	143
Ausklang (von Eveline Ratzel)	147
Reine Lust – Elemental-feministische Philosophie. Eine Auseinandersetzung mit Mary Daly (von Eveline Ratzel)	149
Literaturverzeichnis	268
Autorinnenverzeichnis	274

Prolog: Das Gelächter der Häxen

(von Eveline Ratzel)

»Nichts gleicht dem Klang, wenn Frauen richtig lachen. Das tosende Gelächter von Frauen ist wie das Tosen der ewigen See. Häxen können über sich selbst gackern und lachen, doch immer unüberhörbarer wird ihr schallendes Gelächter über jene Verkehrung, die das Patriarchat darstellt, diesen monströsen Zipfel-Witz ...«, schreibt Mary Daly in *Gyn/Ökologie* und ich wählte es als Schlusswort meiner Diplomarbeit in Soziologie, die ich 1987 unter dem Titel *Reine Lust – Elemental-feministische Philosophie. Eine Auseinandersetzung mit Mary Daly* in Frankfurt einreichte. Ein langer Weg bis dahin. Er begann 1981, im Erscheinungsjahr der von Erika Wisselinck kreierten deutschen Übersetzung von *Gyn/Ökologie*. Ich treffe in der Badischen Landesbibliothek nach vielen Jahren eine alte Schulfreundin, die dort als Bibliothekarin arbeitet, und nach dem ersten üblichen Gegacker über alte Lehrerinnen und Mitschülerinnen (wir waren auf dem Fichte-Gymnasium, ein von Anita Augspurg eingeweihtes Mädchengymnasium) erwähnt sie eine Neuerwerbung, in die sie bereits hineingelesen hatte. »Hast du schon was von Mary Daly gehört?«, fragt Christine mich.

»Nein.«

»Sie hat ein Buch geschrieben, *Gyn/Ökologie*, nein, nicht Gynäkologie, das Buch hat was zu tun mit Frauen und Natur oder mit der Natur der Frauen. Ich kann das nicht lesen, ich verstehe das nicht, aber ich weiß, dass es ein wichtiges Buch ist, und ich meine, das ist was für dich, du solltest es unbedingt lesen.«

Christine wusste, dass ich den Karlsruher Notruf mitgegründet hatte und überhaupt, die Sache der Frauen ...

So wurde ich eine der allerersten Leserinnen des Exemplars aus der Bibliothek. Dass ich es fertig las, war einer Mischung aus furchtloser Neugierde und trotzigem Durchhaltevermögen zuzuschreiben. Anfänglich konnte ich nämlich die vielen seltsamen Worte nicht zu einem sinnstiftenden Zusammenhang bewegen, ich, die schlaue und intellektuelle Rebellin, die im Alter von vierzehn Jahren während des Unterrichts unter der Schulbank in Sartre-Büchern las, mit fünfzehn Beauvoirs *Das andere Geschlecht* verschlang (und dabei erstmals dem Wort Lesbierin begegnet war), mich mit achtzehn mit Marcuses eindimensionalem Menschen befasste – das war 1968, wir schwänzten den Unterricht und rannten im Schulgebäude die Treppen rauf und runter, weil uns nichts Gescheiteres als Protest gegen die Notstandsgesetze einfiel – und so fort, ich las also stur weiter, bis ich plötzlich, ich weiß nicht wie, dabei war. Unbeschreiblich weiblich.

»Mädels, haltet euch fest, es geht wieder rund!«, sprach die atheistische Sünderin zu ihrem Rosenkranz.

Schnell las ich *Kirche, Frau und Sexus* und *Jenseits von Gottvater, Sohn & Co.*, war begeistert von ihrer solidarischen Selbstkritik, in der sie mit der Illusion, in der Kirche zu verbleiben, um sie feministisch zu reformieren, abrechnete.

Die nächsten endlos vielen Jahre, also ab 1981, waren stürmisch und voller Gelächter, wo immer ich spiralig hinreiste. Unmöglich, all die Treffen, Diskussionen, Tagungen, staunenden Erlebnisse aus meinem Gedächtnis zu fischen.

Aber das. 1986, ein heißer Julitag in Frankfurts Uni.

Am nächsten Tag erscheint in der *Frankfurter Rundschau* ein ganzseitiger Artikel mit der Überschrift »Hexenkessel«. Feministische Theologiestudentinnen hatten Mary Daly zum Vortrag geladen, wollten keine Anwesenheit von Männern. Die »knilchigen« Theologieprofessoren befanden das als Angriff auf die demokratische Freiheit der Wissenschaft und stimmten dann dem Kompromiss zu: Vortrag auch für Männer, die anschließende Diskussion ausschließlich unter Frauen und an einem anderen Ort, im »Soziologenturm«. Dort schoben am Eingang Frauen vorsorglich Wache, die angekündigte Randale männlicher Theologiestudenten blieb aus. Der größte Hörsaal, voll besetzt, im Besitz weiblicher Körper, die kleine Frau da vorne lädt die Vorschwestern ein, beschwört die Elemente, und die vielen Frauen im Hörsaal lassen es richtig krachen. Da waren die Häxen mit ihrem Gezische, Gejodel, da war die Häxe Erika Wisselinck, die mit ihrem Gelächter ihre Übersetzung dauernd unterbrach. (Noch 2000, anlässlich der Ausrufung des Jahrtausends der Frau, sagte Erika während ihres Vortrags im Hambacher Schloss, wenn sie etwas vermisse, so vor allem das Gelächter innerhalb der Frauenbewegung heute.)

»Jumping off the clock« – das war einer der »moments of be-ing« in Frankfurt, und ihnen folgten andere. Im gleichen Jahr (1986) eine Tagung über feministische Utopie in Bielefeld, wo Mary Daly sprach, auch Christina Thürmer-Rohr ...

Und dann – war es 1988? – organisierte Doris Gunn in Riehen bei Basel eine Woche Workshops mit Mary Daly. Zum Anlass konnte ich eine fast ganzseitige Darstellung von Dalys elementaler Philosophie in der *Basler Zeitung* unterbringen.

Wer hat Angst vor Virginia Woolf?

Wer hat Angst vor Mary Daly?

Fast ausschließlich Schweizerinnen waren in dieser Woche zugegen. Zum ersten Mal erlebte ich etwas, das mir in den folgenden Jahren dann auch bei Lesungen eigener Schriften in der Schweiz auffiel: Die Frauen hievten keine, auch nicht Mary Daly, auf einen Thron, und so gab es dann auch keine Entthronung. Und das war ich aus Deutschland gewohnt: auf naive Inthronisation folgt hässlicher Thronsturz. In Basel ging es entspannt zu, würden wir heute sagen. Keine verbissen puritanische Ethik der Freudlosigkeit, wir amüsierten uns über Marys Sprache, lachten darüber, wie sie mit lautem Knall ihre Bücher auf den Vortragstisch pfefferte und aus dem Stegreif mit uns sprach. Und abends wurde getrommelt und getanzt. Einige der anwesenden Frauen hatten vor der Tagung meine Diplomarbeit gelesen, um auf die Schnelle ihre Daly-Kenntnisse aufzufrischen, wie sie sagten. Ich bekam durchweg freundliche Resonanz und wurde damit ein wenig getröstet. Denn nie hätte ich gedacht, dass mir feministische Dozentinnen an der Frankfurter Uni, die dort zahlreich vertreten waren, derartige Knüppel in den Weg legen würden, so dass ich nur unter allergrößten Schwierigkeiten die Diplomarbeit unterbringen konnte. Jedoch habe ich sie untergebracht, und ich wollte damit verdeutlichen, dass Mary Dalys Philosophie nicht nur als Münze in theologisch-feministischen Räumen gehandelt wird. Ich habe sie in die soziologische Fakultät einer deutschen Uni gebracht, wo wir über sexuelle Gewalt gegen Frauen, über ungleiche Chancen und Bezahlung und vieles andere studiert haben.

Während der Schweizer Woche habe ich Mary Daly als lustig, sachlich und unprätentiös erlebt. Nein, sie wollte auf keinem Thron sitzen, dort wär's ihr zu eng gewesen und zu unbeweglich. »Die Göttin ist ein Verb.« Das habe ich erstmals mit 30 bei Mary Daly gelesen. Heute bin ich 60, und ich meine, das ist mein Lieblingssatz, wenn auch sofort viele andere Erkenntnisse auftauchen und sich schubsend und kitzelnd vordrängen wollen. Weder einen Lattenschorsch anbeten noch der traurigen Gestalt eines Nirvana anhängen, auch keine Frauen durch Erhöhung verhohnepiepeln. Lieber als böses (altes) Mädchen überall hinreisen, bloß nicht im Himmel geparkt werden.

Eigentlich habe ich diesen Text nur geschrieben, um meiner Trauer einen nicht körperlichen Ausdruck zu verleihen. Denn in der Magengegend tut es arg weh.

Mir bleibt das Gelächter.

(Zuerst erschienen in: www.bzw-weiterdenken.de/2010/03/das-gelachter-der-haxen/; 8. März 2010)

Biografische Stationen von Mary Daly

(von Andrea Keller)

Mary Daly wird am 16. Oktober 1928 in Schenectady, US-Bundesstaat New York, geboren.

Als einziges Kind irisch-katholischer Eltern aus der ArbeiterInnenklasse wird sie von den Eltern, besonders von ihrer Mutter Anna, zu einer höheren Ausbildung ermutigt.

Ihr Vater Frank ist Handelsvertreter für Eismaschinen und ihre Mutter Anna, Hausfrau mit geringer Schulbildung, strebt für ihre

Tochter eine Lebensperspektive an, die über die Frauenrolle im Haus hinausreicht, und unterstützt Mary in deren ehrgeizigen Plänen. In ihrem Buch *Auswärts Reisen* schildert Mary Daly ihre Kindheit als glücklich und verweist immer wieder auf die tragende Rolle ihrer Eltern, insbesondere auf die Wichtigkeit ihrer Mutter. Sie wird von beiden Eltern sehr geliebt, mit ausreichend Nahrung, Kleidung und Spielzeug versehen, doch vor allen Dingen bekommt sie Bücher, die sie verschlingt. Zu ihrem Kummer scheinen Mädchen aber darin keine besondere Rolle zu spielen. Von ihren Eltern lernt sie, sich glücklich zu schätzen, irischer Abstammung zu sein. Dazu gehören auch die selbstverständliche Verbindung zur katholischen Kirche und das Festhalten an irischen Traditionen wie dem Erzählen.

Mary fühlt sich zur Theologie hingezogen. Nach dem College in Saint Rose in Albany, New York, mit Bachelorabschluss, einem Masterabschluss in Englisch an der Catholic University of America in Washington D.C., erhält sie 1953 ihren ersten Doktorinnengrad in Religionswissenschaften am St. Mary's College at the University of Notre Dame, Indiana. Dass die höhere Bildung für Frauen eine Mogelpackung ist, bei der es nicht wirklich um den weiblichen Zugang zu intellektuellen Höhenflügen geht, hat sie inzwischen kapiert.

Die Lehrtätigkeit der folgenden Jahre lastet sie intellektuell nicht aus und sie setzt ihre Studien 1959 mit einem Stipendium in der Schweiz an der Universität von Fribourg fort. Zu dieser Zeit lässt keine US-Universität Frauen zu akademischen Graden in Theologie zu. 1963 promoviert sie in der Schweiz mit einer Arbeit über Thomas von Aquin und erringt einen weiteren Doktorinnentitel. Insgesamt bringt sie es auf sechs Abschlüsse, allein drei Doktorinnentitel in Religionswissenschaften, Theologie und Philosophie.

1966 verlässt sie Fribourg und beginnt ihre Tätigkeit am Boston College. Sie ist die erste Frau, die an dieser jesuitischen Institution Theologie lehrt.

1969 kommt es wegen ihrer Publikation *The Church and the Second Sex* zum ersten großen Streit mit dem College. Kurz danach – aufgrund massiver Proteste ihrer Studenten – muss das College sie als associated professor (Lehrbeauftragte) mit Festanstellung wieder aufnehmen.

1970 werden Frauen am Boston College zugelassen und Daly besteht darauf, ihre Veranstaltungen ausschließlich Frauen anzubieten.

Zwischen 1973 und 1987 schreibt sie ihre bedeutenden radikalfeministischen Werke (*Gyn/Ökologie, Reine Lust* und das *Websters' First New Intergalactic Wickedary of the English Language*, Conjured in Cahoots with Jane Caputi).

Die achtziger und neunziger Jahre sind die Zeiten ihrer großen Vortragsveranstaltungen in Europa, in Deutschland zusammen mit ihrer Übersetzerin Erika Wisselinck.

In den Jahrzehnten nach 1970 kommt es immer wieder zu Konflikten mit dem Boston College. Sie eskalieren 1998 mit einer Klage des Studenten Duane Naquin, der seine Teilnahme an Dalys Frauenklassen vor Gericht zu erstreiten droht (siehe »Boston College – Stationen im Grabenkampf«).

2001 endet der Streit mit einem Vergleich und der Bekanntmachung des College, Daly sei in den Ruhestand gegangen. Sie selbst besteht darauf, dass ihr dieser Schritt aufgezwungen wird.

2006 dokumentiert sie in *Amazon Grace: Recalling the Courage to Sin Big* ihre Abrechnung mit dem Grabenkampf am Boston College.

Nach Ende ihrer Tätigkeit am Boston College gibt sie weiterhin Lehrveranstaltungen und widmet ihre Aufmerksamkeit radikallesbischen Büchern, die nicht mehr aufgelegt werden.

Am 3. Januar 2010 stirbt sie nach längerer neurologischer Erkrankung in Gardner, Massachusetts. Ihre Asche ist auf dem Mount Auburn Friedhof in Cambridge, Massachusetts, beigesetzt.

Boston College – Stationen im Grabenkampf

(von Andrea Keller)

Vor allem in den US-Beiträgen, die in dieses Buch aufgenommen wurden, wurde immer wieder vom langjährigen Konflikt Mary Dalys mit dem jesuitischen Boston College gesprochen. Allen US-Autorinnen, sowohl Mary Dalys Freundinnen als auch ihren ehemaligen Studentinnen oder den Journalistinnen ist es wichtig, zweierlei herauszustellen: zum einen die patriarchalen Knüppel diverser Bildungsinstitutionen (ob in den USA oder in der Schweiz) und zum anderen den Mut, die Ausdauer und das »never give up« Mary Dalys gegen die »akadementen Bohrokraten«. Daher wird, auch um Wiederholungen zu vermeiden, dieser mehr als dreißigjährige Grabenkampf hier im Überblick dargestellt:

1966 ist Daly die erste Frau, die an der theologischen Fakultät des jesuitischen Boston College im US-Bundesstaat Massachusetts Theologie lehrt. Drei Jahre später kommt es zum ersten großen Streit mit dem College. Nach der Veröffentlichung ihres ersten Buches *The Church and the Second Sex* (in Deutsch: *Kirche, Frau und Sexus*), in dem sie den Frauenhass in der katholischen Kirche vorführt, gedenken die Jesuiten, sie nach Ablauf ihres Jahresvertrages zu feuern. Keine gute Idee in Zeiten der großen studentischen Revolten! Es gibt massive Proteste von weit über tausend StudentInnen – vorwiegend männlich, da das College damals noch keine Frauen duldet. Nach einem viermonatigen Getümmel müssen die Jesuiten Daly eine Festanstellung bewilligen. Später nennt sie manche ihrer Kollegen »bore-ocrats« [von *to bore:* langweilen, eindringen] und attestiert ihnen »Akademenz«.

1970 werden endlich Frauen am Boston College zugelassen und gleich geht der Kampf weiter: Daly besteht darauf, ihre weiterführenden Klassen in Feminismus ausschließlich Frauen anzubieten. Zu ihrer Einführungsreihe in den Feminismus sind männliche Studenten zugelassen. Für weiterführende Studien offeriert sie ihnen gesonderte Veranstaltungen. Reine Frauenklassen bieten ihr und den Studentinnen die Atmosphäre, die sie für eine offene Entwicklung ihrer Inhalte als lebensnotwendig ansieht.

Diese Haltung bringt ihr in den folgenden Jahren nicht weniger als acht scharfe Verweise der Collegefunktionäre ein. In einem Fall wird ein Student wochenlang zu ihrer Veranstaltung eskortiert – bis er aufgibt.

1975, als ihr die Vollprofessur verweigert wird (sie ist noch immer associate professor, Lehrbeauftragte), versammeln sich Feministinnen zum Protest auf dem Campus. »Sisters«, verkündet die Dichterin Robin Morgan, »we meet on bloody Jesuit ground!« (Doppelbedeutung von bloody: blutig/verflucht/verdammt).

Immer, wenn die Wogen hochschlagen, lässt sie sich beurlauben. Sie nennt es die »power of absence«.

1998 bricht diese Taktik ein. Der Student Duane Naquin droht mit einem Gerichtsverfahren wegen Verletzung der Antidiskriminierungsgesetze, moralisch und finanziell gestärkt vom hochkonservativen Center for Independent Research. Nach einer Reihe komplizierten Hin und Hers behauptet das College 2001, Mary Daly habe einem Vergleich zugestimmt und begebe sich in den Ruhestand. Sie erklärt, in dieser Sache niemals irgendetwas unterzeichnet zu haben, und besteht darauf, dass ihr das Ende ihrer Tätigkeit am Boston College aufgezwungen wurde.

In diesen Zeiten ist der furiose Rückhalt aus der Studentinnenschaft, der so lange dafür gesorgt hat, sie im Amt zu halten, bereits erloschen. Es gibt nur noch wenige, wirkungsschwache Aktionen zugunsten Dalys gegen das Boston College. So nimmt sie – nach ihrer Darstellung unfreiwillig – ihren Hut.

Bei diesem Grabenkampf hat die patriarchale Finanzwirtschaft bei Besoldung und Rente von Mary Daly auf jeden Fall eine Stange Geld gespart. Für eine akademente männliche Besetzung hätte das Boston College ohne Wenn und Aber eine ordentliche Professorenstelle bereitstellen müssen.

Der Rote Faden – wie es zu diesem Buch kam

(von Eveline Ratzel)

»Das Gelächter der Häxen« war 2010 mein Beitrag zum Tod Mary Dalys im Internetforum *www.beziehungsweise-weiterdenken.de*. Christel Göttert vom gleichnamigen Verlag las den Text, fand dort Doris Gunn wieder, telefonierte mit ihr und erzählte ihr von meinem Artikel.

Lange Jahre war der Kontakt zwischen Doris und mir eingeschlafen. Sie hatte in den Achtzigern in Riehen/Schweiz ein Wochenseminar mit Mary Daly organisiert, das in einem wunderschönen Lustschlösschen des 19. Jahrhunderts mit ausgedehnter Parkanlage stattfand. Doris hatte dafür gesorgt, dass im Park die Skulptur »Schlafende Muse« von Bettina Eichin lag (deren »Sitzende Helvetia« in Basel an der mittleren Rheinbrücke über den Rhein schaut). Ich hielt die Vormittagsseminare ab, die sich an Janice Raymonds Buch *Frauenfreundschaft* orientierten, Mary bestritt das Nachmittagsprogramm.

Ostern 2010 rief Doris mich an und lud mich zu sich an die Schweizer Grenze ein. Es war ihre Idee, zu Ehren von Mary Daly, die gerade im Januar verstorben war und mit der Doris gut bekannt gewesen ist, im Christel Göttert Verlag meine Diplomarbeit, die die Kernthesen eines der Hauptwerke von Mary Daly herausarbeitet, zu veröffentlichen. Ich stimmte zu, allerdings mit der weitergehenden Idee, »hundert Blumen blühen« zu lassen, viele andere Stimmen in dieses Projekt einzubinden. Meine Recherchen im US-amerikanischen Raum wie auch hierzulande versammelte ein buntes Blumenmeer, farbig, lustig, dornig, aufregend. Danke, liebe Freundin Doris, für deine Idee – und die finanzielle Unterstützung. Auch Christel Göttert war dafür zu gewinnen, da der Verlag sich gerade mit der Biografie von Erika Wisselinck, die Dalys Werke kongenial ins Deutsche übersetzte, im Denken von Mary Daly bewegte.

Und hier nun beginnt der rote Faden.
(Alle Zitate stammen von den jeweiligen Autorinnen.)

Linda Barufaldi aus San Diego, lesbische Aktivistin sowie Freundin und ehemalige Studentin von Mary Daly, schreibt »in cahoots with« [unter einer Decke mit] Emily Culpepper in *www. Womensmediacenter.com* über Dalys stürmische Intelligenz, hebt Willen und Unbeugsamkeit ebenso hervor wie Marys Liebe zu schmissigen Witzen, gutem italienischen Essen und ihre immerwährende Bereitschaft für lebendige Diskussionen.

Die Mitbegründerin von WATER *(Women's Alliance for Theology, Ethics and Ritual)*, **Mary E. Hunt,** skizziert in zwei Beiträgen, die wir zusammengefasst haben, Schwerpunkte aus Dalys Leben und Werk. Besonders bildhaft dafür dürfte die Passage über das zweite vatikanische Konzil 1965 sein, das Mary Daly in Rom miterlebte, hautnah mit den »kostümierten Eminenzen« – und doch so fern.

Jennifer Benson will in *www.Philosophynow.org* »dich veranlassen, deinem Bücherregal ein paar Sünden einzuverleiben«. »Sünde ist ein feministisches Ziel. Wenn du das bis jetzt noch nicht gehört hast, hast du ganz schön was verpasst.«

Für **Julie Bindel** von *The Guardian* (UK) ist Mary Daly »der Welt erste feministische Philosophin« mit der brillanten »Gabe, ganze Generationen von Studentinnen zu begeistern und zum Feminismus zu bewegen.«

Thomas Fox, Herausgeber von *The National Catholic Reporter,* zitiert Mary E. Hunt, Mitbegründerin der *Women's Alliance for Theology, Ethics and Ritual (WATER),* die Dalys Arbeit »vielschichtig, einmalig und, wenn ich das sagen darf, weltverändernd« nennt. Er sieht Mary Daly »beeinflusst von DenkerInnen auf der Skala zwischen Thomas von Aquin bis Simone de Beauvoir und Virginia Woolf.« Daly nannte Thomas von Aquin den »fetten alten Mönch«.

Jay Lindsay zitiert in *www.Tributes.com* Robin Morgan: »Sie riss wirklich Grenzen ein und das machte manche Leute wahnsinnig.« Und Gloria Steinem (Gründerin und Herausgeberin des *Ms. Magazine*), die Daly »eine brillante Autorin und brillante Theoretikerin« nennt, die »auch in ferner Zukunft noch hoch geschätzt werden« wird.

Für **Bryan Marquardt** von *The Boston Globe* prägte Daly Worte »mit irischem Witz, die zwischen Gerissenheit und Schonungslosigkeit hin- und herflutschten.« Er zitiert die Benediktinerin und feministische Autorin Joan Chittister: »Mary spielte mit der Sprache in einer Weise, dass eine einfach innehalten und nachdenken musste.« Und auch Gloria Steinems Hoffnung, »Mary wird durch Menschen, die sich mit ihrem Werk beschäftigen, lebendig bleiben.«

Ann Powers titelt 1999 in *The New York Times:* »Mary, Quite Contrary« und beurteilt ihr Schreiben als experimentell bei Tiefblick und sinnlicher Vitalität. Powers lässt auch Kritikerinnen zu Wort kommen, die pragmatisch und mit »dem gesunden Menschenverstand von Frauen« im akademischen und öffentlichen Bereich tätig sind. Sie wünscht sich zwischen »den diversen Feldlagern« eine »Verständigung«, die »praktisch zum Stillstand gekommen« sei. Bemerkenswert auch ihr Hinweis auf die Philosophieprofessorinnen Sarah Lucia Hoagland und Marilyn Frye, die 2000 eine Anthologie kritischer Rückmeldungen auf Dalys Werk herausgebracht haben.

Susan Brooks Thistlethwaite meint in *The Washington Post*, Dalys »Antriebskraft für Frauen, sich ein Herz zu fassen und die Dinge und ihre Erfahrungen beim Namen zu nennen, wird sie überdauern.« Sie plauderte öfter mit Daly in der Bostoner Werkstatt, in der beide ihre Autos reparieren ließen. Obgleich sie deren Auffassung zu Fragen von Rasse und Gender kritisiert, trübt das »in keiner Weise meinen Blick für das riesige Geschenk, das ihr Werk der feministischen Theorie macht.«

Die bereits mehrmals zitierte Dichterin und feministische Theoretikerin/Aktivistin **Robin Morgan** wurde hierzulande mit ihren Büchern *Anatomie der Freiheit* und *Zu weit gehen* bekannt. Ihr immer engagierter und humoriger Stil wird auch in ihrem Beitrag deutlich, den sie zur Verlesung bei der Gedenkfeier von Mary Daly geschrieben hat. Wir freuen uns sehr, ihre Rede über Mary Daly, ihr »difficult twin« [schwieriger Zwilling] der Leserin anbieten zu können. Sie meint, Dalys Ego sei groß wie Montana gewesen (und dies nebenbei verdientermaßen). In solcher Weise äußert sich Morgan häufiger, an einer Stelle ihres Buches *Zu weit gehen* etwa beschreibt sie ihre Haare als derart fettend, dass sie der Ölproduktion Kuwaits Konkurrenz machen könnte. Stellen wir uns Robin und Mary vor, »dissolved in rib-aching, roll-on-the-floor-scare-the-cat laughter« [aufgelöst in zwerchfellerschütterndem Gelächter der Marke Roll-auf-dem-Boden-herum-und-erschreck-die-Katze] ...

Janice Raymond war so freundlich, uns trotz Zeitknappheit ihre Gedanken über Mary Daly zu schicken. Die beiden waren enge Weggefährtinnen und aus dem kurzen Text spricht eine tiefe Zuneigung.

Die jüdische lesbische Songwriterin, Musikerin und Sängerin **Alix Dobkin** (ich bin sicher, dass der Name mancher Leserin nun ein Lächeln aufs Gesicht zaubert und dabei Erinnerungen an gemeinsames Hören und Singen auftauchen) hat uns für dieses Buch eines ihrer Lieder geschickt, das sie besonders passend zu Dalys Philosophie findet: »New Ground«. Mary Daly hat in ihren Büchern mehrfach Alix' Songs zitiert, insbesondere »The Woman in your Life is You«.

Ein Interview, das **Susan Bridle** 1999 in *www.EnlightenNext.org* mit Mary Daly unter dem Titel »No Man's Land« geführt hat, lädt die Leserin ein, unmittelbar mit am Tisch zu sitzen und zuzuhören, wie und worüber Daly spricht, wenn ihr Fragen gestellt werden, die so gar nicht die ihren sind. Ein lehrreiches Vergnügen der besonderen Art und darum hier sowohl in Deutsch als auch im O-Ton zu lesen. Eine Freundin von Susan Bridle, die Fotografin Lisa Haskins, erinnert sich, dass Susan nach dem Interview mit Mary Daly zu ihr sagte, es sei zwar nicht ohne gewesen, sie zu interviewen, aber Daly habe sie auch ganz schön beeindruckt.

Liebe Leserin, du kannst dich nun in einem Gefährt deiner Wahl startklar machen, wir fliegen oder schwimmen über den großen Teich zurück und landen oder legen in Österreich an.

2008 bringt **dieStandard.at** zum achtzigsten Geburtstag Dalys ein Portrait heraus. Die Autorin Dagmar Buchta erwähnt die aufklärerische Wirkung von Waris Diries Buch *Wüstenblume* und betont die »gründliche Recherche über die ›unaussprechlichen Gräuel‹«, die Daly bereits zwanzig Jahre zuvor beschrieben hat.

Irmgard Neubauer, ebenfalls aus Österreich, gibt in *www. Frauenwissen.at* ihrer Überzeugung Ausdruck, dass Mary Daly nun auf der Anderen Seite des Mondes »dort bestimmt bald was Neues aussheckt. Niemals unterworfen, niemals.«

Nun, liebe Leserin, geht es von Österreich nach Deutschland.

Foto v. Ulrike Helbig: li. Mary Daly, re. Erika Wisselinck

Mary Dalys Bücher in deutscher Sprache und ihre Vorträge in Deutschland sind unvorstellbar ohne die Übersetzerin **Erika Wisselinck** und den Verlag Frauenoffensive, dem die Verbreitung von Mary Dalys Werk in Deutschland zu verdanken ist.

Die beiden Philosophinnen auf der Bühne
körperliche Ruhe, anwesende Materie
Geistesblitze und Gefunkel
die Worte
hin- und herflitzend
durch Kaskaden von Gelächter gespült
die amerikanische und deutsche Sprache
fließen ineinander
eruptive Ideenausbrüche
Feuer über dem Wasser
ein atemberaubender Anblick

Wir saßen 1986 in Frankfurt beim »Fest der 1000 Frauen« an einem Tisch, Erika alias Sophia und ich. Als ich sie später im Krankenhaus besuchte, verstreute sie eine Unmenge von Fotos über das Fest auf ihrem Bett, ich entkorkte eine Flasche Riesling, wir lachten und bewunderten die Kostümierungen der Frauen, die bei diesem großen Fest Frauen aus der Geschichte ehrten, bis dann um Mitternacht die erstaunte Krankenschwester die Nase voll hatte und mich freundlich, aber bestimmt hinauswarf. Die Fotos nebst ausführlichen Frauenporträts sind in *Mit Mut und Phantasie. Frauen suchen ihre verlorene Geschichte* zu bewundern, Herausgeberinnen dieses Buches sind Erika Wisselinck und Helma Mirus.

Während der »Ausrufung des Jahrtausends der Frauen«, im Jahr 2000 auf dem Hambacher Schloss in der Südpfalz, hörte ich Erikas Rede zu. Sie meinte, das, was sie am meisten an der gegenwärtigen Frauenbewegung vermisse, sei das Lachen.

Neben Erikas fantasievollen und kreativen Übersetzungen schrieb sie selbst drei sehr wichtige Bücher: *Jetzt wären wir dran.*

Frauen und Politik, Frauen denken anders und *Hexen. Warum wir so wenig von ihrer Geschichte erfahren und was davon auch noch falsch ist.*

Erika Wisselincks jahrzehntelangem Einsatz für die Sache der Frauen gebührt weit mehr Würdigung, als es meine wenigen Worte hier vermögen. Die Leserin sei verwiesen auf Gabriele Meixners Biografie *Wir dachten alles neu. Die Feministin Erika Wisselinck und ihre Zeit,* erschienen im Christel Göttert Verlag.

Die Journalistin **Ilka Albers** hat einen Beitrag aus dem Buch der 1000 Frauen. Das *FRAUEN-GEDENK-LABYRINTH, Teil 2* (hg. von Dagmar v. Garnier) beigesteuert. Sie orientiert sich vor allem an Dalys Biografie *Auswärts Reisen. Die Strahlkräftige Fahrt.* Ihr gelingt in bester journalistischer Manier die Verbindung zwischen den verschiedenen Dimensionen von Dalys Leben mit den darin entstandenen philosophischen Analysen und Ideen. Der so aufgespannte Bogen verdeutlicht, wie sehr Mary Daly ihre Philosophie aus ihrem Leben und dem anderer Frauen entwickelt, hin zur freien Sicht und Handlung.

Vermutlich muss den meisten Leserinnen die Matriarchatsforscherin **Gerda Weiler** nicht vorgestellt werden. Sie hat mehrere Bücher veröffentlicht (vor allem im Ulrike Helmer Verlag), die eine kulturgeschichtliche Spurensuche nach der Göttin und deren Symbolkraft zum Inhalt haben.

Gudrun Nositschka, Vorsitzende der Gerda-Weiler-Stiftung, hat uns den Artikel von Gerda Weiler »Quantensprünge des Bewusstseins« zur Verfügung gestellt, erschienen in der ersten Ausgabe der *Virginia* 1986.

In dichter Weise befasst sich Gerda Weiler mit der politischen Dimension des Daly'schen Denkens. Feministische Politik will Gesellschaftsveränderung, davon geht Weiler aus. Nicht als »Gehilfin« des Mannes, sondern gegen die Sado-Gesellschaft und in Erinnerung an eigene ontologische Macht können Frauen ein biophiles Weltbild entwickeln. Auch wenn Weiler Dalys Trennung von nekrophilem Patriarchat und biophiler Kraft des Weiblichen »fragwürdig« findet und einen systematischen Aufbau ihrer Theorie vermisst, wertet sie diese Trennung doch als ernst zu nehmende Herausforderung. Eine »überragende Leistung« sieht Weiler in Dalys Sprache. Ihre Philosophie, gestützt auf Vorgeschichte und Mythen, liefert nach Weiler – und hier zitiert sie Daly – »eine philosophische Analyse der herrschenden Bedingungen und eine politische Strategie zu deren Überwindung.«

Gudrun Nositschka verfasste ein Vortragsmanuskript, eine FEMMAGE an Mary Daly und Würdigung ihres Werkes, das auch in *www.Gerda-Weiler-Stiftung.de* steht. Sie orientiert sich an *Gyn/Ökologie* und spricht darüber, wie die Reise über drei Passagen vom Exorzismus zur Ekstase führt. Der Exorzismus des Vordergrundes der Phallokratie ist eine extremistische Tat, die uns in den Hintergrund, ins Sei-en bringt, das wir selbst schaffen und dabei den Vorschwestern aller Zeiten begegnen. Zur Verdeutlichung des Sado-Ritual-Syndroms (zweite Passage) zitiert Gudrun aus dem *Enuma Elish* und dem *Angelus*. Und nimmt ein Gedicht von Linda Barufaldi (die in diesem Buch den Reigen der schönen Stimmen aus den USA anführt). Trauer und Zorn führen in die dritte Passage, die *Gyn/Ökologie*, in die verborgenen Werkstätten der Spinsters und ihrer wirbelnden Schöpfungen. Sie weiß, dass so manche Frau sich davor fürchtet, die *Gyn/Ökologie* zu lesen, vor allem die Analysen der Gräuel an den Frauen. Und hofft, dass das vorliegende Buch einen leichteren Einstieg in Dalys Philosophie möglich macht. Gudruns FEMMAGE tut das.

Die feministische Linguistin **Luise F. Pusch** verfasste in Ihrer Internet-Frauendatenbank *www.fembio.org* einen Nachruf. Am 10. Januar 2010 schrieb sie in einem Kommentar zu einer Artikelserie zu Mary Dalys Tod im Internetforum *www.beziehungsweise-weiterdenken.de:* »Als ich zum ersten Mal Mary Daly las, hatte ich mich gerade durch die feministischen Standardwerke gearbeitet, z. B. *Sexual Politics* von Kate Millett, *Das andere Geschlecht* von Simone de Beauvoir und *Der kleine Unterschied* von Alice Schwarzer. Und dann,

1978, kam *Gyn/Ecology*. Die ›unaussprechlichen Gräuel‹ wie Genitalverstümmelung, Witwenverbrennung, Füßeeinbinden, von denen Daly berichtete, versetzten mich in Rage. Daly hat mir die Augen geöffnet und mich zu einer radikalen Feministin gemacht. Dalys Werke stehen in meinem Bücherschrank im Original, die früheren auch in Erika Wisselincks großartiger Übersetzung oder besser gesagt kongenialer Nachschöpfung. Muss frau einfach um sich haben.«

(www.bzw-weiterdenken.de/2010/01/sehen-bedeutet-dass-alles-sich-andert/)

An dieser Stelle Danke an die Autorinnen (und an einige wenigen Autoren) und die vielen Medien (Print wie Online), die für dieses Buch die Gratis-Erlaubnis zum Abdruck und zur Übersetzung ihrer Artikel gegeben haben. Danke auch an alle Autorinnen, besonders an diejenigen aus den USA, die Mary Daly persönlich kannten. Sie haben ihre Freude darüber zum Ausdruck gebracht, dass es dieses Buch über Daly geben wird, und fühlten sich geehrt, dass wir sie um einen Beitrag gebeten haben.

Der letzte und umfänglichste Beitrag ist meine Diplomarbeit in Soziologie, die ich unter dem Titel *Reine Lust – elemental-feministische-Philosophie. Eine Auseinandersetzung mit Mary Daly* 1987 der Uni Frankfurt vorgelegt habe. Sie war ein Fehler, wie ich erfahren musste. Mary Daly schreibt über ihr Werk *Reine Lust:* »Dies Buch steht in der Tradition des Methodozid, es ist also ein Werk über die Untersuchung wissenschaftlicher *errata*. Es gehört zugleich zum Prozess der kreativen Kristallisation der Erfahrung von Frauen. Aus patriarchaler Perspektive ist es daher, simpel und umfassend, ein Fehler.« Als Wortableitung zitiert sie von erratic [ziellos, unstet]: wandernd, nomadisch sowie von erraticism: »eine unberechenbare, eigensinnige Handlung oder Neigung«. Es kostete mich große Mühe, meine erratische Arbeit durch die Blockaden universitärer Feministinnen zu boxen (»Wir wollen es uns doch nicht mit den linken Männern an der Uni verderben!« Und dergleichen mehr). Den Tag der geplanten Endbesprechung und Abnahme meiner Arbeit verbrachte meine Betreuerin mit der Geburt ihrer Tochter. Sie hatte also Besseres zu tun, als sich weiterhin mit meiner beharrlichen Haltung herumzuschlagen, und gab ihren Widerstand gegen meine Arbeit auf. Ich habe also einer neugeborenen Erdenbürgerin eine Menge zu verdanken.

Die Diplomarbeit taucht in diesem Buch in leicht veränderter Fassung auf.

Geholfen haben mir während des Schreibens all die Unterbrechungen, die das Leben so mit sich brachte. Die Tick-Tack-Uhr mahnte mich, den Schreibtisch zu verlassen und meinen Töchtern zu kochen. Die Rhythmik des Kochens ließ neue Einfälle aufbrodeln: »Wir rühren, wir rühren das Große Fass ...« Die vielen Stunden, die ich zur Finanzierung meines Studiums in Altersheimen verbrachte, konfrontierten mich mit dem Elend der Unterbringung alter Frauen ebenso wie mit deren fröhlichen und witzigen Geschichten (eine schwärmte von der Buxe [Hose] der Johanna von Orléans). Auffallend war, dass die Frauen, wenn sie von ihrem Leben erzählten, beinahe ausschließlich von ihren Zeiten als kleine Mädchen berichteten und viele Details wussten. Fast nie hörte ich Geschichten über ihre Verbindungen mit Männern. Damals fand ich erstaunlich, wie diese Erzählungen aus der Mädchenzeit eine Atmosphäre der Gegenwärtigkeit schufen. Das hat mein Schreiben beflügelt.

Auch meine Mutter hat mir geholfen, indem sie während ihrer Arbeitszeit im Kernforschungszentrum meine Arbeit in professionelle Schreibmaschinenform gebracht hat. Die Arme! Jederzeit musste sie die Entdeckung ihres erratischen Tuns befürchten, wenn die Physiker der todbringenden Atomforschung ihr Büro betraten. (Einer der Atomfürsten sagte ihr damals, mit Solarstrom sei allenfalls eine Armbanduhr zu betreiben, nicht mehr.) Als sie mir die fertig getippte Fassung meiner Arbeit übergab, war ihr Kommentar: »Du hast in gutem Deutsch geschrieben.« Ihre Art des Umgangs mit erratischen Inhalten. Danke Hanna Jansky.

Liebe Leserin, stell dir vor, eine will unbedingt ein Buch herausbringen, das eine Vielfalt an Beiträgen vereinen soll: Bei den einen müssen honorarfreie Abdruckrechte mit Autorinnen und Medien (darunter ein paar dicke US-Zeitungen) geklärt werden, bevor sie übersetzt werden können, bei den anderen gilt es, Autorinnen (darunter ein paar große US-Denkerinnen) dazu zu bewegen, einen Artikel für das Buch zur Übersetzung freizugeben. Andrea Keller hat diesen redaktionellen Teil professionell erledigt und die Übersetzungen gemacht, die während unserer Waldspaziergänge für viel Überlegungsstoff sorgten: Wie kommt »moral terpintine« in der besten Übersetzung rüber? *Moralisches Terpentin?* Nee, geht im Deutschen nicht. Und für »intellectual crackpot« wurde erst nach Wochen *intellektuell Durchgeknallte* die gekürte Fassung. Andrea arbeitet wie ein Eichhorn: Erst wenn alle Depots mit Nüssen aufgefüllt sind, ist das Projekt abgeschlossen. Das hat mir die nötige Ruhe verschafft. Danke Andrea.

Meine Lieblingsvorstellung: Die Leserinnen machen sich nach dem letzten Wort dieses Buches unverzüglich auf und beschaffen sich ein Buch ihrer Wahl von Mary Daly. Zu dieser Entscheidung beglückwünsche ich sie, mir wärmt sie das Herz. Vielleicht wäre es dann möglich, dass ihre Bücher auch wieder neu aufgelegt und die letzten zwei noch ins Deutsche übersetzt werden.

Über dieses Buch

(von Andrea Keller)

Die Arbeit an diesem Buch hat mir sehr viel Spaß gemacht. Wann hat eine schon mal die Gelegenheit, mit namhaften feministischen US-Aktivistinnen und überhaupt mit so vielen engagierten Autorinnen zu korrespondieren, als wären wir zusammen zur Schule gegangen? Und ich hatte das Vergnügen, meinen Nerven zerrüttenden Charme an US-Zeitungsriesen zu erproben, die ich dazu bewegen konnte, die Erlaubnis zum honorarfreien Abdruck zu geben.

Die Übersetzungen waren eine Herausforderung, von Haus aus sind Stadtplanung, Marketing und Verlagswesen eher meine Disziplinen. Anfang der achtziger Jahre habe ich kurze Zeit mit einer Übersetzerin (deren Namen ich leider vergessen habe) in einer Land-WG gewohnt. Ein Buch über den Covent Garden-Sanierungsskandal in London, das damals zur Übersetzung in der Diskussion an der Architekturfakultät in Karlsruhe war, hieß »I'll fight you for it!«. Diesen Titel schmetterte meine Mitbewohnerin ohne zu fackeln so ins Deutsche rüber: »Dafür hau ich Euch eine rein!« Mit diesem hilfreichen Hau-rein bin ich an die englischen Texte gegangen. In Fällen, bei denen zwei Ausdrücke in die absolut engste Wahl kamen, habe ich beide – mit Schrägstrich (/) – verwendet. Worterklärungen habe ich fallweise in deutscher oder englischer Übersetzung in eckige Klammern gesetzt, um das ewige »Anm. d. Üsin.« zu vermeiden. Leider konnte ich weder Mary Daly noch Erika Wisselinck mehr fragen, aber ich glaube, ihre Geistinnen waren mir wohlgesonnen.

Bei dem langen Interview von Susan Bridle mit Mary Daly war es mir ein Anliegen, den Originaltext als Parallelspur zur deutschen Übersetzung den Leserinnen im US-Englischen mitzuteilen, der Muttersprache, in der Daly gedacht und geschrieben hat. Ihr gesprochenes Wort zusammenhängend aufklingen zu lassen, war eine Chance, die dieses Buch nicht verpassen durfte. Das gilt auch für den Songtext von Alix Dobkin, den wir ebenfalls im Original abgedruckt haben. Lyrik in der Muttersprache zu lesen, kann ebenso beglückend sein wie philosophische Interviewprosa ...

Übersetzen bereichert Werk- und Autorinnenverständnis enorm, in diesem Sinne bin ich mir auch mit der Heldin dieses Buches nähergekommen. Ich habe sie mal live in den Neunzigern in Hamburg erlebt, und noch mehr als ihre Veranstaltung mit Erika über *Auswärts Reisen* hat mir gefallen, wie selbstverständlich sie beim Abendessen ihren Eisbecher mit Tischnachbarin Gina (eine insulinsüchtige Pudelmischung aus Andalusien) geteilt hat. Ich freue mich sehr, dass wir Mary Daly mit *The Big Sin – Die Lust zum Sündigen* einen Stein gesetzt haben. Nur muss ich sie unbedingt fragen, wenn ich sie – in welcher Welt auch immer – wieder mal treffe, warum sie sich über dreißig Jahre lang ausgerechnet mit den Jesuiten herumgeschlagen hat, statt sich anderswo als Professorin anständig feiern und bezahlen zu lassen.

Mit Eveline Ratzel bin ich schon seit einem Vierteljahrhundert in unterschiedlichster Weise verbandelt und ich freue mich, dass ihre Passion für Mary Daly, die es schon genauso lange gibt, in diesem Buch einen schönen, vielfältigen Platz findet. Vielen Dank, liebe Ewe, dass ich daran mitbauen konnte.

Mary Daly, 1928 bis 2010

(von Linda Barufaldi
in cahoots [unter einer Decke] mit Emily Culpepper)

Ihre Freundin und vormalige Studentin schreibt über die außergewöhnliche Reichweite von Mary Dalys stürmischer Intelligenz und ihrem starken Willen.

In den Siebzigern begannen einige ihrer Studentinnen, sie Doktors Daly zu betiteln, weil sie drei Doktortitel hatte, einen von Notre Dame und zwei, in Theologie und Philosophie, von der Universität Fribourg in der Schweiz. An der mega-katholischen, jemenitischen, erdrückend männlich dominierten Uni in Fribourg wurde sie wie ein Paria behandelt. Betrat sie die Bibliothek und hatte kaum ihre Sachen abgestellt, verließen die Seminaristen in Scharen den Tisch. Keiner saß neben ihr im Seminarraum. Aber sie hielt durch gegen alle misogyne Missachtung, weil sie diese Ausbildung haben wollte. Diejenigen, die sie kennen, wissen um diese stählerne Unbeugsamkeit bei Daly, die ihr erlaubt, alles zu überstehen, nur um ihre herausragende Intelligenz zu schärfen, die bald die innerste patriarchale Struktur sezieren würde, die seit Jahrtausenden das Leben von Frauen, Kindern und der Biosphäre verdorben und vernichtet hat.

Ihr Werk änderte religiöses, spirituelles und philosophisches Denken und Sprechen. Ihre Tatkraft, befeuert von, wie sie es nannte:

»der Courage zum Sehen« über partriarchale Anmaßung und institutionalisierte Konstruktion hinaus, erschütterte deren Fundamente so nachhaltig, dass es zwei Kämpfe brauchte, ihren Job zu behalten (das Engagement akademischer Freiheit reicht nicht weit, wenn eine behauptet, der Kaiser laufe ohne Kleider herum). [Siehe auch »Boston College – Stationen im Grabenkampf«]

In *Jenseits von Gottvater, Sohn & Co.* schrieb sie, dass ein männlicher Gott männliche Dominanz unterstützt, aber sie drehte den Spieß nicht einfach zum Modell einer Göttin um, weil sie diesen Dualismus überhaupt für eine Unterdrückungsstruktur hielt. Stattdessen erschloss sie eine philosophische Annäherung, nämlich die Göttin als ein aktives, intransitives Verb, Be-ing, Sei-en. In *Gyn/Ökologie* dokumentierte Daly weltweite Gräuel an Frauen in Vergangenheit und Gegenwart, die sie »Sado-Ritual-Syndrome« nannte und tiefsitzende moralische Strukturen entlarvte, die Herrschaft und Unterdrückung stützen. Diese Grundlagen erweiterte sie in *Reine Lust* und *Quintessence. Websters' First New Intergalactic Wickedary of the English Language* [wicked: u. a. sündhaft, frevlerisch, gottlos] schrieb sie als Antwort auf die Anforderung nach einer einheitlichen Verortung der neuen Sprache, die sie geschaffen hatte, um ihre bahnbrechenden Erkenntnisse ausdrücken zu können, die nicht in der traditionellen philosophischen Ausdrucksweise formulierbar waren. Dieses Buch zeigt ihre ureigenste Freude am Spiel und ihren irischen Witz.

Outercourse ist ihre philosophische Autobiografie.

Ihre ehemaligen Studentinnen sagen, sie verfügten über eine Freiheit in Gedanken und Imaginationsfähigkeit, die ihren Anfang mit Dalys Ideen, Büchern und Vorlesungen genommen hatte. Sie lehrte, nicht nur aus der Schachtel hinauszudenken, sondern zu fragen, wer hat diese Schachtel hierher gestellt und warum? Sehr viele ihrer Studentinnen wurden zu lebenslänglichen feministischen Aktivistinnen auf ihrem jeweiligen Arbeitsfeld. Die meisten begannen ihre Karrieren unter Bedingungen, die nur wenig besser als die von Daly waren, aber die wiedergefundene Freiheit in ihrem Leben und ihrer Imaginationsfähigkeit stellten Stereotypen und Überkommenes infrage.

Eben so wichtig ist ihr Antrieb und feuriger Aufruf zur Freiheit im Leben von Frauen, die sie in ihrer weltweiten Leserinnenschaft erreichte. In der Folge von *Jenseits von Gottvater, Sohn & Co.* schrieben Tausende von Frauen an Daly, um ihr zu sagen, wie viel klarer ihnen alles geworden war und dass sie den Mut gefunden hatten, »ihr Leben in die Hand zu nehmen und so weit vorauszuwerfen, wie es irgend geht«, wie Daly es am liebsten ausdrückte. Roseanne Barr sagte, *Gyn/Ökologie* habe ihr geholfen, ihre Stimme als Komödiantin zu finden.

Mary Daly war über die leidenschaftliche Feministin hinaus eine real existierende Frau. Sie liebte ein herzliches Gelächter. Sie schrieb, »es gibt nichts, was mit Frauen vergleichbar wäre, die aus vollem Halse lachen.« Sie war eine unersättliche Leserin, liebte ihre Katze, schwamm im See hinter ihrem Appartement und machte großartige Buttertoffees. Sie liebte den Strand, an dem sie oft saß und ein Buch las, das sie einfach nicht aus der Hand legen wollte. Sie liebte einen guten Film, italienisches Essen und einen schmissigen Witz. Immer bereit für lebendige Diskussionen über Ideen, war sie manches Mal gekränkt durch persönliche Angriffe von Seiten derer, die im Widerspruch zu ihrem Werk standen oder es missverstanden. Aber sie ließ es nie zu, dass Angriffe oder Hohn ihren absoluten Glauben daran erschütterten, dass sie auf *ihrem* Weg war, *ihre* Arbeit tat, und davon würde niemand sie abbringen können. Sie war weder leicht zu haben noch unkompliziert. Es dürfte nicht leicht gewesen sein, die Schubkraft einer solchen Intelligenz immer in die richtigen Bahnen zu lenken. Sie war stets ungeduldig, mehr zu denken, mehr zu schreiben, mehr zu schaffen.

Freundinnen und ehemalige Studentinnen halfen ihr in den letzten Jahren, ihr Leben zu bewältigen. Andere, Noch-Studentinnen in Boston, die Dalys Bücher gelesen hatten, trafen sich mit ihr, als sie schon im Ruhestand war, um von ihr zu lernen. Eine informelle Runde nach Art der irischen Heckenschulen: illegale, clandestine Schulen zur Bewahrung und Tradierung der gälischen Sprache und Kultur während der britischen Besatzung.

Als Dalys Gesundheit sich zu verschlechtern begann, unterstützten diese Frauen sie rund um die Uhr. In ihren letzten Wochen hatte sie Besuch von Feministinnen allen Alters und die Begleitung und Fürsorge ihrer liebenden Freundinnen und Kolleginnen. Als sie ging, las eine von ihnen, Nancy O'Mealy, ihr laut aus dem *Wickedary* vor. Es gab bis zuletzt viele Gründe, bei ihr zu sein, aber einer der wichtigsten war die Dankbarkeit für ihr Leben und Werk.

(Das englische Original erschien unter dem Titel »Mary Daly, 1928 to 2010« in: http://womensmediacenter.com/blog/author/linda-barufaldi/; 11. Januar 2010)

Mary Daly – eine biografische Skizze
Eine Feministin der Feministinnen. Zur Erinnerung an Mary Daly, 1928 – 2010

(von Mary E. Hunt im Zusammenschnitt der Herausgeberinnen)

Am ersten November 2002 gab ich, mit Mary Daly an meiner Seite, hier in Cambridge (in der Episcopal Divinity School) anlässlich einer Konferenz zur Geschichte der Frauen und amerikanischer Religion eine Einführung in ihr Leben. Mary hatte die Biografie auf Herz und Nieren geprüft, bevor ich nur ein Wort davon aussprechen konnte. Ich fühlte mich also auf sicherem Boden damit.

Sie war die zutiefst ersehnte Tochter ihrer Eltern, und besonders die Liebe zwischen ihr und ihrer Mutter Anna hat ihr die Sicherheit gegeben, so manchem Sturm zu trotzen.

Ihr gefiel der Gedanke, dass eines ihrer Doktorate – das theologische – pontifikal war, nur für den Fall, dass sie zur Päpstin gewählt würde.

1965 verbrachte sie einen Monat in Rom, wo das zweite vatikanische Konzil in vollem Schwang war. Sie sah aus nächster Nähe die kostümierten Eminenzen des katholischen Kirchenpatriarchats in ihrem ganzen Verkleidungsgepränge, während die Handvoll weiblicher Zuhörerinnen (so genannt, weil sie nur zuhören, nicht aber sprechen durften) dem Geschehen von den billigen kirchlichen Plätzen aus folgten. Diese groteske Prozession kristallisierte ihre Gedanken über *Kirche, Frau und Sexus* von 1968 heraus. Sie nannte die katholische Kirche »die unentrinnbare Feindin menschlichen Fortschritts«, heute mindestens so relevant wie vor vierzig Jahren.

Bei *Jenseits von Gottvater, Sohn & Co.* erinnere ich mich, wie ich im Erscheinungsjahr 1973 an der Harvard Divinity School die druckfrischen Seiten umblätterte und mir die naive katholische Kinnlade herunterfiel, als ich kapierte, dass eine sehr wohl die patriarchale Religion verlassen und zu gesünderen, glücklicheren, ich könnte auch sagen heiligeren Ufern aufbrechen konnte. Ich kann das Kribbeln in meinen Fingern bei jeder brillant geschriebenen Seite noch immer spüren. Ich wusste, die Welt würde dank Mary Daly nie mehr dieselbe für mich sein.

Sie bastelte nicht an Kleinkram herum, sie ging gleich auf das Göttliche und die Allmacht los. Sie machte Front gegen Jahrtausende von religiösem Sexismus, indem sie behauptete, Frauen seien vollwertige menschliche Wesen, die ein Leben nach eigenem Gutdünken führen können und das auch tun sollten. Niemals ließ sie religiös begründete Unterdrückung von Frauen unbemerkt und unbekämpft durchgehen.

1971 hielt Mary als erste Frau in 336 Jahren die Sonntagspredigt in Harvard. Sie ließ die Gelegenheit selbstverständlich nicht ungenutzt verstreichen. Die Predigt selbst ist längst, wie die meisten Predigten, in Vergessenheit geraten. Aber die Aktion, bei der massenhaft Frauen und ein paar Männer durch das Hauptschiff der Memorial Church hinausmarschierten, von der Kanzel herab dazu aufgefordert, den Göttern ihrer Väter den Rücken zu kehren, verpasste der christlichen Kirche einen unauslöschlichen Makel. Ich vermute, das ließ manche predigenden Patriarchen bis ins Mark erzittern. Mussten sie doch befürchten, in Zukunft ihren Sermon durch eine Abstimmung mit den Füßen quittiert zu bekommen.

Dieser Massenexit von Harvard blieb Quell der Inspiration während einer Periode höchster Energie in kollektiven Aktionen und er gab ein starkes Bild ab für das innige Verhältnis zwischen patriarchal religiösem Besitzanspruch und einer Gesellschaft, die Frauen und Kinder marginalisierte/ausgrenzte [der Daly-präzise Begriff der Gesell*en*schaft stammt von Eveline Ratzel aus den achtziger Jahren].

Sie war eine Philosophin, die die Schnittmengen, die der Sexismus mit Rassismus, Klassenunterschieden, Sexualitäten, Kolonialismus und Ökozid hat, lange vor dem Rest von uns ausmachte. Ihr Unterrichtsstil war sokratisch, häufig entwaffnend durch die Frage an ihre Studentinnen, was sie *fühlten,* nicht nur, was sie *dachten.* Im Herzen eine Mystikerin, wertete sie Intuition so hoch wie den Verstand, und manchmal sogar mehr als diesen. Sie spürte »vibes« [Schwingungen] von Orten und Wesen, die ihre Analysen und Auswahlmöglichkeiten anregten. Ihre akribischen Fußnoten wiesen immer die Referenz zu Gesprächen mit geliebten Freundinnen aus, obwohl wir alle wussten, dass es ihre Katzen waren, die ihr Herz in den Fängen hielten. Sie brachte meiner Tochter das Miauen bei, ehe sie sprechen konnte.

Trotz ihrer internationalen Reputation, Patriarchen und ihre Institutionen niederzuschmettern, war Mary eine scheue und bescheidene Person mit einem anspruchslosen Lebensstil. Sie war nachtaktiv und oftmals zunehmend poetisch bei spätnächtlichen Telefonaten mit ihren verschlafenen Freundinnen (ich war eine davon). Sie war eine ausgelassene Schwimmerin im See hinter ihrem Appartement. Ihre große Freude war, auf einer Decke unter einem Baum zu weilen und den Wolken zuzusehen.

Mary fuhr (nach dem Ende ihrer Lehrtätigkeit am Boston College) fort, zu unterrichten und zu schreiben, bis vor drei Jahren eine lähmende Krankheit ihrem öffentlichen Werk eine Grenze setzte. Doch bis zu ihrem Tod war sie couragiert und kreativ, hoffnungs- und humorvoll, politisch und planetarisch.

Mary hatte den Wagemut, Horizonte aufzumachen, auf die andere nur von fern einen flüchtigen Blick zu werfen wagten. Es war dieser Wagemut zum Mehr, der so viele von uns inspirierte, uns auf die Socken zu machen – und sei es in unseren manchmal kleinen, eigenen Schritten. Sie zahlte ihren Preis dafür, aber ich weiß, dass sie es nicht anders gewollt hätte.

Sie schuf neue Worte, neue Modelle, neue Ideen, neue Methoden (nicht alle davon gleichermaßen überzeugend, na und?), sie war erfinderisch im Aufstöbern und Neuanpflanzen von Konzepten, die Frauen und anderen fühlenden Wesen eine Hilfe waren. Ihr kreativstes Werk war die literarische Erweiterung von Raum und Platz für den Diskurs. Ihr irischer Humor beeinflusste ihr Leben und ihre Arbeit und sie genoss das Universum in all seiner Ironie.

Gelehrte Frauen werden ihr Werk für kommende Generationen verhandeln. Ich prophezeie eine Heimindustrie von Foren, Dissertationen und Anthologien. Es scheint, als hätte jede Feministin eine Mary Daly-Story, und in der Praxis beinhaltet jede davon, wie tief und persönlich Mary Daly »mein Leben verändert« hat.

Gestern haben wir sie auf dem historischen Mount Auburn Friedhof in der Begleitung bedeutender Frauen begraben. Jetzt hat sie ihren Platz unter den großen Vorfahrinnen eingenommen, zwischen Mary Wollstonecraft, Matilda Jocelyn Gage, Harriet Tubman und Simone de Beauvoir. Sie ist eine Feministin der Feministinnen. Lange mögen ihre Ideen Folgegenerationen begeistern/befeuern, das Rechte zu tun, und lange möge ihr Geist uns inspirieren, unser Leben so weit vorauszuwerfen, wie es irgend geht.

(»Mary Daly – eine biografische Skizze«, Rede, gehalten am 1. Mai 2010 zur Mary Daly-Gedächtnisversammlung in Cambridge, Massachusetts / »Eine Feministin der Feministinnen. Zur Erinnerung an Mary Daly, 1928 – 2010« im englischen Original unter dem Titel: »Feminist Feminist«, erschienen in: Ms. Magazine, USA, Winter 2010, Reprinted by permission of Ms. Magazine, © 2010)

Jennifer Benson will dich veranlassen, deinem Bücherregal ein paar Sünden einzuverleiben

(von Jennifer Benson)

Fans von Mary Daly und ihre geistigen Erbinnen reichen quer durch Fachbereiche, Berufe und Kontinente. Die feministische Blogsphäre zollt ihrer Vorstellungskraft und ihrem unbändig geistreichen Mundwerk reichlich Tribut und jede Menge Leute sind über ihre Sorte Feminismus immer noch am Jammern. Obwohl es schwierig ist, eine ganze Karriere und einen Stapel Bücher in einem Wort zu erfassen, ist »Sünde« im Fall von Daly eine prima Wahl. Sünde ist ein feministisches Ziel. Wenn du das bis jetzt noch nicht gehört hast, hast du ganz schön was verpasst. Viel lieber als einen üblichen Nachruf möchte ich also denen, die ihrem Bücherregal gerne ein paar Sünden einverleiben wollen, ein paar Vorschläge machen.

Normalerweise denken wir an Sünde als an etwas, was wir gefälligst vermeiden sollten. Ein gutes Mädchen sündigt nicht, weil dabei Leid und wahrscheinlich die gestörte Beziehung zum Göttlichen herauskommt. Mit Daly wird diese Denkweise zum Missgriff. Sie sagt, die Welt, in der wir leben, ist ein allumfassendes und globales System patriarchaler Werte und Institutionen. Die Schablone/das Muster wird sichtbar, wenn eine die Weltreligionen mit ihren verehrten männlichen Gottheiten betrachtet: kraftvolle weibliche Figuren werden verunglimpft; die alltägliche soziale Anerkennung der Erfolgsrezepte der Männlichkeit hat als Gegenstück die vergleichsweise begrenzte Wertschätzung der Machart des Weiblichen; darüber hinaus die planmäßige wie die lässig-beiläufige Gewalt gegen Frauen, gegen die Umwelt und Lebendiges überhaupt. Über Jahrtausende hat dieses System die Macht in den Händen von Männern gebündelt. Was den Frauen davon übriggeblieben ist, dient normalerweise männlichen Interessen, welche gegensätzlichen Ziele Frauen auch haben mögen. Obwohl eine Mutter heutzutage ihre Tochter stärken will, verlangt die großpatriarchale Kultur, dass die Tochter sich für Erfolg und Fortbestand ihrer Fähigkeiten mäßigt und an diese Kultur anpasst. Frauen werden Werkzeuge – Behältnisse zur Kanalisierung von Unterdrückung. Das muss sich ändern.

Wie kriegen wir das hin? Frauen müssen im großen Stil sündigen. Daly merkt an, dass die indoeuropäische Wurzel von »sin« [Sünde] »sein« bedeutet. Frauen sind metaphysisch blockiert, ontologisch verkümmert-verkrüppelt. Das Patriarchat ist unterdrückend in seiner Eingrenzung weiblicher Wahlmöglichkeiten, Frauen müssen sich aus ihrem Dasein als Werkzeug und hohles Behältnis in ein tätiges Leben nach ihren eigenen Vorstellungen aufmachen. Im Angesicht des weltweiten Patriarchats ist die Aktivität eines unverwechselbaren Seins das grundsätzliche Mittel für Widerstand und Revolution.

Damit das klar ist, Dalys Werk hat nicht die Absicht, Männer durch Frauen auszuwechseln, die dann alle Posten von Macht und Herrschaft besetzen und Nationen in die Schlacht treiben. Sie fand diese Vorstellung von Feminismus langweilig und höchst unpassend. Vielmehr verlangt sie eine komplette Runderneuerung unserer Werte, der Sprache, der politischen Strukturen, der Produktions- und Konsumweisen, unseres Habitus im Umgang mit persönlichen Beziehungen, im künstlerischen Ausdruck und in unserer Beziehung zur Umwelt. Sündigen ist die Einführung neuer Werte und Institutionen, die die Existenz von Frauen nähren und pflegen. Der Aufruf, im großen Stil zu sündigen, bezeichnet nicht allein das Ende männlicher Vormachtstellung, sondern das Ende jeder Vorherrschaft *per se*. Das ist die Sünde, deren Verfechterin Daly war.

Die Sichtweise von Dalys Werk ist auf Frauen scharfgestellt, ohne sich im Geringsten dafür zu rechtfertigen. Männliches verschwindet an den Rand, Erfahrung und Ontologie von Frauen stehen im Mittelpunkt und kehren die traditionelle männliche Polarität in der Philosophie um. Ihre Methode, neue Wege des Denkens zu erschließen, und ihre neuen Worte ermutigen alle, die auf der Suche nach Lebensformen sind, die nicht auf unrecht erworbenen Pfründen des Patriarchats gebaut sind. Dalys revolutionäres Werk ist in dem Sinn unvollständig, dass es jede Menge Raum für Ausgestaltung und weiterführende Mitwirkung bietet. Es bietet Raum für Sünde über Sünde.

Die fünf besten Gründe für die Große Sünde in deinem Bücherregal:
1. Nicht genügend Bücher schaffen es, gleichzeitig erfolgreich die Übel der Unterdrückung zu kritisieren, die Konservativen zu bekämpfen, die Liberalen nervös zu machen und sich über zeitgenössische Machthaber zu mokieren. Dalys Werk bringt das und noch mehr fertig.
2. Egal ob du mit ihren Methoden, ihrem Stil oder ihren Angriffszielen einverstanden bist, Daly kann dein Vorstellungsvermögen bilden und dein Denken in produktiver Weise erschüttern. Wir *alle* brauchen das.
3. Bücherregale verraten Storys über ihre Besitzerinnen. Gute Storys kommen mit unerwarteten Drehungen und Wendungen daher. Daly hilft dir, feministische Drehungen und Wendungen zu entwickeln; oder zumindest vorzugeben, deine Story sei in irgendeiner Weise interessant.
4. Wo viele PhilosophInnen Zuflucht zu Fachkauderwelsch in ihren neu erfundenen Konzepten nehmen, legt Daly großen Wert auf Witz und Biss in ihren Begriffen.
5. Aber mal im Ernst, Leute: Obwohl ihre Schreibe, ihr professionelles Urteil und ihre Persönlichkeit heftige Kontroversen hervorgerufen haben, wird Mary Daly ihren Platz im Almanach der Denkerinnen behalten, weil ihr Werk eine feministische Wirklichkeit ausmisst, die Räume in der ansonsten geschlossenen patriarchalen Domäne traditioneller Philosophie schafft. Feminismus der Daly'schen Prägung ist unsere kopernikanische Revolution.

(Das englische Original erschien unter dem Titel »Jennifer Benson urges you to add some sin to your bookshelf« in: www.philosophynow.org/search?q=mary+daly; 2010)

Nachruf auf Mary Daly

(von Julie Bindel)

Mary Daly, gestorben im Alter von 81 Jahren, war der Welt erste feministische Philosophin, berühmt durch ihren bahnbrechenden Gebrauch von Sprache und Witz sowie für ihre Leidenschaft, Patriarchat und Religion anzufechten. Eine der Schlüsselfiguren feministischen Schreibens des zwanzigsten Jahrhunderts, ordnete sie selbst sich als überzeugt revoltierende Häxe und Piratin ein: »Fast alles hat uns das Patriarchat geraubt und wir müssen es dringend zurückschleusen.« Daly stellt die Frage, warum Männer so viel Macht in der Welt haben, und bestreitet die fixe Idee von Gott als Mann.

Ihr bekanntestes Buch ist die bahnbrechende *Gyn/Ökologie*, erschienen 1978, eines der ersten Bücher überhaupt, das sexuellen und kulturellen Gräueln an Frauen Schlaglichter versetzte: Genitalverstümmelung, Fußverkrüppelung und Hexenvernichtung. In *Gyn/Ökologie* zerlegt sie mit Leichtigkeit die patriarchale Sprache und nennt zum Beispiel den Therapeuten in Vergewaltiger um [therapist wird zu the-rapist, der Vergewaltiger]. Die Autorin von acht Büchern, einschließlich des *Webster's First New Intergalactic Wickedary of the English Language*, 1987 verfasst mit Jane Caputi, war überzeugt vom geschriebenen Wort als leistungsstarker Waffe gegen Unterdrückung.

[...]

1966 trat Daly [als weiteren Erfolg in ihrer ehrgeizigen akademischen Karriere] der theologischen Fakultät des jesuitischen Boston College im US-Bundesstaat Massachusetts bei. [...] [Es folgten Jahrzehnte der Auseinandersetzung mit den Jesuiten; siehe »Boston College – Stationen im Grabenkrieg«.]

1999 sagte sie über diesen Streit: »Ich denke nicht über Männer nach. Ich kümmere mich wirklich nicht um sie. Ich beschäftige mich mit den Fähigkeiten von Frauen, die unter dem Patriarchat grenzenlos herabgemindert wurden.« 2001 ging sie in den Ruhestand.

Diejenigen, die sie kannten, nannten Brillanz als ihre größte Gabe, ganze Generationen von Studentinnen zu begeistern und durch ihre Vorlesungsreihen die Teilnehmerinnen zum Feminismus zu bewegen. Die Autorin Janice Raymond, die mit Daly in Boston arbeitete, sagt, sie begeisterte »durch Charisma und Beispielhaftigkeit und diesen sündhaften Sinn für Humor.«

In ihren späten Jahren zog Daly gegen die Schließung unabhängiger Frauenbuchläden ins Feld und war zunehmend in Sorge um Bücher radikalfeministischer Autorinnen, die nicht mehr aufgelegt wurden. Als eine Freundin sie zu einem Blog auf ihrer Website überreden wollte, sagte sie: »Ich habe Frauen schon alles gesagt, was sie wissen müssen. Es steht in meinen Büchern.«

Beim ersten Vortrag, den ich von ihr hörte – in den späten Achtzigern in Boston –, war ich hin und weg von der Art, wie sie ihre Zuhörerinnen in den Bann zog. Daly konnte jedoch eine harte Kritikerin sein, wenn sie Verrat witterte, und lehnte weibliche Akademikerinnen, die auf dem Gebiet postmoderner Theorien arbeiteten, rundweg ab.

Den Satz, der Daly wahrscheinlich kurz und bündig zusammenfasst, hat sie 1995 selbst über sich geschrieben: »Es gibt welche und wird sie immer geben, die denken, ich bin über Bord gegangen. Mögen sie versichert sein, diese Einschätzung sei zutreffend, wahrscheinlich jenseits ihrer kühnsten Träume, und dass ich für meinen Teil fortfahre, das ebenfalls zu tun.« [»There are and will be those who think I have gone overboard. Let them rest assured that this assessment is correct, probably beyond their wildest imagination, and that I will continue to do so.«]

(Das englische Original erschien unter dem Titel »Mary Daly Obituary« in: The Guardian, UK, 27. Januar 2010; http://browse.guardian.co.uk/search?search=mary+daly &sitesearch-radio=guardian)

Mary Daly, radikalfeministische Theologin, starb mit 81 Jahren

(von Thomas Fox)

Mary E. Hunt, die Mitbegründerin und Co-Leiterin der *Women's Alliance for Theology, Ethics and Ritual (WATER)*, gab die Nachricht vom Tod Mary Dalys am 3. Januar 2010 im Online-Mitteilungsblatt *The Feminist Studies in Religion* bekannt:

»Schweren Herzens, doch dankbar ohne Worte für ihr Leben und Werk, zeige ich an, dass Mary Daly heute Morgen in Massachusetts starb. Die letzten beiden Jahre war es um ihre Gesundheit sehr schlecht bestellt.

Ihre Hingabe an feministische Theologie, Philosophie und Theorie war vielschichtig, einmalig und, wenn ich so sagen darf, weltverändernd. Sie schuf einen geistigen Raum, in dem sie die Latte sehr hoch gelegt hatte. Sogar diejenigen, die nicht mit ihr übereinstimmten, stehen in ihrer Schuld für die Herausforderung, die sie anbot. Sie forderte Frauen immer dazu auf, ihr Leben so weit vorauszuwerfen, wie es irgend ging. Ohne zu übertreiben kann ich sagen, dass sie ihr eigenes Leben wahrhaftig auch nach diesem Grundsatz gestaltet hat.«

Sie war eine überschäumende, nicht zu bändigende Mitwirkende in der Frauenbewegung der siebziger und achtziger Jahre, beeinflusst von DenkerInnen auf der Skala zwischen Thomas von Aquin bis Simone de Beauvoir und Virginia Woolf. Für Thomas von Aquin entwickelte die Feministin Daly eine Art perverser Vorliebe und nannte ihn den »fetten alten Mönch«. Sie lernte, das Denken eines Mannes zu »decodieren«, der, wie sie gut gelaunt einräumte, Frauen als »schlecht konzipierte Männer« erdacht hatte.

Nach *Kirche, Frau und Sexus* sagte sie, sie habe sich von einer »christlichen Reformistin« zur »radikalen Post-Christin« weiterbewegt.

Ihr Studium archetypischer Formen und vorpatriarchaler Religionen überzeugte Daly, dass die doktrinäre Kirchenlehre aus einer

Reihe von signifikanten »Verdrehungen« bestand. 1996 führte sie das der Autorin des *National Catholic Reporter* Jeanette Batz an Beispielen vor:

– die Dreifaltigkeit, die verdrehte dreifache Göttin, die einst weltweit verehrt wurde,
– die unbefleckte Empfängnis, die verdrehte Parthenogenese, die einst göttliche Töchter hervorbrachte,
– Adam, der Eva das Leben schenkt.

Frauen, die auf patriarchalen Grenzflächen arbeiten, schrieb sie einmal, können sich in die Freiheit spiralen, indem sie eine uralte frauenzentrierte Wirklichkeit zurückbenennen und wieder in Anspruch nehmen, die vom Patriarchat geraubt und ausgerottet wurde.

Sie hatte großen Spaß, die »acht Todsünden der Väter« zu geißeln: processions [Prozessionen], professions [Berufe], possession [Besitztum], aggression [Angriff], obsession [Besessenheit], assimilation [Einverleibung], elimination [Eliminierung] and fragmentation [Zerstückelung]. »Lacht laut heraus über ihre pompösen Penis-Prozessionen«, forderte sie. Was Gott betrifft, gibt es einfach keine Möglichkeit, die Sprache der männlichen Implikation zu berauben, schrieb sie. Wenn es anthropomorph sein musste, zog sie den Begriff »Göttin« vor. Deren göttliche Essenz fasste Daly als Verb auf. Das Sei-en »kniet nicht vor einem Soundso, sondern wirbelt in Energie«. In ihrer Sprache klang die Quantenphysik auf und sie war geschmeichelt, wenn sie das gesagt bekam. »Ich denke eine ganze Menge über Raum-Zeit nach«, räumte sie ein. »Das ist eine Art des Mystizismus, der gleichzeitig politisch ist.«

»Frauen, die Piratinnen in einer phallokratischen Gesellschaft sind, befinden sich in einem vielschichtigen Einsatz. Zuerst kommt die Zurück-Plünderung – rechtmäßig die Kleinodien des Wissens wieder an uns reißen, die uns die Patriarchen geraubt haben. Zweitens müssen wir die Beute an andere Frauen weiter-

schleusen. Um Strategien zu erfinden, die groß und stämmig genug für das nächste Jahrtausend sind, ist das Ein und Alles, dass wir Frauen unsere Erfahrungen teilen: die Chancen, die wir beim Schopf gepackt und die Alternativen, die uns am Leben erhalten haben. Das ist mein Piratinnen-Schlachtruf und das Signal zum Aufwachen für die Frauen, die Ohren dafür haben.«
Ebenso pflegte sie zu sagen: »Ich fordere euch zur Sünde auf. Aber nicht gegen diese popeligen [itty-bitty] Religionen, Christentum, Judentum, Islam, Hinduismus, Buddhismus – oder ihre weltlichen Derivate, Marxismus, Maoismus, Freudianismus und Jungianismus – die alle Derivate von den großen patriarchalen Religionen sind. Sündigt gegen die Infrastruktur höchstselbst!«
Daly brach die vergreisten alten Grenzen kritischen Denkens mit sehr viel Energie nieder. Ihre Arbeit stellte die Bühne für andere feministische Theologinnen des zwanzigsten Jahrhunderts, auf der die Kritik an der männerdominierten Theologie aufgeführt wurde, die christliches Gedankengut neu formte.
Rosemary Radford Ruether, Elisabeth Schüssler Fiorenza und Rosemary Haughton sind einige dieser bahnbrechenden Frauen. Die Jesuiten am Boston College hatten mit Daly mehr als drei unbehaglich/beunruhigende Dekaden. Laut Jack Dunn, Sprecher des Boston College, hat die Universität zu keinem Zeitpunkt Dalys Vertrag als Lehrstuhlinhaberin aufgelöst.

(Das englische Original erschien unter dem Titel »Mary Daly, radical feminist theologian, dead at 81« in: National Catholic Reporter, 4. Januar 2010; http://ncronline.org/search/node/Mary%20Daly; © 2010, National Catholic Reporter. Republished with permission.)

Mary Daly

Feministische Theologieprofessorin des Boston College starb mit 81 Jahren

(von Jay Lindsay)

Männer, sagte sie einmal, »haben nichts anzubieten außer doodoo [wörtlich: Scheiße]«. Aber Emily Culpepper, eine Freundin und Professorin an der University of Redmond in California sagt, Daly war nicht männerfeindlich. »Sie war männerdominanzfeindlich, das ist ganz was anderes«.

Die Dichterin Robin Morgan nennt Daly »die erste feministische Philosophin«.

»Sie riss wirklich Grenzen ein und das machte manche Leute wahnsinnig. Aber es ist diese Art intellektuellen Wagemuts, der normalerweise die Gattung voranbringt, auch wenn von ZeitgenossInnen darauf herumgetrampelt wird.«

Daly schrieb 1996 in einem Artikel im *New Yorker,* »Sin Big«, über ihren intellektuellen Werdegang. Sie erinnerte sich, von einem Klassenkameraden und Ministranten dafür verspottet worden zu sein, dass sie nicht Ministrantin sein konnte, weil sie ein Mädchen war. »Diese zurückweisende Enthüllung des sexuellen Kastensystems, das ich später ›Patriarchat‹ zu nennen lernte, brannte sich ihren Weg direkt in mein Hirn und entfachte eine unauslöschliche Wut.«

In einem Interview 1999 mit dem *Guardian* in London beschrieb Daly sich selbst als Heidin, Öko- und Radikalfeministin. »Ich hasse die Bibel«, sagte sie. »Das habe ich immer getan. Ich habe nicht aus Frömmigkeit Theologie studiert. Ich habe es getan, weil ich wissen wollte.«

Gloria Steinem nennt Daly »eine brillante Autorin und brillante Theoretikerin«, die Frauen befähigte, sich über die Unterdrückung männlich dominierter religiöser Hierarchie hinwegzusetzen, um zu erkennen, »dass das Göttliche in ihnen selbst und allem Lebendigen ist.« Gloria Steinem sagte noch, »Sie war ihrer Zeit so weit voraus, dass ich sicher bin, sie wird auch in ferner Zukunft noch hoch geschätzt werden.«

(Das englische Original erschien unter dem Titel »Mary Daly, Feminist BC theology professor dies at 81« in: www.tributes.com/show/Mary-Daly-87549868; Frühjahr 2010)

Mary Daly, 81
Die feministische Autorin forderte Kirche und Patriarchat heraus

(von Bryan Marquardt)

»Sie war eine große Philosophin, gelernte Theologin und eine Poetin und sie verwendete all diese Mittel und Werkzeuge, das Patriarchat niederzureißen – oder überhaupt jeden Gedanken daran, Herrschaft sei natürlich – vor allem auf dem Gebiet der Religion, wo das am meisten verteidigt wird«, sagte Gloria Steinem.

»*Kirche, Frau und Sexus* war in der katholischen Welt ebenso wichtig wie Betty Friedans *Der Weiblichkeitswahn*«, sagte James Caroll, Autor und Kolumnist der Meinungsseiten des *Globe*, ein ehemaliger Priester.

Schwester Joan Chittister, feministische Autorin und Benediktinerin in Erie, Pennsylvania, formulierte es so, dass »Mary Daly buchstäblich die Begriffe der Standardtheologie auf den Kopf stellte. Mary spielte mit der Sprache in einer Weise, dass eine einfach innehalten und nachdenken musste. Es war unmöglich, die Worte weiterhin in der hergebrachten Art zu verwenden.«

Mit irischem Witz prägte sie Worte, die zwischen Gerissenheit und Schonungslosigkeit hin- und herflutschten. Sie war tiefernst in Sachen Sprache und darin, wie diese den Sinn für das Selbst formt.

»Ein Mann in meinem Kurs würde wahrscheinlich sagen: ›Oh nein, ich bin selbst auch unterdrückt. Ich kann nicht weinen. Mir wurde nie erlaubt, mich selbst auszudrücken, schluchz schluchz [wah wah]'«, erzählte sie dem *Globe* 1999.

Robin Morgan sagte: »Sie hatte einen leidenschaftlichen Intellekt und eine kompromisslose Seele, die sogar ihren liebendsten Freundinnen auf den Magen schlagen konnte, aber das war es wert.«

Chittister drückt es so aus: »Ihr Vermächtnis ist eine Schar weiblicher Zeuginnen und auch männlicher Theologen, die nun in ein ganz neues Verständnis freigelassen sind, und was das für uns alle bedeutet, ob männlich oder weiblich. Sie war eine große Denkerin, eine wirkliche Ikone. Mag sie von einigen geschmäht worden sein, die Geschichte wird sie äußerst anders sehen.«

»Es war Marys Wunsch, dass alle, die ihrer in irgendeiner Weise gedenken möchten, lieber in ihrer eigenen Umgebung bleiben und dort zusammenkommen, um ihre Texte zu lesen oder zu diskutieren«, sagte Linda Barufaldi aus San Diego, eine ehemalige Studentin von Dr. Daly, die sich mit anderen um sie gekümmert hat, nachdem es mit ihrer Gesundheit bergab gegangen war.

Gloria Steinem drückte es so aus: »So wie Maler und Künstler nach ihrem Ableben wertvoller werden, hoffe ich, Mary wird durch Menschen, die sich mit ihrem Werk beschäftigen, lebendig bleiben.«

(Das englische Original erschien unter dem Titel »Mary Daly, 81; feminist writer challenged church, patriarchy« in: The Boston Globe, USA, 6. Januar 2010; www.boston.com/bostonglobe/obituaries/articles/2010/01/06/mary_daly_feminist_writer_challenged_church_patriarchy/; © 2010. The Boston Globe. Republished with permission.)

Mary, Quite Contrary [reichlich gegensätzlich]

(von Ann Powers)

Mary Daly, 70-jährige Pionierin der Frauenbewegung, lehnte sich auf dem Rasen ihres Wohnsitzes mit Blick auf den See zurück und sinnierte darüber, was ein Baum wohl über »radikal elementalen Feminismus« zu enthüllen habe. Sie erklärte, inwiefern dieser

Ausdruck, der im Untertitel ihres siebten und jüngsten Buchs *Quintessence* steht, sich von »Essentialismus« unterscheidet, die Bezeichnung, mit der KritikerInnen schon lange das zu benennen pflegen, was in ihren Augen lediglich dümmliche Frauenverehrung ist.

»Ich kenne Bedeutungen für ›Essenz‹ aus der aristotelischen Philosophie, die für mich interessant sind. Etwa, was ist die Essenz/das Wesen eines Baumes? Aber das ist es nicht, was die meinen«, sagt Professorin Daly über die Gegnerinnen des Radikalfeminismus. »Die sagen, wenn eine irgendetwas Besonderes an Frauen benennen will, vor allem etwas Positives, dann verfällt sie in dieses mysteriöse miese Dingsda.« »Essentialismus«, folgerte sie, »wird so ein hohles Schimpfwort, das die Gemeinsamkeiten leugnet, die Frauen miteinander und mit der organischen Welt empfinden.«

Damit beendete sie ihre Betrachtung über dieses Thema und entließ es als langweilig, wie sie es oft mit Ideen tut, die sie von den ihren ablenken. Sie versenkt sich lieber in ihre eigene durchdachte Kosmologie, die die Lebenskräfte beansprucht, die sie elemental nennt.

»Elemental, whoo – das ist für mich so wild und regelwidrig grenzüberschreitend«, fuhr sie fort. »So, wie dieser Baum elemental ist. Er hat ein eigenes Leben. Tatsächlich hat er das, das ist wunderschön. Und genauso ist es mit dem Himmel, dem Wasser, dem Gras. Es gibt elementale Klänge im Alphabet. Zum Beispiel ›Aaah!‹.« Sie sang es kräftig in tiefer Tonlage. »Es ist spröde, rau, naturbelassen. Es ist nicht künstlich hergestellt, kein Vordergrund. Es geht um Bewegung und Gefühl [motion and emotion].«

Genau genommen sagte Professorin Daly »e-Motion«, ein Wort aus ihrem Zauberschatz mit der Bedeutung: »elementale Leidenschaft, die Frauen aus dem befestigten/eingerahmten Zustand der Stagnation heraus- und wegbewegt, pyrogenetische Leidenschaft, die tiefes Wissen und Begehren anfeuert, erregende Meta-Erinnerung, die wilde Frauen auf die Reise in die Anderswelt wirbelt.« Sie prägte dieses Ausdrucksgefüge in *Reine Lust,* ihrer Abhandlung zu elementalfeministischer Philosophie von 1984, und bestimmte es nochmals in *Websters' First New Intergalactic Wickedary of the English*

Language, das sie gemeinsam mit Jane Caputi im selben Jahr zu schreiben begann.

Der »Vordergrund« ist ein weiteres Wort in Professorin Dalys Lexikon, das sie definiert als die illusionäre/täuschende Wirklichkeit, die über die Jahrhunderte männlicher Herrschaft aufgestellt wurde, eine hierarchische Kultur, auf die Zerstörung von Frauen, Tieren und der Erde gerichtet. Der Gegenbegriff »Hintergrund« ist das, was sie ihr ganzes Leben lang zu erreichen versucht hat: ein urzeitliches, weiblich-orientiertes Bewusstsein, das Eroberung/Unterwerfung durch Zusammenspiel ersetzt und Besitzgier durch Lust an der Schöpfung/Gestaltung.

Während ihrer fast vierzigjährigen Laufbahn hatte Professorin Daly einige gute Zeiten im Vordergrund. In den frühen Siebzigern trugen zwei ihrer Bücher, *Gyn/Ökologie* und *Jenseits von Gottvater, Sohn & Co.* nicht wenig dazu bei, die Sicht der Welt auf kultur-radikale Feministinnen zu richten, die zu einer frauenzentrierten, sozialen und spirituellen Revolution aufriefen. Sogar Daly-KritikerInnen erkennen sie als die Gründungsmutter des zeitgenössischen Feminismus an.

In den Neunzigern jedoch war der Vordergrund gemein zu ihr. Sie kämpft immer noch für ihr Recht, ihre Lehrtätigkeit am Boston College fortsetzen zu können, eine jesuitische Privatuniversität, an der sie seit 30 Jahren lehrt. [Siehe auch »Boston College – Stationen im Grabenkampf«.]

Nach einer Reihe komplizierten Hin und Hers behauptete das College, Professorin Daly habe im vergangenen Januar zugestimmt, in Ruhestand zu gehen, obwohl sie in dieser Sache niemals irgendetwas unterzeichnet hat. Unterstützt von einem geringen Verteidigungsfond ihrer früheren Studentinnen und mit Ersparnissen aus ihrem Jahressalär von 43.275 US-Dollar, kämpft Professorin Daly nicht nur um ihren Job, sondern auch um ihre Lebensgrundlage als öffentliche Denkerin.

1975, als ihr die Vollprofessur verweigert wurde (ihr Titel ist immer noch associate professor, Lehrbeauftragte), versammelten sich Feministinnen zum Protest auf dem Campus. »Schwestern«, verkündete die Dichterin Robin Morgan, »wir treffen uns auf blutigem/verfluchtem jesuitischem Boden!« [Wortspiel mit »bloody«, was sowohl »blutig« als u. a. auch »verflucht, verdammt« heißt.]

Dieser Boden, auf dem Professorin Daly auf den Beinen zu bleiben versucht, ist heutzutage gespenstisch still. Es gibt keine Proteste mehr auf dem Campus. Der Harvardtheologe Harvey Cox schrieb ein lobpreisendes Editorial im *Boston Globe,* aber im selben Medium nannte der Kolumnist Adrian Walker Mary Daly eine »intellektuell Durchgeknallte«. Laura Flaunders berichtete wohlwollend über ihre Misere in *The Nation,* was die Starkolumnistin Katha Pollitt dazu anspornte, Same-Sex-Bildung im Allgemeinen und Professorin Daly im Besonderen zu bekritteln. Die meisten prominenten Feministinnen schwiegen zum Fall Mary Daly, obwohl Eleanor Smeal und Gloria Steinem Unterstützung angekündigt hatten. Mit Dalys Werk wird immer noch in vielen Frauenstudienkursen gearbeitet, doch ihre Radikalität hat den Zusammenhang verloren.

»Ich denke, wir waren gefühllos zu ihr, weil sie nicht mehr angesagt war«, sagte Debra Campbell, die ein Seminar zu Dalys Werk am Colby College in Waterville, Maine, hält. »Mary geht nicht mit dem Zeitgeist, das hat sie von Anfang an nicht getan und auch nie da reingepasst.«

Ihre Taktik, als lesbische Feministin das Patriarchat aus einer jesuitischen Institution heraus zu bekriegen, beschreibt Professorin Daly so: »Ich habe eine Theorie vom Leben an der Grenzlinie, an der Grenzlinie des Patriarchats und an der Grenzlinie fremdartiger/verschiedenartiger Dimensionen.«

Über die Jahre wurde Professorin Dalys Schreiben immer experimenteller, wobei es Tiefblick und sinnliche Vitalität behielt. In ihren beiden letzten Büchern lotete sie eine Auffassung von übernatürlicher Zeitreise aus: *Quintessence,* im vergangenen Jahr von *Beacon Press* veröffentlicht, wechselt zwischen Kapiteln ab, die die Objekte ihrer aktuellen Verachtung verurteilen, zuvorderst Biotechnologie und Genmanipulation, und welchen mit »kosmischen Anmerkungen« einer Frau namens Anonyma, die im Jahr 2048 lebt und magische Besuche der Autorin bekommt. Die Abschnitte geben dem Buch den Schimmer von Science Fiction und stellen den Antrag an die Feministinnen, sich zum Überleben dringend mit visionären Kräften zu rüsten. Der verlorene und wiedergefundene Kontinent, auf dem Anonyma lebt, ist eine futuristische Wiedergabe der gynozentrischen Kultur, mit deren Suche sich Radikalfeministinnen schon so lange Zeit befassen.

»Ich versuche, eine tiefe Zukunft zu finden, aber damit das geht, muss ich über eine tiefe Vergangenheit nachdenken«, erklärt Professorin Daly. »Jetzt, an der Schnittstelle des Jahrtausends, ist das eine zum äußersten entschlossene Idee.« Es ist auch die Perspektive einer geistesgegenwärtigen Frau, der sehr wohl klar ist, dass die herrschende Gegenwart sie im Stich gelassen und enttäuscht hat.

Professorin Dalys Rolle für den Paradigmenwechsel steht bei allen außer Frage. Ihre kritische Abhandlung patriarchaler Mythologien, von Dionysos bis Christus, und das frauenorientierte »Sei-en und be-Sprechen«, das sie als Ausweg anbietet, sind die Grundfesten feministisch spiritueller Erkundung. Die Göttin-orientierten Reisen, mit denen Daly häufig in Verbindung gebracht wird, waren einflussreich auf therapeutische wie auf New Age Kreise, und die Same-Sex-Bildung, die sie verficht, erfährt ein aktuelles Wiederaufleben auf schulischem wie auf Collegeniveau.

Die Medienaufmerksamkeit, die Professorin Daly erreicht hat, »bestätigt bestimmte Stereotype über Feminismus, also lesbischen Separatismus«, sagte Katha Pollitt. »Das beinhaltet, dass Feminismus nicht an einem humaneren Leben für alle dran ist, sondern an Frauen, die die Macht haben, Männer abzusondern und abzustrafen. Diese Idee ist nicht beliebt, weil die tiefste Strömung amerikanischen Denkens zu diesem Thema die Idee schlichter Gerechtigkeit ist.«

Pragmatikerinnen wie Pollitt glauben an ein Wirken innerhalb der Gesellschaft unter den bestehenden Bedingungen. Pollitts Ausgewogenheit ist weit mehr charakteristisch für den zeitgenössischen Feminismus als Dalys prophetische Grundhaltung. In den Siebzigern, als es in den Diskussionen in Consciousnessraising-Gruppen [Gruppen zur Bewusstseinsbildung] und Demos und Versammlungen heiß herging, erreichten Autorinnen wie Kate Millett, Robin Morgan und Andrea Dworkin ein großes Publikum, indem sie Frauenfeindlichkeit brandmarkten/anprangerten und Sisterhood in groß angelegten und aufrührerischen Worten priesen. Inzwischen sind diese verwegenen Stimmen vor dem gesunden Menschenverstand von Frauen verstummt, die im akademischen oder öffentlichen Bereich tätig sind. Während sie mit einem Backlash kämpfen, der viele dazu veranlasst, das Wort »Feminismus« total zu verschmähen, sind die heutigen einflussreichen Feministinnen Expertinnen darin geworden, schwierige Streitverhandlungen zu gewinnen, und die, mit denen sie sich anzulegen gewillt sind, sind unter anderem diese ehemaligen Aufrührerinnen.

Solche Spaltungen haben tiefe Wurzeln. Viele Feministinnen, die auf der Woge geschwommen sind, die Professorin Daly ausgemalt hat, haben solches inzwischen als zu extrem ausgemustert. Schwarze Frauen haben sich häufig aus den Gesprächen ausgeschlossen gefühlt, Pro-Sex-Feministinnen fanden die Haltung der Radikalen zur Pornografie beengend. Und die Buchgelehrten fanden ihre Schreibe unprofessionell. Im Gegenzug sind einige in die Jahre gekommene Feministinnen heute feindseliger denn je. Grenzen wurden gezogen, böse Worte fielen. Die Verständigung zwischen den diversen Feldlagern ist praktisch zum Stillstand gekommen.

Für Professorin Daly bedeutete das eine weiterführende Vereinzelung/Abkopplung. Wie viele ihrer Gleichgesinnten wurde sie als »Opfer-Feministin« etikettiert, obwohl ein kurzer Blick in ihre Bücher enthüllt, dass dort keinesfalls Selbstmitleid, sondern eine vergnügte Wildheit/Heftigkeit tonangebend ist. Sie betrachtete das als Symptom der »Verdrehung«, als den patriarchalen Zustand von Frauenwahrheit, zutiefst verschüttet oder entstellt.

»In einer Gesellschaft der Verdrehung ist es wie bei Orwells ›1984‹«, sagte sie. »Im Liebesministerium foltern sie die Leute, im Wahrheitsministerium sitzt die Propagandaabteilung. Verdrehung ist der mentale Kunstgriff hinter all dem. Demzufolge geht die Logik so, diejenige Person Selbst-Viktimistin zu nennen, die in Wirklichkeit absolut kein Opfer sein, sondern die im Gegenteil den Viktimismus ausrotten will. Die Verdrehung ist offensichtlich. Das macht sie nicht leichter zu ertragen, wenn sie passiert.«

Mary Dalys Vision schwingt jedoch immer noch in der feministischen Debatte mit. Die akademischen Philosophinnen Marilyn Frye und Sarah Lucia Hoagland geben gerade eine Anthologie kritischer Rückmeldungen auf Dalys Werk heraus, die als Teil der Schriftenreihe *Rereading the Canon* [Die Grundregeln erneut lesen] der Pennsylvania State Universitiy Press im Winter 2000 erscheinen wird. In der Reihe sind auch DenkerInnen wie Plato, Descartes, Mary Wollstonecraft und Ayn Rand vertreten.

Gefragt nach dem Buch, kam die Antwort der Professorinnen Frye und Hoagland per E-Mail. Ihre Erklärung/Abrechnung forderte diejenigen heraus, die gerne behaupten, Professorin Daly sei überaltert.

»Wir brechen eine entwicklungsmäßige Erzählweise ab, die unter einigen feministischen Theoretikerinnen groß geworden ist«, schrieben sie. »In dieser Erzählweise werden Mary Daly und andere frühe Denkerinnen der zweiten Frauenbewegung als kindisch/juvenil besetzt und erst die späteren Entwicklungen als die Reifung: Töchter, die die ganze Story verdrehen, indem sie den Müttern die Kinderrolle und sich selbst die Mutterrolle zuweisen. Frauen, die diese Mär in die Welt setzen, werden sich bald schockiert in der Rolle derer wiederfinden, die von Vertreterinnen der nächsten Generation als überholt ausgemustert werden, deren politische und erkenntnismäßige Möglichkeiten von Dalys Einmischung geformt wurden (wie ihre eigenen auch).«

Diese streitlustigen Worte klingen sehr an Professorin Daly an. In *Quintessence* spricht sie der französischen Postmoderne mit Namen wie Luce Irigaray komplett den feministischen Status ab (zu schweigen von möglichen Alliierten wie Alice Jardine von der Harvard University), stattdessen seien sie der Popanz toter weißer Männer wie Michel Foucault. »Ich bin reichlich ätzend, was das betrifft«, sagt Professorin Daly über ihre Verhöhnung hoher Lehre. »Ich bin sauwütend, weil das so einen Haufen Energie aus jungen Frauen herauslutscht, die daran ackern und ackern und ackern, aus diesen Texten schlau zu werden, sie zu ergründen und auf tausenden von Seiten wiederzukäuen, die für mich nichts als Geschwafel sind.«

Professorin Jardine räumt ein, *Quintessence* nicht gelesen zu haben. Sie beurteilt Anwürfe wie diesen im Kontext von Amerikas schwindendem intellektuellen Leben.

»Dieser Notstand in der Bildung, in den Geisteswissenschaften, der ist gigantisch«, sagt sie. »Es gibt eine grassierende Betrübnis über den Verlust von Gemeinschaft und Wirksamkeit. Wann immer so etwas geschieht, gehen die Leute aufeinander los. Das ist das alte ›teile und herrsche‹.«

Sie fügte hinzu: »Was mich traurig macht, ist, dass es nicht mehr Verständigung gibt. In der Harvard Divinity School lesen sie Mary Daly und Luce Irigaray und es kommt zu erstaunlichen Unterhaltungen über Engel und Heilige und Glaube und Weisheit, die oft reichlich radikalfeministisch sind. Es gibt keinen Grund der Welt, warum nicht beide gelesen werden könnten, ohne dass ein Krieg über richtig und falsch folgen müsste.

Mary Daly ist eine kratzbürstige Person und eine geistige Bilderstürmerin. Sie zu interviewen ist wie die Sprechstunde bei der meistgefürchteten Lehrerin; sie wirft dir Fragen zurück, macht Meinungen ausfindig, die du nicht unbedingt teilen möchtest, und lässt dich zurück, nicht wissend, ob du sie beeindruckt oder angewidert hast. Aber sie hat eben auch einen hintersinnigen Humor und eine unübersehbare Liebe zum Leben, die in ihren begeisterten weiträumigen Geschichten ebenso zum Vorschein kommt wie in ihrer persönlichen Präsenz, die immer noch ganz schön verwegen daherkommt. Wie viele Visionärinnen ist sie narzisstisch. Sie fußnotet sich selbst unaufhörlich und beschreibt persönliche Geschehnisse, wie die aus dem Leben ihrer verschiedenen Katzen, in epischer Breite. Aber ist es vielleicht fair, sie als mehr von sich eingenommen zu bezeichnen als einen männlichen Autor wie Harold Bloom oder Alfred Kazin? Bewusstsein ist das Gefilde, das sie untersucht, und sie hat zu ihrem eigenen Innenleben den besseren Zugang als zu dem von irgendjemand anderem.

Sympathisantinnen vermuten, dass Professorin Daly sich hätte zu einer feministischen Emeritierten statt zu einer selbstdefinierten aufsässigen Häxe entwickeln können, wenn das Boston College während ihrer ganzen Laufbahn nicht so ruppig mit ihr umgesprungen wäre. Aber es ist viel schwieriger, sie sich als ambitionierte Akademikerin in schicken Klamotten auf ermüdenden Fakultätstreffen vorzustellen als in ihrer abgetragenen Wanderkluft. Sie nennt sich Piratin, die geraubte Frauenweisheit befreit und sie zu ihren Studentinnen zurückschleust. Diese jungen Frauen sind, mehr als entfernte Freundinnen wie Dworkin oder Morgan, ihre wahren Mitarbeiterinnen.

»Da ist eine ganz schön innige/vertraute Verbindung im Klassenraum: bumm, bumm, bumm!«, sagte sie. »Also in diesem Raum, und auch vor anderem Publikum meiner Veranstaltungen, ist eine zirkulierende Energie, die außerordentlich aufregend und von allen zu spüren ist, die mich gewissermaßen mit dem wirklich Wahren der Frauen in Verbindung setzt.«

Sie hortete diese Energie, darauf bedacht, sie nicht unsinnig zu verschwenden. Damit war der größte Teil des Boston College gemeint, einschließlich ihrer Professorinnenkolleginnen, die 1983 die Verwaltung zu Frauenstudien im Nebenfach überredet hatten. Etwa 20 Studentinnen jährlich promovierten in diesem Nebenfach, dagegen belegten 50 bis 70 in jedem Semester die »Einführung in den Feminismus«. Es ist frappant, dass es keinen Kontakt zwischen den lehrenden Feministinnen auf diesem reichlich konservativen Campus und ihrer berühmten Kollegin zu geben schien.

Für viele Studentinnen war Professorin Daly mehr Legende als Wirklichkeit. Sie ließ sich häufig beurlauben, um zu schreiben und um den aktuellen Manövern des College, ihre Frauenklassen für Studenten zu öffnen, auszuweichen. »Sie ist ein bleibender Name und ein Mysterium, eine abwesende Anwesenheit«, sagte Judy Wilt, die im Fachbereich Englisch lehrt und die erste Fakultätsberaterin im Nebenfach Frauenstudien war. »Sie kam zu keiner unserer Veranstaltungen. Sie war bereit, mit Frauen aus diesem Fachbereich zu reden, die mit ihr reden wollten, aber kaum über deren aktuelle Projekte. So ist es eben schnell passiert, alles zu verlieren außer der

Erinnerung an die zentralen radikalen Thesen, die sie hervorgebracht hatte.«

Professorin Daly bildete enge Verbindungen mit ihren Studentinnen. Emily Mann ist eine davon. Sie absolvierte zwei Klassen Daly, promovierte 1998 und die Begegnung mit ihr veranlasste sie, einen Masterabschluss in Frauenstudien am University College in Dublin dranzuhängen.

»Es war eine der wertvollsten Lernerfahrungen, die ich je machte«, sagte Emily Mann. »Sie ist erstaunlich, und weil sie nicht Teil des Mainstream ist, wird sie nicht anerkannt. Sie ist unglaublich kreativ und rasant und die Uni braucht Leute wie sie.«

Emily Mann setzt ihre Worte in Taten um, indem sie sich um den Fond zur juristischen Verteidigung von Daly kümmert. Die meisten Beiträge kommen von ihren Ehemaligen, die überall im Land verstreut sind, nicht von den derzeitigen Studentinnen. »Wir hatten eine Kampagne mit Buttons im Frühjahr, aber die Stimmung in der Studentinnenschaft ist nicht gerade ermutigend«, sagt sie.

In *The Heights,* der Wochenzeitung des Campus, standen 1998 nur zwei Beiträge über Professorin Dalys Misere (einer im Februar und einer im Oktober). Carolyn Brancatella, eine der Autorinnen, und ihre Mitstudentin Kim Aime gaben an, dass die StudentInnen, die sie befragt hatten, nur noch vereinzelt wussten, wer Mary Daly überhaupt ist.

Bei einem Gespräch mit Carolyn Brancatella und der Herausgeberin, Laure Rakvic, brachten beide gemischte Gefühle über den Fall Daly zum Ausdruck. Sie sehen zwar den Wert der Same-Sex-Bildung, betrachten diese aber am Boston College als Regelverstoß. Auch wenn es nur eine einzige solche Klasse gibt, öffnet sie ihrer Meinung nach Tür und Tor für alle anderen Gruppen, die dann auch unter sich bleiben möchten. »Das ist eine Büchse der Pandora«, sagte Brancatella ganz auf der Line der Collegeadministration. Laure Rakvic dehnte ihre Bedenken auf den Feminismus generell aus: »Wir müssen über Frauenunterdrückung und weibliche Psychologie Bescheid wissen und darauf achten, wie unterschiedlich die Dinge uns beeinflussen. Aber ich denke, mit dem Feminismus ist immer auch

Ärger verbunden. Ich will nicht, dass die Jungs, mit denen ich zu tun habe, mich für ärgerlich und zickig oder garstig halten. Das bringt mich nicht weiter.«

In einer solchen Stimmung ist es nicht verwunderlich, dass am Boston College keine Großkundgebung für Professorin Daly zusammenkam. Professorin Wilt wies in diesem Zusammenhang darauf hin, dass der zeitgenössische Feminismus auf dem Campus eine ganz andere Sache als die wütende Begeisterung des Radikalfeminismus ist: »Für viele junge Frauen ist es ein entscheidender Punkt in ihrem Leben, einen gleichrangigen Mann zu finden, der feministische Sprache versteht oder feministische Erfahrungen hat oder bereit ist, zu diesem Thema etwas zu hören«, sagte sie. »Aus diesem Grund ist es wirklich wichtig, Männer in Feminismus zu unterrichten.«

Kürzlich, an einem frischen Herbstnachmittag am Mount Holyoke College in South Hadley, Massachusetts, gab es eine Veranstaltung der Theologieprofessorin Jane Crosthwaite mit ihren Studentinnen über Mary Daly und den Stand des feministischen Diskurses. Diese Frauen waren offen, überzeugend und machten keine Anstalten, sich zu rechtfertigen, genau die Sorte Erbinnen, die Professorin Daly ausbilden wollte.

Einige Zitate aus der Veranstaltung:

»Ich wünschte, ich hätte zuerst sie gelesen. In anderen Kursen las ich einen Haufen theoretisches Zeug und einige ihrer Ideen hätten für mich erstmal konkretisiert, was die Grundlagen waren, so dass ich mich nicht durch so viel Stoff hätte durchackern müssen.« (Erica Dyson)

»Ich war jenseits davon, was ich für radikal hielt. Aber die eine Sache, die mir hängen geblieben ist, war ihr Begriff der Göttin als Verb. Das blies ganz schön durch meinen Verstand. Ich hatte immer Probleme damit gehabt, Gott männlich oder weiblich zu denken, aber das mit dem Verb war sozusagen die Antwort auf meine Gebete.« (Mary Claire Mackey)

»Hört mal, ich war eine, die reinkam und sagte, ich will nichts mit irgendwas von diesem feministischen Kram zu tun haben. Aber während ich davon hörte, gab es sehr wohl Erkenntnisse, die Eröffnung von Möglichkeiten. Und ich denke, dass der Prozess in keiner Weise abgeschlossen ist.« (Carol Cassidy)

Einige der Mount Holyoke Studentinnen kamen mit der Daly'schen Sprache nicht zurecht. Erica Dyson sagte, das Gerede von Crones [Alte Weise Frauen] und Witches [Hexen] erinnerte sie viel zu sehr an ihre Hippie-Eltern. Aber sie waren sich alle einig, dass die Botschaft von Mary Daly bedeutungsvoll/erheblich ist.

»Sie ist unser Moses«, sagte Professorin Crosthwaite. »Sie steht auf dem Berg und sieht hinunter ins Gelobte Land.« Dieses Bild ist viel zu patriarchal, um Mary Daly zu erfassen. Aber seine Grandezza und seine Sonderbarkeit trifft ins Herz.

Die Daly Doktrin in *Webster's First New Intergalactic Wickedary of the English Language* beschreibt sie als »hundertprozentig aufsässige Häxe, die feministische Ethik im Fachbereich Theologie am Boston College lehrt.« Ihr Humor blitzt ebenso geschwind auf wie ihr verwegener Wortschatz.

Einige Dalyismen:

Anno feminarum (A.F.): feminist post-Christian time/space, on the boundary of patriarchal time and space. Example: 1989 A.F.

Anno Feminarum (A.F.): feministischer nach-christlicher Zeit/Raum, in Abgrenzung zu Zeit und Raum des Patriarchats. Beispiel: 1989 A.F. [A.F. ist auch die gynozentrische Verwandlung des A.D. Anno Domini/im Jahre des Herrn, mit dem das christlich-abendländische Patriarchat seine Zeit bestimmt]

Bewilder (»to cause to lose one's way, as in a wild or unknown place; to lead or drive astray« – Oxford English Dictionary): to lead the self and others on pixie-paths that wind ever deeper into the unknown; to hear and follow the call of the wild.

Wild machen [im Sinne von: nicht zahm bleiben/auswildern]: sich selbst und andere auf Elfenpfade führen, die sich immer weiter ins Unbekannte hineinschlingen; den Ruf der Wildnis [the wilderness, wortverwandt mit to bewilder] hören und ihm folgen.

Courage to leave: virtue enabling women to depart from all patriarchal religions and other hopeless institutions; resolution springing from deep knowledge of the nucleus of nothingness, which is at the core of these institutions.

Mut zum Davonziehen: Tugend/Kraft, die Frauen befähigt, sich von allen patriarchalen Religionen und anderen hoffnungslosen Institutionen abzusetzen; eine Ablösung, die dem tiefen Wissen entspringt, dass in der Mitte all dieser Institutionen nichts als das Nichts wohnt.

Fury: righteous female rage; focused gynergetic will to break through the obstacles that block the flow of female force; volcanic dragon fire; elemental breathing of those who love the earth and her kind, who rage against the erasure of our kind.

Große Wut: berechtigte weibliche Rage; gebündelter gyn-energetischer Wille, die Hemmnisse für den freien Fluss weiblicher Kräfte zu durchbrechen; vulkanisches Drachinnenfeuer; elementales Atmen derer, die ihresgleichen und die Erde lieben, gegen deren Ausrottung sie wüten.

Gynophilia: love for women; original e-Motion, which inspires nags to nix the static state, whirl widdershins and ride with the race of wild and raging women.

Gynophilia [Original übernommen; Gynophilie klingt zu sehr verwandt mit abschätzigen Philien wie zum Beispiel Homophilie]: Liebe für/zu Frauen; Ur-Gefühl, das Nags [Keifzangen, im Sinne von berechtigtes Geschrei um horrendes Unrecht machen, to nag: keifen, meckern, nörgeln] inspiriert, den Zustand der Stasis, der Unbeweglichkeit, zunichte zu machen, sich gegen den Uhrzeigersinn auf den wilden Ritt der rasenden Frauen zu werfen [*to ride with the race of wild an raging women* heißt ebenso: im *Rennen* der wilden und rasenden Frauen zu reiten wie auch: mit der *Rasse* der wilden und rasenden Frauen zu reiten. Der Verzicht auf den Begriff Rasse ist auch 2011 im Deutschen noch angebracht].

Happiness: a life of activity/creativity governed by wild, woman-identified wisdom; realization of belonging.

Glücksgefühl: ein Leben voller Tat- und Schöpfungskraft, bestimmt durch ungezähmte, weiblich-identifizierte Weisheit; Verwirklichung der Dazu-Gehörigkeit [*to be longing* bedeutet auch, sich nach etwas zu sehnen].

Homesick: 1: sickened by the home; 2: sick of the home; healthily motivated to escape the patriarchal home and family.

Krank vor Heimweh: 1. durch das Zuhause erkrankt. 2. des Zuhauses überdrüssig [*to be sick of something:* etwas satt haben]; eine gesund machende Motivation, dem patriarchalen Heim- und Familienleben zu entkommen.

Sunday/sonday: day devoted to godfather, son and company; day that induces and perpetuates a state of depression.

Sonntag/Sohntag [*the son* bedeutet der Sohn, phonetisch ist im Englischen zwischen *Sunday* und *Sonday* kaum ein Unterschied, dieses Wortspiel ist fast ohne Verlust ins Deutsche übertragbar]: der Tag ist Gottvater, Sohn und Co. gewidmet [Daly spielt auf ihren gleichnamigen Buchtitel an]; der Tag, der immer wieder den Zustand [*state* bedeutet Zustand und Staat] der Unterdrückung/Niedergeschlagenheit erzeugt und perpetuiert.

(Das englische Original erschien unter dem Titel »Mary, Quite Contrary« in: The New York Times, 7. November 1999; www.nytimes.com/1999/11/07/education/mary-quite-contrary.html?scp=13&sq=Mary Daly&pagewanted=1)

Mary Dalys »Mut zur großen Sünde«

(von Susan Brooks Thistlethwaite)

Wenn es je eine Große Sünderin im Auge der patriarchalen Religion gegeben hat, gebührt die Ehre dieses Titels Mary Daly. Die »elemental-feministische Philosophin« und bahnbrechende frühfeministische Theologin ist gestorben, aber ihre Antriebskraft für Frauen, sich ein Herz zu fassen und die Dinge und ihre Erfahrungen beim Namen zu nennen, wird sie überdauern.

Als Studentin in Religionswissenschaften in den Siebzigern kaufte ich ein Exemplar von Dalys *Jenseits von Gottvater, Sohn & Co.*, das ich in Packpapier einschlug, so dass niemand an der Duke Divinity School sehen konnte, was ich da las. In dieser Zeit war Dalys Arbeit als sehr radikal und geradezu gefahrvoll verschrien; einige meiner Professoren verdammten sie rundweg. Das Buch, das ich im Geheimen las, gab mir den Mut, mir mich als feministische Theologin vorzustellen. Solche hilfreichen Anregungen bekam ich von meinen Lehrern am Duke nicht, das waren allesamt Männer.

Vor mehr als drei Jahrzehnten schrieb Daly: »Falls Gott männlich ist, ist das Männliche Gott.« Sie hatte damals recht, und dabei ist es bis heute geblieben. Religionen, die nicht die vollständige Gleichheit der Frauen anerkennen, nennen Männlichkeit und Göttlichkeit in einem Atemzug.

Ich plauderte immer mit Mary Daly, als wir im selben Viertel von Boston wohnten und unsere Autos in derselben Werkstatt machen ließen. Einmal sagte sie in tadelndem Ton zu mir, »sie gehen genauso auf dich los, wenn du dich ein bisschen feministisch gibst wie wenn du es gleich ganz durchziehst.«

Daly wusste, was passierte, wenn sie ihre Meinung sagte. Sie war oft genug für ihre Schriften und Lehrinhalte am Boston College übel angegriffen worden. Letztendlich hatte sie ihren Hut nehmen müssen, weil sie sich weigerte, Männer in ihre Frauenklassen zu lassen. 2006 dokumentierte sie in *Amazon Grace: Recalling the Courage to Sin Big* ihre Abrechnung mit diesem Grabenkampf.

Daly hatte sechs Abschlüsse, allein drei Doktorinnentitel in Religion, Theologie und Philosophie.

Dalys Arbeit zog Streitigkeiten nach sich, nicht nur wegen ihres Verrisses patriarchaler Religionen und ihren Lehrinhalten, sondern auch innerhalb der Frauenbewegung. 1980 schrieb ihr die karibisch-amerikanische Dichterin Audre Lorde einen persönlichen Brief. Sie drückte ihre Wertschätzung für Dalys Werk aus, stellte aber die Lücken im Bezug auf die »herstory« [Wortspiel, das darauf anspielt, dass in »History« »Seine Geschichte«, die von Männern interpretierte Geschichte steckt] farbiger Frauen heraus. Nach vier Monaten ohne Antwort veröffentlichte Lorde diesen Brief. Die Debatte, die entbrannte, ist bezeichnend dafür, wie sich viele weiße feministische Theoretikerinnen mit Inhalten schwertaten (und es noch tun), die davon ausgehen, dass Rasse ein dem Geschlecht zutiefst ebenbürtiger Diskriminierungsgrund ist. Später gab es auch noch Kritik an Daly für ihre Abfuhr an die Transsexuellen.

Es gibt keine allgemeingültige Kategorie von »Frauen« – in diesem Punkt trennt sich meine Übereinstimmung von Daly. Rassenherrschaft kann uns gegenüber den tatsächlichen Unterschieden von Frauen mit anderem Erfahrungshintergrund blind machen. Der Erfahrungshintergrund von Leuten, die einen Genderwechsel erlebt haben, mag einer die Theorie vermasseln, aber in meinen Augen muss dann eben die Theorie gewandelt werden, statt das Pferd von hinten aufzuzäumen.

Aber Dalys Erfahrung war nicht meine, und meine Kritik an ihrer unbeirrbaren Auffassung von Gender trübt in keiner Weise meinen Blick für das riesige Geschenk, das ihr Werk der feministischen Theorie macht.

Vor nicht allzu langer Zeit hatte ich die Gelegenheit, *Jenseits von Gottvater, Sohn & Co.* nochmals zu lesen. Nicht nur, dass ich es immer noch gültig fand, heutzutage würde ich sogar über die Mary Daly von 1973 hinausgehen in meiner Kritik an der patriarchalen Theologie, nicht anders als die meisten progressiven Frauen zum Thema Religion, die ich kenne.

Das ist das Geschenk der wirklich Großen Sünderinnen wie Mary Daly – uns anderen Frauen den Wagemut zu geben, viel mehr in unserem Leben zu hegen und zu schätzen, als wir es uns hätten träumen lassen.

(Das englische Original erschien unter dem Titel »Mary Daly's ›courage to sin big‹« in: The Washington Post, 5. Januar 2010; http://newsweek.washingtonpost.com/onfaith/panelists/susan_brooks_thistlethwaite/2010/01/the_courage_to_sin_big_the_life_of_mary_daly.html)

Text zur Gedenkfeier

(von Robin Morgan)

Liebe Schwestern und Freundinnen,

ich bin wirklich traurig, dass ich heute nicht bei euch auf der Gedenkfeier für Mary sein kann, aber eine Operation vor Kurzem macht mir das unmöglich. Mir geht es gut, doch ich bin für eine Weile reiseunfähig. Andererseits, wie Mary sagen würde, wenn du nicht leibhaftig an einem Ort sein kannst, ist die zweitbeste Lösung, im Geiste dort zu sein – und genau genommen ist das ja auch ein und dasselbe.

Uns verband eine vierzigjährige Freundinnenschaft, gefüllt mit Kollegialität, Arbeit, Auseinandersetzungen, Arbeit, schadenfrohen Plänen, die dem Patriarchat die Hölle heißmachen würden, Auseinandersetzungen, Arbeit, Verschwörungen, Gekicher und schallendem Gelächter, Arbeit – und Auseinandersetzungen. Ein starkes Band war unsere Liebe zu Wortspielen, ein anderes der Intellekt, mit dem wir uns in Zeiten zusammenhielten, in denen Anti-Intellektualität in der Frauenbewegung gerade im Trend lag.

Wann immer wir uns verkrachten – »difficult twins« [schwierige Zwillinge] war ihr Spitzname für unsere Freundinnenschaft –, kriegten wir es auch irgendwie wieder hin. Das blieb so bis zum Schluss.

Von allen Erinnerungen zeichnen sich zwei besonders ab, eine öffentliche und eine private.

Die eine geht so: Als wieder mal das Boston College sie wieder mal schikanierte für wieder mal ein vermeintliches Delikt – vielleicht brachte dieses das Fass zum Überlaufen [perhaps this one was »moral terpintine«. »Moralisches Terpentin« macht aber im Deutschen keinen Sinn.] – gab es eine Massenkundgebung auf dem Campus, es war brechend voll und ich stieg in meine Solidaritätsansprache mit dem Schlachtruf ein: »Schwestern, wir treffen uns auf blutigem/verfluchtem/verdammtem jesuitischem Boden.«

Danach sagte Mary, dieser Teil habe ihr eindeutig gut gefallen – und seitdem pflegte sie Briefe und Bücher an mich so zu unterschreiben: »Mit Liebe, Respekt, Bewunderung – und Magenverstimmung«.

Die private und liebevoll gehegte Erinnerung liegt so etwa in den späten Siebzigern oder frühen Achtzigern, als ich in Harvard eine Benefizrede für … irgendeine Gruppe hielt, die eine hervorragende Arbeit machte. Ich blieb über Nacht bei Mary. Ich *blieb* – nicht, dass ich schlief.

Es war so, dass ich ihr eine ziemlich große Flasche Irish Mist [Irischer Dunst (Whisky)] als Gastgeschenk mitgebracht hatte und wir die ganze Nacht zusammensaßen – die *ganze* Flasche niedermachten – und (was sonst?) debattierten.

Diesmal ging es um Thomas von Aquin versus Dante.

Marys Position, oder eher ihr imperiales Edikt, war, dass die komplette Philosophie und Theologie der *Göttlichen Komödie* schon bei Thomas von Aquin beieinander war, so dass es wirklich keinen Bedarf für diese Dichtung gab, die sowieso ein einziges großes Plagiat war. Sie vertrat das schalkhaften Blickes, genau wissend, das würde mich auf die Palme bringen.

Das haute mich auch um, als Dichterin: »Es ist DICHTUNG, Mary, *zum Teufel aber auch,* ein großes Werk in der *Kunst,* ein Quell von Sprache und Bildersprache, die das kollektive Unbewusste global verwandelt hat. Und es war das erste große Buch in Umgangssprache, das normale Leute lesen konnten (so sie lesekundig waren) – ein radikaler Akt!« Zum Schluss setzte ich noch eins drauf: »Wo die Theologie nicht mehr hinkommt, reicht die Kunst noch weiter – und wird darum überdauern.«

Diesmal haute es Mary um.

Noch eine Runde Irish Mist.

Am Ende löste sich das Ganze in zwerchfellerschütterndem Gelächter der Marke Roll-auf-dem-Boden-herum-und-erschreck-die-Katze auf. Wir kamen selig überein, es gäbe ein Nirgendwo sowohl für Dante als auch für Thomas, im Nichthimmel, an den wir nicht glaubten und den wir gemeinsam überfallen würden, wenn wir es täten.

Die unfreiwillige Komik kam ungefähr um sieben Uhr morgens, als uns klar wurde, dass wir erstens blau waren wie die Haubitzen und dringend Frühstück brauchten, zweitens, dass, wenn irgendeine uns berüchtigte »Männerhasserinnen« dabei belauscht hatte, wie wir uns zankten, welcher Bursche der beste war, unser beider guter Ruf total im Eimer wäre (zu schweigen von unserer Würde, die sowieso schon geschreddert war).

Mary war – natürlich – brillant, spaßig, heldinnenhaft, Worte liebend, wütend, liebend, bitter, verletzlich und unverwundbar zugleich – mit einem Ego, groß wie Montana, nebenbei gesagt verdientermaßen. Unterschätzt zu ihren Lebzeiten, wird ihr Werk überleben und fortdauern.

Sie war meine Freundin, Kollegin, Schwester. Ich liebte sie. Ich werde ihre aufbrausende Art vermissen, ihren Verstand, Humor, ihre einzigartige Vorstellungskraft.

Ich werde *sie* vermissen.

Ich danke euch, dass meine Worte bei eurer Gedenkfeier für meine difficult twin dabei sein können.

In sisterhood, Robin Morgan

(Am 2. April in New York für die Mary Daly-Gedenkfeier in den USA verfasst. Robin Morgan sandte uns diesen Beitrag mit den Worten: »Ich bin froh, dass ihr dieses Buch macht, und vielen Dank, dass ihr an mich gedacht habt.«)

Gedanken über Mary Daly

(von Janice Raymond)

Mary Dalys größte Gabe war die Brillanz, mit der sie Generationen junger und alter Frauen dazu inspirierte, sich ihrer eigenen Erkenntnis und Intuition zu versichern und ein feministisches Leben zu führen. Ich war eine davon. Sie beflügelte uns durch Intelligenz, Charisma und Beispielhaftigkeit und sie hatte diesen sündhaften Sinn für Humor.

Sie war eine große Disputantin und Versammlungsrednerin. Zum allerersten Mal sah ich sie in der TV-Show *Firing Line*, in der sie den konservativen katholischen Fachpapst William F. Buckley abschmetterte – den führenden Intellektuellen der Republikaner.

»Vorwärts durch akademische Grade« nannte sie ihre drei Doktorate – in einer Zeit, in der keine katholische Institution in den Vereinigten Staaten eine Frau in Philosophie und Theologie zugelassen hatte. Sie begab sich darum an die Universität von Fribourg in der Schweiz und eignete sich dort unter anderem ein elegantes Französisch in Wort und Schrift und ein gutes Deutsch an.

Sie liebte Ideen und trieb viele von uns als Mitdenk-Genossinnen voran. Sie lenkte uns zu den Anlegestellen ihres Geistes, lehrte uns aber auch, mit unserem ganzen Verstand zu fühlen und aus vollem Herzen zu denken.

Es ist schwierig, die radikale Qualität von Mary Dalys Leben verständlich zu machen, oder auch zu vermitteln, wie überwältigend es sein konnte, in dieses Einlass zu finden. Sie besaß die ganze Bandbreite intellektueller und experimenteller Spannung des radikalen Feminismus.

Mary Daly »gierte nach« weiblicher Freiheit jenseits aller Einschränkungen des Frauenlebens. Sie tolerierte keinerlei Grenzen für diese Freiheit und hatte nicht die geringste Nachsicht mit den Zwängen männlicher Herrschaft. Wenige Feministinnen waren wie sie, aber für viele von uns – zum Glück – gab es sie: eine Mary Daly.

(Für dieses Buch im Oktober 2010 verfasst.)

Ein ausgewählter Songtext für dieses Buch

(von Alix Dobkin)

New Ground
You and me
We're goin' out of bounds (deep and dark – final verse)
We're goin' oh so far, not even close
To yesterday
Seek new thrills (adventure)
Easy, brave, wild, sweet darlin'
Breathe deep, keep the faith (bear down, breathe easy)
We'll find (We're on)
Some (our) ... new ground

One by one
We take each other home
We take our words and call each other »girl«
Whenever we please
We're gonna' live together
Hold hands and kiss each other
On the mouth just because
We love our ... new ground

We are the women
We are the loving women
We've been around forever
Deep in the hearts of women

Once we were
Separated from ourselves
Afraid and lonely for what we couldn't even name
We cried, despaired
Died in flames
Scorned and shamed or worse
What heartbreak, passion, rage

Has driven us
To ... new ground

Women's work
It's an endeavor never done
From women's blood, the web of life, our world is spun
It's women's trust
To keep ourselves
From losing touch, from losing heart
From losing sight
From losing ground
Our ... new ground

Neues Land
[Die Übersetzung erfüllt keinen lyrischen Anspruch,
sie dient nur dem Textverständnis.]

Wir beide
Wir machen uns auf in verbotenes Land (vielschichtig und dunkel –
es gibt kein Zurück)
Wir gehen so weit, dass wir nicht einmal mehr nah
An einem Gestern sind
Suchen neue Spannung/Schauer (Abenteuer)
Mühelos, unerschrocken, ausgelassen, wonnige Geliebte
Hol tief Luft, bleib zuversichtlich (geh der Sache zu Leibe,
atme auf)
Wir finden noch (wir sind drauf und dran)
Manch ein ... Neues Land (von uns)

Eine nach der anderen
Holen wir uns gegenseitig heim
Wir nehmen unsere Worte in Besitz und nennen uns »girl«
[»girl« schillert, stärker als »Mädchen« – in einer Bandbreite von
biologischem Geschlecht bis zu stark erotisch aufgeladener Bedeutung, darum gibt es hier keine Übersetzung]

Wann immer es uns gefällt
Wir gestalten gemeinsam unsere Leben
Halten uns bei der Hand und tauschen Küsse
Auf den Mund allein deswegen
Weil wir es so lieben, unser ... Neues Land
Wir sind die Frauen
Wir sind die liebenden Frauen
Wir sind schon immer da gewesen
Tief in den Frauenherzen

Einst waren wir
Getrennt von uns selbst [auch in der Bedeutung: voneinander]
Verängstigt und verlassen, wovon wir nicht mal einen Namen hatten
Wir schrien und weinten, verzweifelt
Kamen um im Feuer
Verachtet und voller Schande oder Schlimmerem
Solches Herzleid, Leidenschaft, rasende Wut
Hat uns bewegt
Zu ... Neuem Land

Das Werk von Frauen
Ist ein Unterfangen, das nie endet
Aus Frauenblut ist es gesponnen, das Gewebe des Lebens, unsere Welt

Es ist das Vertrauen von Frauen
Das uns davor bewahrt
Den Zusammenhang zu verlieren, den Mut zu verlieren
Den Ausblick zu verlieren
Den Boden unter den Füßen zu verlieren
Unser ... Neues Land

(Auf der CD *Yahoo Australia*, Liveaufnahme von einem Konzert in Australien 1990, words & music by Alix Dobkin ©1986. Alix Dobkin schrieb uns: »Ich freue mich wahnsinnig über euer Projekt. Natürlich ist es immer wunderbar zu wissen, dass meine Musik Frauen etwas bedeutet, aber die eigentlich aufregende Neuigkeit ist das Buch über Mary Daly. Ihr habt wirklich gute Autorinnen versammelt, einige davon kenne ich persönlich.

Rain and Thunder ist übrigens ein exzellentes feministisches Magazin, dessen Ausgabe zur Frühjahrs-Tagundnachtgleiche 2010 eine Reihe von Femmagen an Mary gebracht hat, in die die Leserinnen vielleicht reinschauen möchten: www.rainandthunder.org. Beim Gedanken an meinen Beitrag zum Buch fällt mir ganz besonders ›New Ground‹ ein. Ich schätze es sehr, dass ihr mich gefragt habt, vielen Dank nochmal.«)

No Man's Land – Interview mit Mary Daly

(geführt von Susan Bridle)

(WIE steht für *What is Enlightenment?*, so hieß das Magazin vor der Umbenennung in *EnlightenNext*.)

WIE: In dieser Ausgabe möchten wir Genderidentität im Verhältnis zu spiritueller Verwirklichung oder Erkenntnis ausloten. Wir befragen Menschen mit sehr verschiedenen Perspektiven zu diesem Thema und sind gespannt auf Sie, die Sie eine der radikalsten und unverblümtesten zeitgenössischen Feministinnen wie auch eine visionäre Theologin sind.

In this issue of our magazine, we're exploring gender identity in relationship to spiritual realization or enlightenment. We're speaking with a number of people who have very different perspectives on this subject, and we were very eager to speak with you because you are one of the most radical and outspoken feminists alive today as well as a visionary theologian.

MARY DALY: Also, ein Magazin mit einem solchen Thema wäre mir nie eingefallen. Das fühlt sich fremdartig an. Und ich möchte Sie nicht runtermachen, aber was sich für mich daran fremdartig anfühlt, ist, dass es so offensichtlich in der patriarchalen Methode daherkommt. Allein schon über »Genderidentität« zu sprechen – was zur Hölle soll das sein?

Well, I would never create a magazine or a journal with that as a subject. It feels foreign. And I'm not trying to put you down, but what makes me feel alien from it is that it's so much in the patriarchal mode. Even to talk about »gender identity« – what the hell is that?

WIE: Das herauszufinden interessiert uns ja gerade.
That's what we're interested in finding out.

MD: Sehen Sie, das kümmert mich nicht. Es interessiert mich wirklich nicht besonders. Ich bin eine Frau. Ich weiß es. Niemand wird mich darüber eines Besseren belehren.
You see, I don't care. It really doesn't interest me much. I am a woman. I know that. No one's going to disabuse me of that.

WIE: Wie ist Ihr Begriff von spiritueller Befreiung?
What is your concept of spiritual liberation?

MD: Das ist ein Ausdruck, den ich überhaupt nie verwende.
It's not an expression I ever use.

WIE: Eine andere Annäherung wäre, von spirituellem Streben zu sprechen.
Another way to approach this would be to speak about spiritual aspiration.

MD: Radikalfeministinnen, die mir Fragen stellen, tun das in meiner Sprache. Sie fragen »Wie ist Ihr Begriff von …?« Na schön, ich habe keinen Begriff davon, weil ich nicht eine von Ihnen bin. Seit einigen Jahren habe ich aufgehört, das Wort »spirituell« zu benutzen.
Radical feminists who talk to me ask me questions in my language. You're asking: »What is your concept of . . . ?« Well, I don't have a concept of that because I'm not one of you. There was a point a few years ago when I stopped using the word »spiritual.«

WIE: Warum ist das so?
Why is that?

MD: Weil es zu sehr Geist/Körper entzweischneidet, dichotomisiert. Und tatsächlich, wenn ich von Geist und Materie spreche, benutze ich oft einen Bindestrich: »Geist-Materie«, weil ich es eben nicht dichotomisieren möchte. Ich denke, Materie ist außerordentlich lebendig und im tiefsten Sinne voller Geist. Und deshalb bringt der Begriff »spirituell« normalerweise gar nichts, weil er den ganzen Ballast der Dichotomisierung mit sich herumschleppt. Wenn es irgendwie geht, spreche ich von »elemental«. Damit meine ich eine ganze Menge, die vier Elemente Erde, Luft, Feuer, Wasser – aber auch den Äther. Und in der Philosophie des antiken Griechenlands wurden die ursprünglichen Klänge des Alphabets elemental genannt, ebenso wie Engel Elementale waren. Und das Universum, Erde, Sterne, andere Planeten und die Sonnen, hießen gleichfalls Elemente oder *stoicheia*. Das ist etwas Unermessliches. Meine Arbeit folgt dieser Tradition der Verbindung – im Erkennen und Begreifen, in der Bedeutung und der wirklichkeitsgetreuen Darstellung, unsere Verbindung mit dem Universum. In diesem Sinne ist »Universum« das Wort, welches ich normalerweise für die endgültige Wirklichkeit verwende – »Gott« will ich nicht sagen, das ist gestorben. Ich werde »Geist« sagen, aber ein Lebensprinzip/Naturgesetz meinen, in dem alles Leben einschließlich das der Felsen beinhaltet ist. Und ich habe ein großes »B« verwendet, *Be-ing* [Sei-en], zur Verkörperung der Göttin als Verb.

Because it sounds too much like dichotomizing mind/body. And, in fact, when I do speak of spirit and matter, I often hyphenate it: »spirit-matter«, for the reason that I don't like to dichotomize. I think matter is extremely alive and spiritual in the deepest sense. And so »spiritual« usually just doesn't do because it seems to carry with it that baggage of dichotomizing. So whenever possible I use the word »elemental.« By »elemental« I mean a lot of things; the four elements: earth, air, fire, water – but also the ether. And in ancient Greek philosophy the primal sounds of the alphabet were called elemental, and angels were elementals. And the universe, the earth, stars, other planets and the suns were also called elements, or *stoicheia*. It's something vast. My work follows in that tradition of bonding – recognizing and realizing, meaning also actualizing, our connection with the universe. So, the word I commonly use for the ultimate reality – won't say »God«, that's dead – is »the universe«. I'll say »spirit«, but meaning a principle of life within all being, including rocks. And I have used capital »B«, *Be-ing*, to represent the *verb* God.

WIE: Können Sie das ein bisschen genauer erklären?
Can you explain that a bit further?

MD: Vor tausend Jahren, als ich die übliche scholastische Philosophie studierte, wurde Gott »höchstes Wesen« genannt. Und das machte ihn zu einem Substantiv und etwas ganz weit oben. Hierarchisch. Jahve. Das Damoklesschwert über uns. Und das ist erkennbar unbefriedigend. Da lungern immer lästige Vorstellungen mit herum. Dann begriff ich mit Hilfe meiner Freundin Nelle Morton, dass »sein« ein *Verb* ist, das mit Bindestrich geschrieben werden möchte [be-ing: sei-en]. Wenn eine das so macht, ändert sich alles. Ich würde auch sagen, das Universum ist ein Verb.

Es gibt andere Weisen, diese äußerste/innerste-innigste Gegebenheit zu beschreiben. Es ist eine Art des Daseins, in der wir unsere Verbundenheit zutiefst begreifen und in vielfacher Weise wirklichkeitsgetreu darstellen. Es ist »Be-ing«, das große »B«, aber in leuchtender, freudiger Auffassung, das, was Aristoteles die Harmonie der Sphären nannte; das Erscheinungsbild der Vollkommenheit/Unversehrtheit. Ich denke, das ist jenseits von spirituell. Ich meine, meine Katze würde sich nicht mit »spiritueller Befreiung« befassen, sie ist sowieso ganz Geist, sie ist absolut be-geistet [in-spirited]. Ich habe in den Siebzigern immer über die Frauenbewegung als »spirituelle Revolution« gesprochen und das klingt für mich besser als »Befreiung«. Aber inzwischen bin ich auch darüber hinaus- und weitergegangen.

A thousand years ago, when I was studying standard scholastic philosophy, God was called the »supreme being.« And that made him a noun and something on high. Hierarchical. Yahweh. The hairy claw coming down. And that obviously is unsatisfactory. It always has images hanging around that are undesirable. Then I realized, with the help of a friend of mine, Nelle Morton, that »being« is a *verb,* and it should be hyphenated [be-ing]. When you do that, everything changes. I would also say that the universe is a verb.

There are other ways of describing this ultimate/intimate reality. It's a mode of existence in which we profoundly realize and actualize our connectedness in multiple ways. It's Be-ing, capital »B«, but understood as luminous, joyous, what Aristotle called the harmony of the spheres; representing an aspect of integrity, integrity beyond integrity. I think it's beyond spiritual. I mean, my cat wouldn't be concerned with »spiritual liberation«; she's all spirit, she's absolutely in-spirited. I used to talk about the women's movement in the seventies as a »spiritual revolution«, and that's better than »liberation« to me. But then I got over that too and moved on.

WIE: Das klingt, als ob die Vorstellung, die Sie beschreiben, ein Einfühlungsvermögen in die Kräfte und eine Verbundenheit mit den Kräften des Lebens sei, beziehungsweise deren Vorhandensein in allem Belebten und Unbelebten.

It sounds like the vision you're describing is a sensitivity to and a connectedness with the life force or presence in everything, animate and inanimate.

MD: Ja, und das ist die Anerkennung unserer Verbindung mit dem gesamten Universum – Mikro- und Makrokosmos. Wir müssen nicht notwendigerweise alles kennen, was da draußen ist – das ist nicht der Punkt – der Punkt ist vielmehr das Empfinden für ein Streben nach Verbundenheit und die *Freude* daran. Ich schau mir den Sonnenuntergang hier an, oder Naturerfahrungen, Erlebnisse von Schönheit, Kreativität und Kampfgeist, der Furcht überwindet.

Yes, and it's a recognition of our connection with the entire universe – microcosm and macrocosm. We don't necessarily have to know everything that's out there – that isn't the point – but it's a sense of striving for connectedness and *a joy* in that. I look at the sunset here, or experiences of nature, aesthetic experiences, and experiences of creativity and of the power of fighting, overcoming fear.

WIE: Glauben Sie, dass es unterschiedliche Fähigkeiten des Erkennens und Annehmens bei Männern und Frauen für das gibt, worüber Sie soeben gesprochen haben?
Do you believe that there are differences between men's and women's capacities to realize and embrace what you've just been speaking about?

MD: Also gut ... Ich könnte Ihnen eine Art Antwort geben, aber es ist nicht die Sorte Frage, die mich fasziniert, weil *ich nicht über Männer nachdenke*. Ich kümmere mich einfach nicht um sie. Ich beschäftige mich mit den Fähigkeiten von *Frauen,* die unter dem Patriarchat einen ungeheuren Schwund erlitten haben. Nicht dass sie verschwunden wären, aber sie sind unter die Bewusstseinsschwelle versenkt worden. Ich beschäftige mich mit *Frauen,* die unsere Fähigkeiten erweitern und sie verwirklichen. Da geht all meine Energie hin. Ich bin nicht interessiert an den Unterschieden zwischen Frauen und Männern. Ich bin wirklich an den Fähigkeiten von Männern total uninteressiert. Falls Sie meine Bücher gelesen haben, werden Sie bemerkt haben, dass von ihren Fähigkeiten nicht die Rede ist. *Sie* (die Männer) reden unaufhörlich darüber und versuchen, das zu etwas zu machen, das alle einschließt:»Oh ja, auch du bist dabei.«

Ich dagegen rede von etwas anderem. Ich versuche, etwas zu benennen, das nur von Frauen erkannt werden kann, die zupacken und sich unsere Kräfte zurückholen. Aber die Worte haben sie uns geklaut – sogar obwohl sie vielleicht ursprünglich unsere Worte waren – sie sind unsere Worte, aber sie wurden verdreht, verdorben und geschrumpft. Ich sehe mich selbst als Piratin auf Beutezug, die zurückschleust/zurückschleppt, was uns Frauen geklaut wurde. Aber es wurde ja nicht einfach nur geklaut, sondern geklaut und umgedreht. Zum Beispiel ist die christliche Dreifaltigkeit die umgedrehte dreifache Göttin. Die Dreifaltigkeit ist passenderweise als geschlossenes Dreieck beschrieben. Das ist eine Sackgasse. Es ist die Geklontheit.

Okay ... I could give you some sort of answer, but it's not the kind of question that intrigues me because *I don't think about men*. I really don't care about them. I'm concerned with *women's* capacities, which have been infinitely diminished under patriarchy. Not that they've disappeared, but they've been made subliminal. I'm concerned with *women* enlarging our capacities, actualizing them. So that takes all my energy. I'm not interested in the differences between *women* and men. I really am totally uninterested in men's capacities. If you've read my books, you might notice that I don't talk about their capacities. *They* talk about it all the time and they try to make it inclusive: »Oh, yeah, you're included, too.«

But I'm talking about something else. I'm trying to name something that can only be recognized by women who are seizing back our power. But the words have been stolen from us – even though perhaps they were originally our words – they're our words, but they've been reversed and twisted and shrunken. I see myself as a pirate, plundering and smuggling back to women that which has been stolen from us. But it hasn't simply been stolen; it's been stolen and reversed. For example, the christian trinity is the triple goddess reversed. The trinity is aptly described as a closed triangle. It doesn't go anywhere. It's clonehood.

WIE: Was meinen Sie mit »Geklontheit«?
What do you mean by »clonehood«?

MD: »Vater, Sohn und Heiliger Geist, die drei Männer, die ich am meisten bewundere ...«
[»The father, son and holy ghost, the three men I admire the most ...«].
In der katholischen oder mittelalterlichen Theologie bringt der Vater den Sohn hervor und Sohn und Vater zusammen hauchen/ schwitzen den heiligen Geist aus. So die technische thomistische Terminologie. Sie sind co-ewig, und obwohl es die Vortäuschung einer Handlung ist, geschieht nicht wirklich etwas. Das ist absolut männlich in puncto Stagnation und Endlosschleife. Es überrascht mich

nicht, dass sie letztendlich mit der Verwüstung der Erde und aller Lebewesen beim Klonen ankommen würden. Weil die Gleichförmigkeit der Name des Patriarchats, der Name des Spiels ist.

»The father, son and holy ghost, the three men I admire the most …« In catholic or medieval theology, the father generates the son, and the son and the father together »spirate« the holy spirit. That's technical Thomistic terminology. They're coeternal, so although there's this illusion of activity, nothing is happening. It's utterly male in its stagnation and utterly male in its repetitiveness. So it's not surprising to me that ultimately they would come, in their destruction of the earth and of all living beings, to cloning. Because sameness is the name of patriarchy; it's the name of the game.

WIE: Sie sehen das Klonen als ein Produkt des Patriarchats?
You see cloning as a product of patriarchy?

MD: Es ist das Ausleben des patriarchalen Mythos. Sie leben es durch ihre Technologie ebenso aus wie durch ihre Religion, ihre Kunst, ihre Sozialstrukturen, ihre Wirtschaft und ihre Kriege. Es ist alles dasselbe. Ihre Kriege sind dasselbe. Es ist ad infinitum dasselbe. »Getting their big gun off« [Ihre große Knarre/Kanone rausholen], wie Valerie Solanas sagte.

It's the living out of patriarchal myth. They live it out through their technology as well as through their religion, their art, their societal structures, their economies and their wars. It's always the same. Their wars are the same. It's infinitely the same. »Getting their big gun off«, as Valerie Solanas said.

WIE: Ich verstehe zwar, dass es nicht Ihr Thema ist, würde aber trotzdem gerne zu der Frage des Unterschieds zwischen weiblicher und männlicher Annäherung –

While I understand that this isn't a focus for you, I'd like to come back to the question of differences between women's and men's approaches –

MD: Schauen Sie, ich will nicht ungemütlich werden, aber wir kommen aus verschiedenen Welten. Ich wurde geschult in der Denkwelt einer bestimmten christlichen oder westlichen Philosophie, aber ich möchte nicht dazu veranlasst werden, in deren Weise zu reden, weil ich nicht damit in Zusammenhang stehe und es mich verdrießt. Was ich liebe, ist die Art, in der Frauen denken. Und das Kostbare an meinem Raum am Boston College ist die Tatsache, dass es ein Frauenraum ist. Wenn Frauen eine Lehrerin und Mitstudentinnen haben, die wirklich unter Frauen sein wollen und den Raum erobern/ergreifen und philosophische Werke und Literatur von Frauen studieren, beginnen sie, aus sich selbst heraus zu denken. Sie fühlen sich, als seien sie wieder nach Hause gekommen. Und das ist die tiefste Grundlage radikalen Feminismus. Wenn unser Raum uns genommen wird, was sie am Boston College zu tun versuchen, ist uns die Möglichkeit von – ich würde es nicht Dialog nennen – die Möglichkeit dieser Art des *schwingenden/drehenden* Gesprächs, der ineinandergreifenden Erfahrungen, auch genommen. Das ist nicht ein Männerding wie Debattieren. Etwas Neues kommt in Gang und so tauchen auch neue Wörter auf: weil die alte, die patriarchale Sprache keine Worte hat, die den Erfahrungen von Frauen angemessen wären. Das ist sehr aufregend. Ich spreche über *elementale* Erfahrung von Frauen.

Ich bin in der patriarchalen Denkweise aufgewachsen. Ich verbrachte Jahre in Lehranstalten mit Abschluss über Abschluss über Abschluss, mir beigebracht von Patriarchen. In Fribourg hatte ich ausschließlich männliche Mitstudenten: zweihundert Seminaristen, die Priester und ich. Ich weiß, wie sie denken, und ich verabscheue es.

You know, I don't mean to be unpleasant, but we're coming from different worlds. I was trained in that world of thinking, a certain christian or Western philosophical way, but I don't want to be drawn into talking that way because I don't relate to it and it irritates me. What I love is the way women think. And what's so precious about my space at Boston College is that it's women's space. When you get a teacher and students who really want to be with women, and we seize the space and read philosophical works and literature by women, they begin to think like themselves. They feel as if they've come home again. And that is the very groundwork of radical feminism. So if our space is taken away from us, which is what they're attempting to do at Boston College, then so is the possibility of that kind of, I won't call it dialogue, that kind of *spinning* conversation, of matching experiences. It's not debating, which is a male thing. Something new begins to happen, and that's why new words have happened for me: because the old language, the patriarchal language, does not contain words that are adequate to name women's experience. And it is so exciting. I'm talking about women's *elemental* experience.

I was brought up in the patriarchal way of thinking. I spent years in school getting degree after degree after degree taught by patriarchs. At Fribourg I was with all male fellow students: two hundred seminarians and priests and me. I know how they think and I abhor it.

WIE: Würden Sie also sagen, dass Frauen von Natur aus/ grundsätzlich eine größere Fähigkeit haben, die Miteinanderverbundenheit des gesamten Universums zu erkennen, von der Sie gesprochen haben?

So would you say that women inherently have a greater capacity to realize the interconnectedness of the entire universe that you've been speaking about?

MD: Vergleiche mit Männern liegen neben der Spur. Ich denke, Frauen haben eine große Aufnahmefähigkeit für die Miteinanderverbundenheit. So etwas habe ich bei Männern nie erlebt. Es mag Ausnahmen geben, aber die interessieren mich nicht.

In den frühen Siebzigern hat Susan Griffin ein Buch namens *Frau und Natur. Das Brüllen in ihr [Women and Nature. The Roaring Inside Her]* geschrieben, das von vorne bis hinten von der Verbundenheit von Frauen und Natur handelt. Und eben darauf lege auch ich immer großen Nachdruck. Aber einer der grauslichsten, selbst-zerschneidendsten und auslöschendsten Akte innerhalb der Frauenstudien und der sogenannten Community von Frauen ist, wenn irgendeine sagt, Frauen hätten eine besondere Verbindung mit der Natur oder dass es überhaupt so etwas wie eine »weibliche Natur« gibt, die wird »Essentialistin« geheißen, und das ist so ungefähr das schlimmste Schimpfwort, das es gibt. Ich selbst wurde schon des Essentialismus angeklagt und alle, die meine Achtung haben, ebenfalls.

[Essentialismus ist die Auffassung, dass es ein Wesen oder eine wahre Natur einer Sache gibt, das bestimmt, definiert, erklärt und begründet, was dieses der Art nach ist und warum es sich notwendigerweise so verhält, wie es sich verhält.]

Aber ich sage auch, egal ob es von Natur aus so ist oder nicht, die Unterschiede zwischen Männern und Frauen sind eine Tatsache, und sei es, dass diese nur durch Jahrtausende der Konditionierung entstanden sein sollte. Ich denke natürlich, es ist von Natur aus so. Aber sollte es kulturell bedingt sein, Tatsache ist, dass dieses »von Natur aus« der Weg ist, den eine wählt, die biophil ist. Was mich beschäftigt, ist der Krieg zwischen biophil und nekrophil. Zwischen Liebe zum Leben und Hass auf das Leben. Nekrophilie führt direkt in die Liebe zum Tod oder in die Liebe zum Toten, genau genommen zum Leichenf… Und überhaupt ist die patriarchale Kultur nekrophil, fixiert auf den Hass auf das Leben und auf die Liebe zum Tod.

Comparisons with men are beside the point. I think women have a great capacity to realize that interconnectedness. I have not seen this in men. There may be exceptions, but I'm not interested in that.

In the early seventies, Susan Griffin wrote a book called *Women and Nature: The Roaring Inside Her,* and it was totally about the connectedness of women and nature. And I have always emphasized that myself. But one of the horrible, self-censoring and destructive events within women's studies and the so-called women's community that happened was that any woman who said that women have a special connection with nature, or that there's anything like a »female nature«, was called an »essentialist«, and that was the »worst« thing you could possibly say. I have been accused of being an essentialist, and so has anyone else I respect.

But I'll also argue that whether or not they're inherent, the fact is that the differences between men and women are there, even if it's just through millennia of conditioning. I, of course, think it's inherent. But even if it were cultural, the fact is that *this is* the way to go if you're biophilic. What I'm concerned with is the war between biophilia and necrophilia. It's love of life versus hatred of life. Necrophilia translates strictly into love of death, or loving the dead- actually f-ing corpses. And in general, patriarchal culture is necrophilic, fixated on hatred of life and love of death.

WIE: Das klingt, als ob Sie die männliche Ausdrucksform als nekrophil und die weibliche als biophil definieren. Das ist eine ziemlich extreme Abgrenzung.

It sounds like you're defining the male mode of expression as necrophilic and the female as biophilic. That's quite an extreme distinction.

MD: Sehen Sie, sie müssen ja nur, egal wann, die Nachrichten anmachen und sehen, was sich da abspielt. Kosovo – sind es etwa Frauen, die das machen? Egal auf was Sie schauen, es ist so allgegenwärtig, dass es lächerlich ist, wenn eine behauptet, es nicht zu sehen. Wie viele Frauen vergewaltigen? Ich habe Ihnen gerade gesagt, dass, wenn ich das in ganz vereinfachter Form ausdrücke, alle Welt auf mich losgehen wird, weil ich Essentialistin bin. Aus diesem Grund ist mein Buchtitel *Quintessence* in gewisser Weise ein Scherztitel. Ich meine ihn haargenau wörtlich. Ich kann immer sagen, »Ah, ich bin keine Essentialistin, ich bin *Quintessentialistin*« – ich bin noch übler, als du je gedacht hättest!

Look, turn on the news anytime and see what is going on. Kosovo – are women doing that? Look at anything; it's so omnipresent that it's laughable that one would not see it. How many women rape? I'm just telling you that if I say that in a simplistic way, everyone will be on me for being an essentialist. That's why, on a certain level, my book title »Quintessence« is a joke title. I mean it profoundly for what it is. But also, I can always say, »Ah, I'm not an essentialist, I'm a *quintessentialist*« – I'm worse than you ever could imagine!

WIE: Was denken Sie über die Idee, dass jemand in erster Linie menschliches oder spirituelles Wesen und *dann erst* zufällig männlich oder weiblich ist?
What do you think of the idea that one is a human being or spiritual being first, and then one happens to be male or female?

MD: Den Begriff »menschliches Wesen« bin ich vor langer Zeit schon losgeworden. Nein. Absolut nicht. Das ist fremdartig. Damit bin ich durch. Ich bin am Schauplatz gewesen. Ich habe darüber nachgedacht.
»Human being« I got rid of a long time ago. No. Absolutely not. It's alien. I've been through that. I've been there. I've thought about that.

WIE: Was glauben Sie, sind die Grenzen dieser Denkweise?
What do you feel are the limits of that way of thinking?

MD: Ich habe über menschliche Wesen in *Kirche, Frau und Sexus* geschrieben, das 1968 erschienen ist. Ich wollte »menschliche Wesen« freisetzen und fand heraus, dass das ganze Ding ein Trugschluss auf der irrigen Grundlage war, es gäbe mehr Gemeinsamkeiten als Unterschiede zwischen Frauen und Männern. Ich werde versuchen, es in einer Weise zu sagen, die einiges über das Umfeld vermittelt. Wenn wir in einer frauenzentrierten Gesellschaft leben würden, wäre das erstens kein Matriarchat; es wäre nicht wie das Patriarchat, in dem nur Big Mama den Platz mit Big Papa getauscht hat. Es wäre komplett anders, und ich glaube, dass es *tatsächlich* so war vor dem Patriarchat – dem Übel. Die Männer wären auch anders. Sie wären nicht in dieses Übel hineinsozialisiert – angenommen, sie werden wirklich da hineinsozialisiert und sind nicht alle Mutanten – sie wären anders, weil die weibliche Sicht der Dinge, ich möchte nicht sagen »dominant«, weil das ein patriarchales Wort ist, aber sie wäre alles-durchwirkend. Und ihr würdet entsprechenden Männern begegnen – ich traue dem nicht so ganz – aber ihr tut es ja. Einige sind etwas weniger patriarchal gefärbt.

I wrote about human beings in *The Church and the Second Sex*, which was published in 1968. I wanted to liberate »human beings«, and I found out that the whole thing was fallacious because there's a false inclusion, as if there were greater similarity between women and men than there is difference. Let me try to put it in a way that may convey some of the landscape. If we lived in a gynocentric society, first of all, it wouldn't be matriarchal; it wouldn't be like patriarchy transposed with big mama on top instead of big papa. It would be totally different, and I believe that it *was* before patriarchy came – this evil. And men would be different, too. They would not have been socialized into this – assuming that they *have* been socialized into it and they're not all mutants – they would be different because the female way of seeing things would be, I don't want to say »dominant« because that's a patriarchal word, but it would be all-pervasive. And you do meet some men like that – I never fully trust it – but you do. Some are less tinged by the patriarchal mode.

Mit dieser Vorstellung im Sinn und mit einem Leben, das eine gewisse Reichweite in die Zukunft hat, in eine archaische Zukunft, die in tiefer Vergangenheit wurzelt, habe ich eine Ahnung von Identität, die eben nicht locker vom Hocker in dieser Art von Diskurs [das meint die Genderidentität] beschrieben ist. Diese Art von Fragen ist immer zu nassforsch. Die sehen sehr logisch aus, sind es aber nicht. Meiner Meinung nach sind sie es nicht. Ich würde niemals fragen, welche Identität die primäre ist. In der Vergangenheit habe ich irgendwie eine Wendung vom »menschlichen Wesen, das zufällig weiblich ist« gemacht. Aber ich habe niemals wirklich an das »zufällig« geglaubt, weil im innersten Herzen meines Seins bin ich *weiblich*. Ich weiß, welche ich bin, und als diese Vorstellung erst einmal gültig für mich war, konnte ich ihrzufolge keine andere als eine Radikalfeministin sein.

So having that in your mind, and living to some extent already in that future, an archaic future that is rooted in a deep past, I have a sense of identity that isn't easily described in this kind of discourse. These kinds of questions are always too crisp. They seem very logical, but they're not. In my opinion, they're not. I would never ask what identity is primary. In the past somehow I made a switch from being »a human being who happens to be female.« But I never really believed »happens to be« because at the core of my being I'm *female*. I know who I am, and therefore I could not be other than a radical feminist once that idea was available to me.

Sie nehmen eine Haltung ein, die ich als sehr primitive Zusammenstellung von Ideen betrachte, und fragen mich, was ich vor zwanzig oder dreißig Jahren darüber gedacht haben mag. Sehen Sie, »menschliches Wesen« sagt mir nicht besonders viel über irgendetwas. Ich weiß nicht, ob das bei Ihnen angekommen ist oder nicht, aber ich bin der Gattung »menschliches Wesen« nicht zugehörig. Es gibt eine riesengroße Einzigartigkeit, aber sie kommt nur zum Vorschein, wenn eine in allererster Linie eine weibliche Weise des Sei-ens lebt, die gleichzeitig wagemutig und kraftvoll aus dem patriarchalen Denksystem ausbricht. Also, nein, ich fühle mich absolut nicht als menschliches Wesen. Ich hasse die »menschliche Gattung« – sieh an! Ich hasse, was sie dieser Erde antut: der Einmarsch in alles. Die letzte noch nicht kolonisierte Wildnis ist die der Genetik und die des Weltraums: Alles andere haben sie kolonisiert. Es ist eine total blutige/invasive Mentalität – Vergewaltigung/Vergewaltiger. Das ist *wesensfremd,* und soweit ich etwas davon verinnerlicht habe, bedauere ich das. Ich bin kontaminiert dadurch. Wir sind es alle. Aber ich versuche, es nicht zu sein, und mit jedem Schritt versuche ich jedenfalls, biophil zu sein, denn das ist es, was für das Entkommen aus der Gattung Mensch erforderlich ist.

You're taking what I consider to be a very primitive set of ideas and asking me to speak about what I might have thought about those ideas twenty or thirty years ago. You see, »human being« doesn't really say much of anything to me. I don't know if I'm getting it through to you or not, but I'm not a member of a class called »human being.« There is a tremendous uniqueness, but that *uniqueness* surfaces only when you have a predominantly *female* mode of being that is at the same time daringly, forcefully breaking out of the patriarchal mode of thinking. So, no, I don't feel at all like a human being. I hate the »human species« – look at it! I hate what it is doing to this earth: the invasion of everything. The last two frontiers are the genetic wilderness and the space wilderness; they've colonized everything else. It's a totally invasive mentality – rapist. That is *alien*, and insofar as I've internalized any of that, I'm sorry. I'm contaminated by it. We all are. But I try not to be, and with every step I at least try to be biophilic, which is what would be required to break out of the human species.

WIE: In Ihrem Buch *Jenseits von Gottvater, Sohn & Co.* stellen Sie die Vorstellung eines männlich gegenderten Gottes infrage. Sie schreiben: »Das biblische und allgemeine Bild von Gott als dem großen Patriarchen im Himmel, der gemäß seiner mysteriösen Willkür belohnt und bestraft, hat die Vorstellung von Millionen über Tausende von Jahren beherrscht. Wenn Gott in ›seinem‹ Himmel ›seine‹ Leute regiert, dann ist das die ›Natur‹ der Dinge und der Befehl des Universums, dass die Gesellschaft entsprechend dem göttlichen Plan männerdominiert zu sein habe.«

Ihr Fehdehandschuh an das Bild des männlich gegenderten Gottes hat zweifellos viele Leute dazu veranlasst, diese Gottesidee mit männlichem Gesicht zutiefst infrage zu stellen, ebenso wie ihre begrenzende und zerstörende Wirkung auf unsere sozialen, politischen und kulturellen Strukturen. Inzwischen haben viele Feministinnen das so beantwortet, dass sie den Ausdruck »Gott« durch »Göttin« ersetzen. Sam Keen, der Autor von *Fire in the Belly: On Being a Man*, den wir ebenfalls für die Ausgabe unseres Magazins befragt haben, sagt: »Wir begeben uns nicht wirklich auf eine spirituelle Reise, bevor wir nicht über die gegenderten Metaphern von Gott hinausgehen. Was um alles in der Welt könnte ›Mutter Natur‹ möglicherweise bedeuten? Was ist mütterlich daran als im Gegensatz zu väterlich oder brüderlich?« Während er ausdrücklich sagte, dass er Ihre Arbeit schätzt, die Sie zur Demontage der Gottvatervorstellung geleistet haben, sagt er aber auch: »Ich denke, Mary Daly sollte ebenso kritisch mit Gottmutter umgehen, wie sie es mit dem Denkbild von Gottvater getan hat.« Was denken Sie dazu?

In your book Beyond God the Father, you call into question the image of the male-gendered God. You write: »The biblical and popular image of God as a great patriarch in heaven, rewarding and punishing according to his mysterious and seemingly arbitrary will, has dominated the imagination of millions over thousands of years. If God in ›his‹ heaven is a father ruling ›his‹ people, then it is in the 'nature' of things and according to divine plan and the order of the universe that society be male-dominated.« Your challenge of the image of the male-gendered God has without a doubt made many people deeply question the idea of a God with a male face, as well as the limiting and damaging effects of this image on our social, political and cultural structures. Now, many feminists have responded to this by replacing the word »God« with »Goddess«, and by replacing the image of God as Father with the image of Goddess as Mother. Sam Keen, author of Fire in the Belly: *On Being a Man,* whom we also interviewed for this issue of our magazine, said that »we do not begin to get on a spiritual journey until we go beyond the gendered metaphors for God. What in the world could it possibly mean to say Mother Nature? What's motherly about it as opposed to fatherly or brotherly?« While he specifically said that he appreciates the work you've done to dismantle the image of God the Father, he also said, »I think Mary Daly should be as critical of God the Mother as she has been of the notion of God the Father.« What do you think about this?

MD: Sehen Sie, es kümmert mich nicht, was Sam Keen denkt. Verstehen Sie? Wenn das nach Ausgeburt von Arroganz aussieht, sei's drum. Was soll es mich scheren, was er denkt? Er hat's nicht kapiert.

You see, I don't care what Sam Keen thinks. Do you understand? If that seems like the epitome of arrogance, so be it. How can I care what he thinks? He doesn't get it.

WIE: Na schön. Also, ich habe nicht gezielt über ihn persönlich gefragt, sondern nach der Idee, dass Gender-Bilder für Gott – männlich oder weiblich – letztendlich begrenzt sind.

Right. Well, I'm not so much specifically asking about him personally, but about the idea that gendered images for God – male or female – are ultimately limited.

MD: Ja gut, es ist nicht ganz hinreichend, weil es mutmaßt, dass es zwei Geschlechter im ganzen Universum gibt. Diese sind die Modelle für die Wirklichkeit, und ich weiß nicht, ob es nicht Hunderte von Geschlechtern gibt oder ob Geschlecht überhaupt von irgendeinem Interesse in Systemen außerhalb unseres Sonnensystems ist. Wie kann ich das auch wissen? Klar ist es begrenzt, aber insoweit, dass unsere Erfahrungen uns Vorstellungen verleihen, ist das Weibliche besser ausgestattet, um auf allen Ebenen über nährendes Leben, Liebe und Schöpfungskraft zu reden. Vor die Wahl zwischen den zwei Geschlechtern gestellt, ist das weibliche ganz offenkundig das bessere. Und ich muss gar nicht erst zwischen beiden wählen; ich meine, das andere ist nicht mal mehr der Überlegung wert. Gammliges Zeugs, das überall rumhängt.

Keens Perspektive, abgesehen davon, dass ich absolut Null damit einverstanden bin, ist veraltet. Die Patriarchen haben heutzutage ausgeklügeltere Argumente. Allen voran die Postmodernisten: »Ich bin eine weiblich gegenderte Person.« Nicht dran zu denken, wie entenergetisierend das ist. Da kannst du nicht einfach losgehen und sagen: »Ich bin für *Frauen. Frauen*-Befreiung.« Es muss heißen: »*Die Befreiung von weiblich gegenderten Personen.*« Da ist doch nichts mehr dabei, was das Blut zum Brausen bringt! Da ist doch überhaupt kein Saft mehr drin.

Well, it's not totally adequate because it assumes that there are two sexes throughout the universe. These are the models for reality, and I don't know if there are a hundred sexes or if sex would be of any interest whatsoever in some system other than our solar system. How can I know? So it's limited, but insofar as our experience gives us images, certainly the female is more appropriate for talking about nurturing life, loving and creativity on every level. If you have to choose between the two, female obviously is better. And I don't even have to choose between the two; I mean, the other isn't worth consideration anymore. It's just hanging all over putridly. Keen's perspective, aside from the fact that I would totally disagree with it, is dated. The patriarchs have more sophisticated kinds of arguments now. Particularly the postmodernists: »I'm a person gendered as feminine.« Think how disempowering that is. You can't get out and say, »I'm for *women. Women's* liberation.« It's »*the liberation of persons gendered as feminine.*« There's nothing in that that makes your blood roar! There's no power in it.

WIE: Wie Sie wissen, wird der Buddhismus im Westen immer populärer, besonders bei Männern und Frauen, die aus verschiedenen Gründen die Sichtweisen und Strukturen des Christentums kritisieren. Viele glauben, der Buddhismus sei mehr auf der Linie moderner humanistischer Ideale. Interessant ist allerdings, dass eine Reihe von Äußerungen Buddha zugesprochen wurden, die seine starke Überzeugung von der spirituellen Erhabenheit des Mannes verraten. Im Pali Kanon [heilige buddhistische Schrift] ist überliefert, dass er sagte: »Ananda [sein Cousin und Begleiter], wenn Frauen nicht [nach der Lehre Buddhas und nach den monastischen Regeln] in die Hauslosigkeit [als Wander-Asketinnen Haus und Familie verlassen und sich intensiv dem religiösen Leben widmen] gehen dürften [und Zugang zu den buddhistischen Klöstern und Zulassung zur Vollordination hätten] würde das Heilige Leben tausend Jahre dauern. Aber jetzt, wo die Frauen das erreicht haben, dauert das Heilige Leben nur fünfhundert Jahre. Wie sich der Mehltau verderbend auf ein Feld reifenden Reises niedersenkt und dieser reifende Reis nicht mehr lange währt – so währt das Heilige Leben nicht lange, wenn die Frauen hinausgehen dürfen.«

As you know, Buddhism is becoming increasingly popular in the West, particularly among men and women who for various reasons are critical of the views and structures of Christianity. Many believe that Buddhism is more in line with modern humanistic ideals.

Interestingly, however, a number of statements attributed to the Buddha seem to reveal that he had strong convictions about the spiritual superiority of men. In the Pali Canon [principle Buddhist scriptures], the Buddha is reported to have said: »Ananda, if women had not obtained the Going Forth from the house life into homelessness in the Law and Discipline declared by the Perfect One [acceptance into the Buddha's monastic order], the Holy Life would have lasted long, the Holy Life would have lasted a thousand years. But now, since women have obtained it, the Holy Life will last only five hundred years. Just as when the blight called gray mildew falls on a field of ripening rice, that field of ripening rice does not last long – so too in the Law and Discipline in which women obtain the Going Forth, the Holy Life does not last long.«

MD: Das ist doch dasselbe alte Lied, nur in einer anderen Sprache: »Frauen besudeln alles.«

It's just the same old song in a different language: »Women pollute.«

WIE: Meine Frage: Wie glauben Sie, ist Gautama Buddha zu dieser extremen Einstellung gegenüber der Hälfte der menschlichen Rasse gekommen? Was würden Sie einer westlich-buddhistischen Frau sagen, die sich mit dem Missverhältnis herumschlägt, wie so ein erleuchtetes Wesen so frauenfeindlich sein kann?

My question is: How do you think that Gautama the Buddha could have come to such an extreme position about half of the human race? What would you say to a Western Buddhist woman wrestling with the apparent incongruity of such an enlightened being holding such a woman-negative view?

MD: Wie ich in *Gyn/Ökologie* geschrieben habe: Alle patriarchalen Religionen sind patriarchal – richtig? Sie kommen in verschiedenen Formen daher. Was *soll* ich denken? Da gibt's nichts zu denken. Er [der Buddhismus] hat eine andere Form – wahrscheinlich verführerisch, weil das Christentum so unverhohlen voller Krieg und Missbrauch ist. Darüber hinaus weiß ich nicht, was »erleuchtet« bedeuten soll. Das kommt in meinem Wortschatz nicht vor. Das ist so, wie wenn sich eine Christin aufregt über etwas, was Paulus sagte, statt zu kapieren, dass er, *na logo,* ein Arschloch ist. Bloß ein Obermacho-Arschloch mehr, das als heilig und erleuchtet beschrieben wird, und wenn eine das endlich in den Griff gekriegt hat, ist sie mit dem ganzen Ding fertig. Sie sieht es als das, was es ist, und muss sich nicht plagen, warum er so was gesagt hat. Klar sagt er solche Sachen. So ist er eben. Es ist wirklich extrem simpel. Hör auf, dich damit rumzuschlagen, es ist uninteressant. Mach dich da raus. So würde ich das angehen. Frauenhasser! Hasserfüllte! Allesamt! Ich habe sie studiert. Und zu guter Letzt räsoniere ich damit einfach nicht mehr rum. Boston College hat mich sehr erleuchtet. Die Erfahrung, für *Kirche, Frau und Sexus* gefeuert zu werden, eröffnete mir die Idee, dass sich da nichts ändern wird. Es ist genau so, wie es ist – lass es liegen und geh weg.

As I wrote in *Gyn/Ecology:* all patriarchal religions are patriarchal – right? They take different forms. What *would* I think? There's nothing to think about. It has taken another form – seductive, probably, because christianity is so overtly warlike and abusive. And furthermore, I don't know what »enlightened« means. It's not a word that's in my vocabulary. This is like a christian woman being upset over something that Paul said, instead of seeing that *of course* he's an asshole. He's one more very macho asshole described as a saint and as enlightened, and once you get over that, you get over it. You see it for what it is and you don't worry about why he would say such a thing. Of course he would say such a thing. That's what he is. It's really extremely simple. Stop wrestling with it; it's not interesting. Get out of it. That would be my approach to it. Misogynists! Hateful! All of them! I studied them. And finally I just didn't try to reason with it anymore. Boston College was most enlightening to me. The experience of being fired for writing *The Church and the Second Sex* introduced me to the idea that it's not going to change. That's the way it is – leave it.

WIE: In den vergangenen paar Jahrzehnten ist das Interesse an vorpatriarchalen Ackerbaukulturen gewachsen, die weibliche Gottheiten verehrten. Es gibt kritische Stimmen über diese Begeisterung für die Göttinnenkulturen, die sagen, es sei eine Umschreibung der Geschichte und die Erfindung eines fiktionalen, verlorenen Paradieses. Hier schreibt Sam Keen: »Wir müssen den zeitgeschichtlichen Romantizismus der feministischen Ideologie infrage stellen. Wenn Gott eine Frau war – Isis, Ishtar, Artemis, Diana, Kali, Demeter – war sie eine furchterregende Mutter, blutrünstig wie Gottvater. Wenn die Natur die Göttin ist, müssen wir ihre dunklen und dämonischen Seiten geltend machen, nicht bloß ihre nährenden Qualitäten. Sklaverei, Zwangsarbeit, Unrecht sind keine modernen oder ›patriarchalen‹ Erfindungen.« Was ist Ihre Antwort auf Keens Behauptung, dass die Lobeshymnen auf die matrifokalen Gesellschaften »zeitgeschichtlicher Romantizismus« sind?

In the past couple of decades, there has been increasing interest in prepatriarchal agrarian societies that worshipped female deities. While there is evidence that these societies were more egalitarian in their views of and roles for men and women, some people criticize the current fascination with these goddess cultures as a rewriting of history, a creation of a fictional paradise lost. Once again, Sam Keen writes: »We need to question the historical romanticism of feminist ideology. ... When God was a woman – Isis, Ishtar, Artemis, Diana, Kali, Demeter – she was a terrible mother, as bloody as God the Father. ... If nature is the goddess we must claim her dark and demonic sides, and not merely her nurturing qualities. ... Slavery, forced labor, injustice are not modern or ›patriarchal‹ inventions.« What is your response to Keen's assertion that the lauding of these matrifocal societies is »historical romanticism«?

MD: Vorneweg, wenn sie nur matrilinear und matrifokal sind, sind sie nicht wirklich vorpatriarchal. Vorpatriarchal wäre wirklich urzeitlich – gynozentrisch. Und so ist das, worüber er spricht, wie ich es verstehe, mal wieder patriarchal unterwegs. Ich spreche von einer *wirklich* frauen-zentrierten Gesellschaft, an die wir keine direkte/ununterbrochene Erinnerung haben. Aber, wie Monique Wittig sagt: »Wenn du dich nicht erinnern kannst, erfinde.« Einen Teil müssen wir auch erfinden, weil die meisten Zeugnisse zerstört wurden. Er spricht nur über einen dazwischengeschalteten Zeitabschnitt.

First of all, if it's only matrilineal and matrifocal, it's not really prepatriarchal. Prepatriarchal would be *really* ancient – gynocentric. And so what he's speaking about, as I understand it, is already patriarchy on the way. I'm talking about a *really* woman-centered society of which we have no direct memory. But, as Monique Wittig said, »If you can't remember, invent.« Part of it has to be created because most of the records have been destroyed. All of what he's talking about is an intermediary stage.

WIE: Weil Sie also über die *Erfindung* einer idyllischen prähistorischen Kultur sprechen, hört sich das so an, als gingen Sie nicht das Risiko des Romantizismus ein.

Because you also speak about *inventing* an image of an idyllic prehistoric culture, it sounds like you're not concerned with any risk of romanticization.

MD: Was soll das Risiko sein? Ich meine, wir leben in der Hölle. Das heißt Hölle. H – E – L – L – Patriarchat. Schauen Sie fern und sehen diese Sachen aus dem Kosovo? Ethnische Säuberungen, Genozid – schauen Sie zu, wie sie sie in Züge ins Nirgendwo treiben, wo sie hungern und sterben, während die NATO sie in Klump und Asche bombardiert? Wir haben hier einen tiefen Graben. Wie mache ich das noch klarer? Wir leben in der Hölle und er spricht über die Gefahr des Romantizismus, die darin besteht, sich voller Hoffnung eine bessere Zukunft vorzustellen? Ich denke, so was kommt davon, wenn man nicht tief genug in den Horror der Phallokratie, Peniskratie [Penocracy], Sportskanonen-kratie [Jockocracy], Schwanzokratie [Cockocracy], nennen Sie's wie auch immer – *Patriarchat*, hineinschaut. Wenn Sie den Horror wahrnehmen, der Frauen andauernd angetan wird, das ist fast unerträglich, ja? Die ganze Zeit! Und ein Haufen davon ist Psychohorror, spiritueller Horror, begleitet von physischem Horror und den Gräueltaten, die ich bis ins Detail analysiert habe. Dann, wenn Sie sich das akut vergegenwärtigen und den brennenden Wunsch haben, das zu exorzieren, *schreit* dieser Exorzismus geradezu nach Wunschvorstellungen, Träumen. Die Bezichtigung des Romantizismus entspringt einem gleichgültigen/abgetrennten Verstand, der überhaupt keine Vorstellung von der erbitterten Notwendigkeit hat, von dem Ort, an dem wir sind, zu entkommen.

What is the risk? I mean, we live in hell. This is called hell. H-E-L-L – patriarchy. Do you watch TV and see the stuff from Kosovo? The ethnic cleansing, genocide – watching them get on trains and go off to nowhere and starve and die and have the shit bombed out of them by NATO. Is it romantic to try to remember something better than that? There's a reality gap here. How can I make it clearer? We're living in hell and he's talking about a danger of romanticism in imagining something that is a hope for something better in the future? I think that the question comes from not looking deeply enough at the horror of phallocracy, penocracy, jockocracy, cockocracy, call it whatever – *patriarchy*. If you experience the horror of what is happening to women all the time, it is almost unbearable, right? All the time! And a lot of it is mental horror, spiritual horror, together with the physical horror and the atrocities that I've analyzed in detail. Then, when you are acutely aware of that and desire to exorcise it, the exorcism welcomes, *requires*, some kind of dream. The accusation of romanticism belongs to a detached intellect, not seeing the desperate need for escape from where we are.

WIE: Es gibt Leute, die sagen, ausschließlich die Männer für das Patriarchat verantwortlich zu machen, ist ein Irrweg. Der transpersonelle Theoretiker Ken Wilber schreibt in einem Artikel »Gebt nicht den Männern die Schuld am Patriarchat«: »Patriarchat ist ein Wort, das immer Hohn und Abscheu betont. Das oberflächlich naive Lösungskonzept ist, einfach zu sagen, die Männer haben den Frauen das Patriarchat übergestülpt. Aber oh Jammer, so einfach ist das überhaupt nicht. Mit der Standardformel – das Patriarchat wird von einer Horde sadistischer und machtgeiler Männer über die Frauen verhängt – sind wir gefangen in der Definition von Männern und

Frauen, aus der es kein Entrinnen gibt. Nämlich Männer sind Schweine und Frauen sind Schafe. Aber Männer sind nicht so mies und Frauen nicht so dämlich. Was ich verfolge, ist die verborgene Macht, die Frauen hatten und mit der sie verschiedene kulturelle Strukturen durch die Geschichte beeinflusst und mitgeschaffen haben, das Patriarchat eingeschlossen. Unter anderem entlässt das Männer aus der Definition als totale Mistkerle und Frauen aus der Definition als übertölpelt, gehirngewaschen und eingepfercht.«

Some people say that exclusively blaming men for the patriarchy is misguided. Transpersonal theorist Ken Wilber, in an article entitled »Don't Blame Men for the Patriarchy«, writes: »›Patriarchy‹ is a word that is always pronounced with scorn and disgust. The obvious and naïve solution is to simply say that men imposed the patriarchy on women. But alas, it is nowhere near that simple ... If we take the standard response – that the patriarchy was imposed on women by a bunch of sadistic and power-hungry men – then we are locked into two inescapable definitions of men and women. Namely, men are pigs and women are sheep ... But men are simply not that piggy, and women not that sheepy. One of the things I try to do ... is to trace out the hidden power that women have had and that influenced and cocreated the various cultural structures throughout history, including patriarchy. Among other things, this releases men from being defined as total schmucks and releases women from being defined as duped, brainwashed and herded.«

MD: Normalerweise käme jetzt – gegenüber jemandem mit diesem Bewusstseinsstand – der ein *Un*bewusstseinsstand ist – die Analogie zum Rassismus. Das ist der Rückstand, in dem er sich befindet. Es käme also so was wie: »Ja klar, dass das eine rassistische Gesellschaft ist, haben sich die Schwarzen auch selbst eingebrockt, und man kann dafür nicht einfach bloß weißen Leuten die Schuld zuschieben. Die anderen müssen schließlich kollaboriert haben.« Und die Abwegigkeit wird auf der Stelle offensichtlich, nicht wahr, wenn jemand so über diese Angelegenheit spricht. Für mich klappt das so, eben mal diesen Vergleich zu bringen und zu sehen, ob sich jemand da durchhampeln kann. Sicher könnten manche Schwarze als KollaborateurInnen erscheinen, aber das klingt ziemlich hohl. Da kommt nichts raus dabei, auch wenn es »Onkel Toms« und all so was gegeben hat. So würde ich da drangehen.

Usually for someone at that state of consciousness – which is *un*consciousness – if anything would work, it would be to make the analogy with racism. Because that's back where he is in that. It would be like saying, »Well, that this is a racist society is the fault of blacks, too, and you can't just blame white people for a racist society. The others must have collaborated in it.« And the fallacies become immediately obvious, don't they, when you speak of that case. So it works for me to just make that comparison and see if they can flounder their way through it. You could say certainly that some blacks would appear to have collaborated in that, but it's shallow sounding. It doesn't work, although there have been »Uncle Toms« and all that. So that's the way I would approach it.

WIE: Dergleichen sagte uns auch Sam Keen: »Männer und Frauen sind von jeher mit dieser Chose befasst gewesen. Jedes Mal, wenn man einem Gender die Schuld gibt, rechnet man damit das andere runter. In Amerika sind die Frauen genauso schädlich für die Umwelt wie die Männer. Geh in irgendeine Einkaufsmeile und schau zu, wie fieberhaft die neueste Mode geshoppt wird, nimm irgendeine Müllkippe mit Bergen von Wegwerfwindeln und Abfall, irgendeinen Gebrauchtwarenladen und zähl die ausrangierten Klamotten und Geräte, die noch brauchbar, aber nicht mehr ›stylish‹ genug sind, und es ist ganz klar, dass Frauen genauso zwanghaft am Konsumieren sind wie Männer. Das Ding ist nicht genderabhängig. Wir machen uns alle die Finger schmutzig.«

Along similar lines, Sam Keen told us: »Men and women have been in this thing together all along ... Any time you put the blame on one of the genders, you have rendered the other inferior ... In America, women are just as injurious to the world as men are.« He has also written: »Go to any mall and watch the frenzied buying of the latest fashions, any landfill and see the mountain of disposable diapers and trash, any thrift store and count the discarded items of serviceable but no longer 'stylish' clothes and appliances, and it will be obvious that womankind is as compulsive a consumer as mankind. The issue is not genderal. We all have dirty hands.«

MD: Nicht zum Aushalten. Der ist mir viel zu smart. Da ist es um jede Antwort schade. Jeder Satz wimmelt von Unrichtigkeiten. Nochmal, das ist wie die Aussage, die Schwarzen haben doch hier drüben die Segnungen der Supermärkte und der Konsumartikel, die sie in ihrem Dschungel und Kral in Afrika nicht haben – also bitte? Es stimmt, dass heutzutage eine Feministin ohne Wenn und Aber eine Ökofeministin zu sein hat, oder das, was ich »Radikal Elementale Feministin« zu nennen pflege. Die Umweltverschmutzung und die Vernichtung der Tiere und das Unheil über die Natur geschieht ja auch uns, wir sind Schwestern, das ist in gar keiner Weise hinnehmbar. Aber ich sage mal, dass in dieser Behauptung vom »fieberhaften Shopping« gar nichts über den Kontext drin ist. *Warum* kaufen Frauen fieberhaft die neueste Mode? Weil ihr Leben so öd ist und sie keine Möglichkeiten haben. Weil ihr Selbstbild so lädiert ist. Ich könnte jetzt ewig so weitermachen mit den Schäden, die das Patriarchat Frauen zugefügt hat. Und dann werden Frauen dafür beschuldigt, dass sie dauernd shoppen gehen, aber was sollen sie denn sonst tun mit ihrer kaputt geschlagenen schöpferischen Begabung? Diese Schreibe ist sehr frauen-hassend.

I can't stand it. He's too smart for me. It's just not worth answering. Each sentence is full of falsities. Again, it's like saying the blacks get the benefit of supermarkets over here and things that they don't have in the jungles and villages of Africa – so what? It's true that to be a feminist now absolutely requires being an ecofeminist or what I would call a »Radical Elemental Feminist.« There's no way that you can accept the pollution and the destruction of animals and the harm to nature out there because what happens to nature is happening to us; we're sisters. But I just want to say that in with this »frenzied buying« statement there is nothing about the context. *Why* are women so frenzied to buy the latest fashions? Because their lives are so empty and they've had no opportunities. Because their self-image has been so damaged. I can go on and on about the damage that has been done to women under patriarchy. And then women are blamed for going out and buying all the time, but there's nothing left for them when their creativity has been smashed. This is very woman-hating, the way it's written.

Es ist nicht so, dass ich nicht auch die Motten kriege über Frauen als Komplizinnen. Frauen als Statthalterinnen – die ihre Schwestern verraten – erbosen mich maßlos. Das passiert ständig nach einem abgefeimten System, aber ich besinne mich dann immer darauf, zur Ursache zurückzugehen. Es ist verstörender, Frauen bei solchem Tun zu sehen, weil ich glaube, sie haben die angeborene Fähigkeit, etwas Besseres mit sich anzufangen. Aber ich sehe auch, wie sie kaputt geschlagen wurden und gehe dann immer zurück zur Ursache. *Warum* sind Frauen so, wie sie sind, die Frauenhasserinnen mit dem ganzen fratzenhaften Gehabe, das sich Frauen im Patriarchat zulegen? Ich hasse das auch – solche Frauen zu sehen ist mir verhasst, es ist abscheulich.

It's not that I don't get mad at women for their complicity. I can get so angry at tokenized women – women who sell their sisters out. It happens all the time on a more sophisticated level, but I always have to remind myself to go to the source. It's more annoying to see women doing it because I believe they have the inherent capacity to do better than that. But I also see how they've been smashed down, and so I always go to the source. *Why* are women the way they are, the ones who are woman-hating, who have all of those hideous qualities that women get in patriarchy? I hate that, too – to have to see women in that condition is hateful, it's disgusting.

Aber sehen Sie, ich habe große Achtung vor den inneren Kräften in Frauen, die weit mehr erfassen, als ihnen zugeschrieben wird. Ich glaube nicht nur, dass *ich* gescheiter bin als Sam Keen. Ich denke, jede Menge Frauen sind gescheiter als Sam Keen. Eine der typischen Ironien der patriarchalen Gesellschaft ist, dass er unbedingt mitreden muss, während du herumläufst und dich mit vielen hochintelligenten Frauen auf der Straße unterhältst, deren Stimme nicht gehört wird und die Erkenntnisse haben, die ihm fehlen. Aber er muss etwas darstellen, eine Stimme im Parlament haben, das ist der Witz. Und für mich ist es lächerlich, das zu honorieren. Keine Frau, die auf dem richtigen Dampfer ist, will diese Männer lesen – sie sind langweilig. Ich finde, in diesem Kontext männliche Autoren hervorzuheben, dient überhaupt keinem Zweck. Warum nicht über ein paar radikalfeministische Texte reden? Möglicherweise schreiben Sie für das verkehrte Publikum. Hören Sie mal, wollen wir nicht den Energiepegel heben, Freude am Leben rüberbringen und die Biophilie in Frauen munter machen? Oder müssen wir weiter über diese Männer dialogisieren? Frauen, mein Stamm, radikallesbische Feministinnen – die Frauen, die es *kapiert* haben – sind überglücklich, ihr Leben bejaht zu haben. Und ich will, dass es diese Freude gibt, weil sie Mut und Vorwärtsbewegung und schöpferische Gestaltung beflügelt. Das ist mein Job.

But you see, I have great respect for the inner power in women that can grasp far more than is attributed to them. I don't just think that *I'm* smarter than Sam Keen. I think many, many women are smarter than Sam Keen. One of the typical ironies of patriarchal society is that he gets to have a voice, while you can walk around and talk to many highly intelligent women on the street whose voices are not heard and who have insights he lacks. Yet he gets to have a »name«; that's the joke of it. And for me to honor that is ridiculous. No woman who is really on track would be wanting to read these men – they're boring. I think that emphasizing male authors in this context serves no purpose. Why not take some radical feminist texts and talk about them? Maybe you're writing for the wrong audience. Look, are we trying to raise the energy level, to convey joy in life, to convey biophilia and encourage the biophilia that's in women? Or are we trying to just go on dialoguing with these men? Women, my tribe, radical lesbian feminists – the women who *get* it – are overjoyed to have their lives affirmed. And I want that joy to exist because that inspires courage and movement forward and creativity. That's my job.

WIE: In Ihrem jüngsten Buch *Quintessence* beschreiben Sie eine utopische Gesellschaft der Zukunft auf einem ganz von Frauen bewohnten Kontinent, wo der Nachwuchs ohne Männer durch Parthenogenese geschieht. Was ist Ihre Vision einer postpatriarchalen Welt? Ist es die, die Sie in dem Buch beschrieben haben?

In your latest book, *Quintessence*, you describe a utopian society of the future, on a continent populated entirely by women, where procreation occurs through parthenogenesis, without the participation of men. What is your vision for a postpatriarchal world? Is it similar to what you described in the book?

MD: Sie können *Quintessence* lesen und eine Ahnung davon bekommen. Es ist die Beschreibung einer anderslautenden Zukunft. Teils als Erfindung und teils als Wunschtraum. Es könnte viele anderslautende Zukünfte geben, aber einige ihrer Bauteile bleiben konstant: dass es ausschließlich Frauen sind; dass es Frauen sind, die ihre Energie durchweg aus dem Universum schöpfen; dass Vergiftung, physische und mentale, so gut wie abgeschafft ist.

Außerdem ist mein bevorzugtes Wort nicht »postpatriarchal«. Es ist »*meta*patriarchal«. Die Vorsilbe »meta« hat vier Bedeutungen: umformend von, im Hintergrund von, jenseits/darüber hinaus oder transzendierend/überschreitend. Es ist nicht bloß ein *post* oder *danach* in der linearen Zeit. So können wir, jetzt sofort, sogar dem allgegenwärtigen Patriarchat zum Trotz, versuchen, metapatriarchal zu leben. Sie können versuchen, metapatriarchal zu sein, indem Sie nicht diesen ganzen Regeln und Rollen und Spielchen des Patriarchats erliegen.

You can read *Quintessence* and you can get a sense of it. It's a description of an alternative future. It's there partly as a device and partly because it's a dream. There could be many alternative futures, but some of the elements are constant: that it would be women only; that it would be women generating the energy throughout the universe; that much of the contamination, both physical and mental, has been dealt with.

Also, my favorite word is not »postpatriarchal.« It's »*meta*patriarchal.« The prefix »meta« has four meanings. It's transformative of, in the background of, beyond, or transcending. It isn't just *post* or *after* in linear time. So we can, right now, even though patriarchy is all around, try to live metapatriarchally. You can try to be metapatriarchal by not succumbing to all the rules and roles and games of patriarchy.

WIE: In *Quintessence* ist Ihr idyllischer Kontinent ausschließlich von Frauen bewohnt, im Rest der Welt gibt es Frauen und Männer.

In *Quintessence*, your idyllic continent is inhabited by women only, but the rest of the world is inhabited by women and men.

MD: Ich habe nicht gesagt, *wie viele* Männer es gibt.

I didn't say *how many* men were there.

WIE: Das bringt uns zu einer weiteren Frage, die ich Ihnen stellen möchte. Sally Miller Gearhart schreibt in ihrem Artikel »Die Zukunft – wenn es Eine gibt – ist weiblich«: »Mindestens drei weiterführende Voraussetzungen ergänzen die Strategien der Umweltschützerinnen, wenn wir uns anschicken, eine weniger gewalttätige Welt zu schaffen und zu erhalten. Erstens, jede Kultur muss die weibliche Zukunft sicherstellen. Zweitens, die Verantwortung für die Gattung muss in jeder Kultur wieder in weibliche Hände gelegt werden. Drittens, die Anzahl von Männern muss auf etwa zehn Prozent der Bevölkerung gebracht und auf diesem Stand gehalten werden.« Was denken Sie über diese Beschreibung?

Which brings us to another question I wanted to ask you. Sally Miller Gearhart, in her article »The Future – If There Is One – Is Female« writes: »At least three further requirements supplement the strategies of environmentalists if we were to create and preserve a less violent world. 1) Every culture must begin to affirm the female future. 2) Species responsibility must be returned to women in every culture. 3) The proportion of men must be reduced to and maintained at approximately ten percent of the human race.« What do you think about this statement?

MD: Ich denke, das ist gar keine schlechte Idee. Wenn Leben auf dieser Planetin überleben soll, muss es eine Sanierung/Entgiftung geben. Ich denke, das wird von einem entwicklungsmäßigen Prozess begleitet werden, der eine drastische Reduzierung der Männer-Menge zur Folge haben wird. Die Leute fürchten sich, solche Sachen zu sagen.

I think it's not a bad idea at all. If life is to survive on this planet, there must be a decontamination of the Earth. I think this will be accompanied by an evolutionary process that will result in a drastic reduction of the population of males. People are afraid to say that kind of stuff anymore.

WIE: Ja. Ich finde es grade selbst ein bisschen schockierend.
Yes. I find myself now thinking that's a bit shocking.

MD: Gut, es ist schockierend, dass es schockierend wäre. [Möglicherweise ein Wortspiel: »shocking« heißt auch »aufregend, erschütternd«, könnte also im Daly'schen Sinne gerade in diesem Zusammenhang ein willkommenes »shocking« sein, etwa: Es ist aufregend, dass es aufregend wäre.]
Well, it's shocking that it would be shocking.

WIE: Also Ihre Vision eines eigenen Staates der Frauen klingt nicht danach, als sei sie ein Interimszustand, der möglicherweise zum Zusammenleben von Männern und Frauen in wirklicher Gleichheit führt.

So it doesn't sound like your vision of a separate nation for women is something you see as an interim stage that would eventually lead to men and women living together in true equality.

MD: Nein. Das ist eine sehr alte Frage. Fünfundzwanzig, dreißig Jahre zurück habe ich die schon meinem Publikum beantwortet. Ich denke einfach nicht so. Sehen Sie, gerade in diesem Moment, wäre ich riesig froh, eine große Gemeinschaft von Frauen um mich zu haben – ob irgendwo da draußen Männer sind oder nicht. Ich habe nicht dieses Fernziel von »Oh, dann können wir ja wieder alle zusammen sein!« Das hört sich nicht nach verheißungsvoller Zukunft an. Also warum soll ich dann darüber nachdenken? Ich meine, es ist doch nicht zu übersehen, dass Männer sich nicht in der Mitte meines Denkens befinden.

No. That's a very old question. I answered that to audiences twenty-five, thirty years ago. I just don't think that way. See, right now, I would be totally joyous to have a great community of women – whether men are somewhere out on the periphery or not. I don't have this goal of: »Oh, then we can all get together again!« That doesn't seem to be a very promising future. So why would I think about it? I think it's pretty evident that men are not central to my thought.

WIE: Eine letzte Frage: Zu Beginn des Interviews sprachen Sie über die Erfahrung, in tiefem Einklang mit der Energie zu sein, die alles Leben anregt/antreibt. Ich möchte Sie fragen, was Sie über die Möglichkeit denken, sich mit dieser *Energie* als das zu identifizieren, was oder wer man letztendlich ist, diese *Energie* als endgültigen Ruheplatz oder Erdung sozusagen zu haben, wo Gender nicht länger primärer Bezugspunkt ist.

I have one last question. At the beginning of this interview, you spoke about the experience of being deeply at one with that which animates all of life. I wanted to ask you what you think about the possibility of becoming identified with *that* as who one ultimately is, having *that* as one's ultimate resting place, or ground, so to speak, and where one's gender would no longer be a primary reference point.

MD: Ich weiß nicht, ob das irgendetwas mit meinen Erfahrungen zu tun hat. Ich habe meine eigene Erfahrung von Ganzheit. Manchmal habe ich Verzückungen und eine Art von bewegter Rast/Ruhe mit/in der Natur. Das ist sagenhaft/wunderbar. Aber ich vergesse nie, dass ich eine Frau bin, weil das ich bin. Ich weiß, wer ich bin. Ich habe Weibliche Vollständigkeit.

I don't know if that has anything to do with my experience. I have my own experience of oneness. Sometimes I have ecstasy and a kind of active repose in connection with nature. It's tremendous. But I never forget that I'm a woman, because this is me. I know who I am. I have Female integrity.

(Als englische Original-Fassung erschienen in: www.enlightennext.org/magazine/j16/daly.asp? Reprinted with permission from EnlightenNext magazine, Issue 16, Fall-Winter 1999; © 1999 *EnlightenNext*, Inc. All rights reserved. http://enlightennext.org)

Schreiben gegen die Phallokratie

(von Dagmar Buchta)

Keine Intellektuelle ist so umstritten wie sie: Mary Daly, Philosophin, Theologin und unbarmherzige Kritikerin des Patriarchats, wird 80 – ein Porträt.

Seit den siebziger Jahren gilt die Philosophin und Theologin als die umstrittenste feministische Denkerin der USA. Ihre radikalen – also die Wurzeln patriarchaler Herrschaft aufdeckenden – Analysen, die sie in ihren wissenschaftlichen Werken dargelegt hat, brachten ihr – außerhalb einer kleinen intellektuellen Elite – mehr FeindInnen als FreundInnen ein. Breiten gesellschaftlichen Einfluss hatten sie dennoch. Als beispielsweise Waris Diries Bestseller *Wüstenblume* die westliche Welt über die weibliche Genitalverstümmelung aufklärte, hatte Mary Daly bereits zwanzig Jahre zuvor eine gründliche Recherche über die »unaussprechlichen Gräuel« publiziert. Schon damals hatte die Veröffentlichung weltweite Protestaktionen ausgelöst.

Sadistische Verbrechen an den Frauen

In *Gyn/Ökologie* (1978), wahrscheinlich ihrem bedeutendsten Werk, benennt – mehr noch seziert – sie neben der Genitalverstümmelung in Afrika auch all die anderen »systematischen, sadistischen

Verbrechen des Patriarchats an den Frauen«: die Witwenverbrennung in Indien, das Füßeeinbinden in China, die Hexenverbrennung in Europa und die Gynäkologie in den USA im Gefolge der Nazimedizin. Während in der Ersten Passage des Buches die als harmlos und legal verkauften Mechanismen der Unterdrückung von Frauen entmythologisiert werden, die sie in der Zweiten Passage als Frauen zerstörende Praktiken aus verschiedenen Kulturkreisen aufdeckt, beschreibt sie in der Dritten Passage die Gegenkräfte, die Frauen gegen diese Ungeheuerlichkeiten entwickeln können.

Nicht zuletzt aufgrund ihres eigenen Studiums der Theologie erörterte Mary Daly die Grundlagen der christlichen Theorie und Praxis und zog daraus äußerst kritische Schlüsse, die sie später als dreifache Doktorin in ihren Büchern publizierte. In *Kirche, Frau und Sexus* (1970) und *Jenseits von Gottvater, Sohn & Co.* (1980) enttarnte sie die fatale Frauenfeindlichkeit der christlichen Theologie als gesellschaftlich und politisch fundamental und forderte die Frauen auf, den Kirchen ihre Rücken zu kehren. Der Skandal in theologischen Kreisen war vorprogrammiert. Ihr Arbeitgeber, das von Jesuiten geleitete Boston College, hätte sie am liebsten gefeuert. Doch die Proteste der Studierenden waren stärker und sie konnte weiterhin unterrichten.

Mary Dalys Begabung liegt – neben der die Wurzeln von Herrschaft und deren oft widersprüchliche Faktoren verknüpfenden Analyse – ebenso in der Entwicklung der Sprache, in Wortschöpfungen, die »normale« Sprache als Herrschaftsinstrument aufdecken. So benennt sie beispielsweise den Therapeuten als »the-rapist«, der somit zum »Vergewaltiger« wird. Und das Wörterbuch – dictionary – heißt bei Daly »dicktionary«, abgeleitet von »dick« [Schwanz], um nur einige sprachliche Daly-Kreationen zu nennen.

(Zuerst erschienen in: http://diestandard.at/1220460643618; 14. Oktober 2008)

Wie ich über den Mond sprang.
Ein persönlicher Nachruf auf Mary Daly

(von Irmgard Neubauer)

Wie ein Blitzstrahl traf mich am 4. Jänner 2010 die – damals noch nicht verifizierte Nachricht einer Freundin, dass Mary Daly einen Tag zuvor verstorben sei *(www.marydaly.net)*.

Ich begann nachzudenken, darüber, wie es für mich war, als ich zum ersten Mal mit ihren Büchern in Berührung kam: Es war Ende der achtziger/Anfang der neunziger Jahre, ich war eine junge, begeisterte Feministin und Buchhändlerin und hatte das Glück, dass die Buchhandlung, in der ich arbeitete, einige Werke von Mary Daly führte. Das war bereits damals schon eine Seltenheit, seit über mindestens zehn Jahren führt in Wien keine einzige zumindest mir bekannte Buchhandlung mehr Bücher von Mary Daly.

Zu radikal, zu feministisch und dann obendrein auch noch lesbisch! Damals wie heute. Dem heutigen Zeitgeist, wo viele im »Gender Mainstream« hängen bleiben, wo viele Frauen (und solche, die es gerne wären) sich selbst als queer, interbitransundwasweißichnochsexuell definieren, so gar nicht entsprechend.

Mit großen Augen und glühenden Wangen begann ich nun damals *Gyn/Ökologie. Eine Metaethik des Radikalen Feminismus* zu lesen. Und obwohl ich bestimmt nicht mal die Hälfte davon verstand, spürte ich, dass ich hier auf was ganz Wichtiges, was ganz Großes, ganz was Besonderes gestoßen war! So manches Mal konnte ich nicht weiterlesen, musste das Buch zur Seite legen, zu schmerzhaft war die Erkenntnis über die ungeheuerlichen, grauenhaften Schrecken, die uns Frauen das Patriarchat zumutet.

Es öffnete mir die Augen für das, was um mich herum geschah, es betraf ja nicht nur mich, sondern alle Frauen: die Dämonen des Patriarchats, seien es christliche Mythen, der allgegenwärtige Frauenhass; die tödliche Macht des Patriarchats, die sich in dem europäischen Foltern & Ermorden unzähliger Frauen (heute »Hexenverfolgung« genannt), in dem chinesischen Füße-Einbinden, in den indischen Witwenverbrennungen, den Klitorisverstümmelungen, der amerikanischen (westlichen) Gynäkologie, Nazi-Medizin usw. zeigt. Die Liste ist leider lang und ich fürchte, der Gipfel an Folter, Frauenhass und Frauenmorden ist immer noch nicht erreicht.

Trotz der schmerzhaften Erkenntnis all dieser Ungeheuerlichkeiten empfand ich es als überaus befreiend, all diese grauenhaften Dinge so klar und deutlich zu erkennen und vor allem zu benennen. Ich war schlichtweg überwältigt!

Mary Dalys Texte veränderten mein Denken, mein Fühlen, mein Handeln, mein Leben. Mir erging es wie Erika Wisselinck (vor einigen Jahren verstorbene großartige Übersetzerin von Dalys Werken ins Deutsche. Viele amerikanische Feministinnen hielten aufgrund der von Daly entwickelten neuen Sprache *Gyn/Ökologie* schlichtweg für unübersetzbar. Erika machte sich auf die abenteuerliche Reise des Übersetzens): Ein eiskalter, klärender Wind fegte durch mein Gehirn!

In *Auswärts Reisen. Die Strahlkräftige Fahrt* beschreibt Mary »Wie ich über den Mond sprang«:

»Wir brauchen unsere Werkstätten auf der Anderen Seite des Mondes, und wir werden hier auch wieder Kongresse veranstalten. Doch müssen wir ständig zur Erde pendeln, an der Befreiung unserer Schwestern arbeiten und den Kampf um das Leben auf dieser Erde weiterführen. ›Scheitern ist unmöglich!‹ rufen wir alle miteinander. Und in Sekundenschnelle machen wir uns alle auf den Weg durch den Himmel. Wir werden handeln oder sterben ... oder handeln *und* sterben. Aber wir werden nie unterworfen werden, niemals.«

Nun ist sie gesprungen. Endgültig gesprungen auf die Andere Seite des Mondes. »Ich muss mich einfach hier, bei den Gefährtinnen auf der Anderen Seite des Mondes, ein wenig ausruhen«, denn »es ist so erholsam hier auf der Anderen Seite des Mondes!«

Nun ruht sie sich also aus – auf der Anderen Seite des Mondes. Zumindest vorläufig. Wie ich sie kenne, heckt sie dort bestimmt bald was Neues aus: Spinstert & spukt, entgeistert und häxt munter weiter.

Niemals unterworfen, niemals.
Fare Well, Mary!
Wir sehen einander auf der Anderen Seite des Mondes ...
In großer Dankbarkeit,
Irmgard

(Zuerst erschienen in: www.frauenwissen.at/nachruf_marydaly.pdf; 2010)

Zusammenschau des Werkes von Mary Daly

(von Ilka Albers)

»Wie könnte ich fliegen, wäre ich nicht geerdet?«

Eine Piratin ist sie, Mary Daly, sie plündert und schmuggelt den Frauen zurück, was ihnen über Jahrtausende männlicher Herrschaft hinweg gestohlen wurde.

Ihr Schiff ist die »Craft« – ihr Können, ihr Geschick, ihre Erfahrungen, ihre Hexenkunst – und mit dieser »Craft« befährt sie das unterschwellige Meer, worin alles Gestohlene verborgen liegt – die ausgelöschte Geschichte der Frauen. Verborgen sind dort die zahlreichen mächtigen Göttinnen, die Männer einst durch einen männlichen Gott ersetzt haben. Hier liegen die tiefen Erinnerungen an die Heilerinnen und Hebammen aus den Zeiten der Hexenverbrennung, das Wissen über die Verstümmelung der Frauen in aller Welt, und im unterschwelligen Meer liegen auch die Energien und die Kreativität von Frauen verborgen.

Ihre vielfältigen Entdeckungen breitet Mary Daly in ihrem Buch aus: *Auswärts Reisen. Die Strahlkräftige Fahrt.* Es ist ein Mammutwerk über ihr Leben – voll witziger und ernsthafter, kluger und frecher Phantasien und Ideen. Ihre Lebensphasen und -stationen beschreibt Mary Daly in vier Spiralgalaxien. Diese astrologischen Gebilde sehen aus wie die kleinen Windräder, die wir aus Kindertagen kennen. Spiralgalaxien bestehen aus Sternen, drehen sich und haben einen Mittelpunkt – doch die einzelnen Punkte sind für Mary Daly keine Sterne, sondern Momente. »Wenn du etwas tust, was großen Mut erfordert, so sind das Momente, die dein Leben verändern können. Mit Zeit oder einer Zeitspanne haben diese Momente nichts zu tun – sie sind bewegende Kräfte, die uns über unsere eigenen Begrenzungen hinaustragen und uns zeigen: Wir nehmen teil am Sei-en.«

Ein bedeutender Moment in der ersten Spiralgalaxie war, als sie mit fünf oder sechs Jahren in einem bestimmten Winterlicht und einem bestimmten Wintergeruch einen großen, glänzenden Eisbrocken im Schnee entdeckte: »Ganz plötzlich stand ich in Verbindung mit etwas Ehrfurchtgebietendem – später würde ich das Elemental nennen. Es war ein Schock, der in mir ein Wissen von einer anderen Dimension weckte, und in mir regte sich etwas, der Ruf des Wilden, eines der ersten Erlebnisse dieser Art, an die ich mich erinnern kann. Ich weiß, dass ich die Fähigkeit, Eis im Schnee auf diese Weise wahrzunehmen, niemals ganz verloren habe.«

Die erste Spiralgalaxie – eine sehr lange – umfasst Mary Dalys Leben von 1928 bis 1970 – die Zeit ihrer Kindheit, Jugend, ihrer Studienjahre. Als Schülerin einer kleinen von Arbeiterkindern besuchten Highschool in New York klang sie einst wie der Prophet in der Wüste, als sie erklärt, sie wolle Philosophie studieren. Auch eine Nonne, die sie fördert, kann mit Mary Dalys Wunsch, Philosophin zu werden, nichts anfangen. Philosophie – das war eine ganz und gar von Männern dominierte Wissenschaft, zu der Frauen keinen Zugang hatten. So entwickelt Mary Daly zunächst zu Hause ihre eigenen Philosophien: Eine bestimmte Kleeblüte sagte eindeutig, klar und mit äußerster Einfachheit zu ihr: »Ich bin.« Die Begegnung mit jener Kleeblüte hatte für Mary Daly viel mit ihrer Entwicklung zur Radikalen Feministischen Philosophin zu tun: »Wenn eine Kleeblüte sagen konnte »Ich bin«, warum sollte ich das nicht auch können?«

Dieses unabhängige »Ich bin« der Kleeblüte verweist Mary Daly auf ihr eigenes Da-Sein in Unabhängigkeit. »Sein« heißt für sie nun zunächst einmal, sich nicht mehr von Autoritäten bestimmen zu lassen und die falsche Zukunft zu durchbrechen, die andere Leute für sie geplant haben. Die Zukunft, die üblicherweise für ein Mädchen vorgesehen ist: Einkerkerung in einer Ehe oder in einem Kloster, Kirche, Beruf in Institutionen und immer unter der Oberherrschaft von Männern. Mary Daly begibt sich auf den spiralenen Pfad einer Zukunft, die von ihr selbst gewollt und gestaltet ist.

Ihr Wunsch zu lernen und sich Wissen zu erarbeiten, setzt sie gegen alle – vor allem finanziellen – Schwierigkeiten durch. Sie verwirklicht ihren Traum – studiert Philosophie, Englisch und Theologie in Fribourg in der Schweiz und schließt jedes Fach mit einer Doktorarbeit ab. So erobert sie sich, wie sie es nennt, »patriarchales Wissen«.

Die Zeit in Fribourg ist eine schöne und intensive Lebenszeit. Sie bereist viele Länder Europas. In den USA, aus denen sie kommt, scheint ihr plötzlich alles wie aus zweiter Hand – nachgemacht und unecht. Sie fühlt sich, als sei sie bisher in einer Art Disneyland, in einer Plastikwelt eingesperrt gewesen und nun plötzlich in die wirkliche Welt freigelassen worden. In dieser Zeit bewegt sie sich langsam von der Vordergrund-Welt in die Hintergrund-Welt. Der Vordergrund ist für Mary Daly von Menschen hergestellt – wobei Mensch in allen patriarchalen Kulturen gleich Mann ist. Im Englischen ist »man« auch dasselbe Wort für Mensch. MenschenMänner haben die künstliche Vordergrund-Welt geschaffen – die technologische Welt, Disneyworld, Plastik-Blumen und Plastik-Denken, und es sind die Plastik-Leidenschaften, mit denen wir leben. Eine gewöhnliche Vorlesung an der Universität ist für Mary Daly Plastik und im Fernsehen werden den Frauen Plastik-Lüste und Bilder vorgeführt, die sie weit von sich wegführen. Lebendiges wird zum Objekt gemacht. Entfremdung findet statt – so müssen Frauen sich von dem trennen, was sie von sich selbst trennt.

Im Hintergrund leben jedoch die Pflanzen, die Bäume, die Sterne, der Mond und alle Elemente sind in dem Hintergrund. Dies ist für sie die Zeit, der Raum, wo sich die Auren von Pflanzen, Sternen, Tieren und allen lebendigen Wesen verbinden. Ende der sechziger Jahre entschließt sich Mary Daly in die USA zurückzugehen und nimmt am Jesuiten College in Boston eine Assistentinnen-Stelle an. Eine mutige Entscheidung – denn sie soll dort Vorlesungen in »Christologie« halten, obwohl sie schon seit Jahren »die christliche Fixierung auf die Göttlichkeit Christi und auf die Gestalt Jesu peinlich und vollkommen abstoßend« findet. Diese Vergöttlichung von Männlichkeit, behauptet sie, diene nur dazu, die Herrschaft der Männer zu legitimieren.

Schon kurze Zeit später erscheint ihr erstes Buch – und wird zum Skandal. »Die Jesuiten am Boston College waren wütend, obgleich ich nur versucht habe, die katholische Kirche zu reformieren. Ich wurde entlassen. Die Studenten und Studentinnen hatten vier Monate lang demonstriert und durch viele Aktivitäten öffentliches Interesse geweckt. So wurden die Jesuiten gezwungen, mich zu befördern und lebenslänglich einzustellen.« Zu dieser Zeit ist Mary Daly noch davon überzeugt: Frauen können innerhalb der von Männern geschaffenen Religionen und der Kirche etwas verändern. In ihrem Buch *Die Kirche und das andere Geschlecht* versucht sie noch, Wege aufzuzeigen. Sie glaubt, wenn Frauen die Lügen über ihre Geschichte aufdecken und sich weibliche Vorbilder herausarbeiten, können sie sich Plätze schaffen.

Wichtige Erfahrungen in der ersten Spiralgalaxie – der ersten, langen Lebensphase – sind für Mary Daly auch die schroffen Reaktionen der Jesuiten auf ihr Buch. Deutlich wird ihr bewusst, es sind nicht nur die Jesuiten in Boston, sondern sie hat es mit Herrschaft von Männern weltweit zu tun. Das Bostoner Jesuiten College kann genauso gut eine Universität in Frankfurt oder Berlin sein – überall herrschen Männer, Wissenschaft und Lehre werden von ihnen bestimmt – Frauen finden dort keine Räume und Zeiten. Angeregt durch Werke und Schriften anderer Frauen verspricht Mary Daly: Sie wird Bücher über Frauen schreiben! So sind die Momente der ersten Spiralgalaxie Momente der Prophezeiung und des Versprechens gewesen. Die Momente in der zweiten Spiralgalaxie waren Momente des Durchbruchs und des Zurückrufens, des Erinnerns.

Lange Jahre lernt und arbeitet sie in patriarchalen Institutionen – Colleges und Universitäten – und erkennt dabei als frauen-identifizierte Philosophin, dass sie in einer patriarchalen Welt *Auswärts Reisen* muss, wie sie dann auch ihre Autobiografie nennt. Reisen bedeutet nun auch für sie, sich auf das »wagemutige, freie Spiel der Intuition« einzulassen. Sie ärgert sich, dass nur die Strenge der rationalen Analyse in der Wissenschaft einen Platz hat und Intuition herabgesetzt und als eine aufs erbärmlichste reduzierte weibliche Fähigkeit angesehen wird.

So beginnt sie ihre »Piratinnenfahrt durch den Nebel« und fängt an, das angesammelte Wissen neu zu sehen und anders zu definieren. Welche Richtung sie dabei nimmt, weiß sie noch nicht. Klar ist ihr – sie muss die Botschaften, die auf sie zukommen, dechiffrieren. Wie eine mutige Piratin entdeckt sie und deckt auf, sammelt die verschütteten Informationen über Frauen und stellt neue Verbindungen her. Manchmal fühlt sie sich wie im Nebel, dann wiederum hebt sie auf ihrer Entdeckungsreise kostbare Schätze, die diese Nebel lichten. In dieser Zeit erscheint dann das erste Ergebnis dieser Reise – ihr Buch *Jenseits von Gottvater, Sohn & Co.*

»Wenn Gott ein Mann ist, dann ist der Mann ein Gott«, schreibt sie und wehrt sich vehement gegen die Vergöttlichung des Mannes und die Unterdrückung der Frauen. Die Gesellschaft habe das perverse Bedürfnis, so Mary Daly, »das Andere« als Opfer der Verdammung zu schaffen. Ein solches Produkt ist für sie Eva – ihr können alle Frauen zugeordnet werden, die nicht dem verwirrenden Vorbild der heiligen Jungfrau Maria entsprechen. Und all diejenigen, die Eva bekämpfen, können sich selbst für »maßlos« gut halten. Den Sündenfall nennt sie nun das Sündenbock-Syndrom – ein gesellschaftliches Phänomen, das Frauen enorme Schuldgefühle verschafft. Und indem sie die Dinge wieder ins Leben zurückruft, sie wieder neu benennt, findet sie viele Göttinnen in Symbolen und Bildern. Diese wurden den Frauen geraubt, weil Männer an ihrer Stelle einen einzigen, männlichen Gott gesetzt haben.

Und sie stellt klar fest, es gibt keinen Gott!

In dieser Zeit verabschiedet sie sich auch endgültig von ihrer Illusion, Frauen könnten innerhalb bestehender Religionen etwas verändern, und wendet sich in der zweiten Spiral-Galaxie vom Christentum ab – sie wird Heidin.

Von den Jesuiten am Boston College wird sie mit Verachtung bestraft. »Dies ist auch ein Moment, nachdem mein Buch *Jenseits von Gottvater, Sohn & Co.* erschienen war. Der Rückschlag erhob seinen hässlichen Hintern bei einer Sitzung der ranghöheren Fakultätsmitglieder der Theologischen Abteilung, die etwa aus zwölf apostolischen Männern bestand. Einer von ihnen blickte wissend um sich und sagte: ›Schauen wir mal. Wir haben niemanden in unserer Abteilung, der in Philosophie arbeitet. Nicht wahr?‹ Da ich die einzige war, die einen Doktor der Philosophie hatte und die seit Jahren dieses Fach unterrichtete und die gerade ein weithin anerkanntes philosophisches Werk veröffentlicht hatte, war ich schockiert. Zugleich war mir klar, dass ich in einer klassischen Verlierersituation war. Ich kannte diese Taktik aus Erfahrung. Ich wusste, und sie wussten, dass ich in diesem Raum keine Verbündeten hatte. Sie formten bei diesem Ritual der Auslöschung ein festes, stures Bündnis.«

In dieser für sie kritischen Situation versucht sie sich selbst zu stabilisieren, indem sie die Taktiken der Priesterprofessoren analysiert, und sie sieht gleichzeitig, was sie hier erlebt, das sind auch die Erlebnisse anderer Frauen.

»Diese Männer konnten nicht wissen, dass sie mir reiches Material zum Analysieren boten. Was ich hier durchmachte, unterschied sich nicht von den Erfahrungen vieler anderer Frauen, die Stärke und Selbstbewusstsein zeigten – nicht nur in Akademia, sondern auch auf Vorstandssitzungen aller Art. Was ich durchmachte, war verbunden mit Erlebnissen von Frauen, die um die Erhaltung ihrer selbst kämpften, wenn sie von räuberischen Vätern, Zuhältern oder Ehemännern patronisiert, geschlagen und/oder vergewaltigt wurden, oder wenn sie von krankmachenden Ärzten, aufgeblasenen Priestern, arroganten Richtern oder schikanösen Chefs unterminiert wurden, oder wenn sie einfach ausgelaugt sind von den leerschwätzenden Klonen oder den feixenden Knilchen auf der Straße.«

Mary Daly bietet ihre Erkenntnisse gezielt als Frauenstudien an. Als temperamentvolle, witzige, kluge Professorin gestaltet sie lebendigen Unterricht und reißt ihre Zuhörerinnen mit. Mit Frauen zusammen weint, wütet, lacht sie, und sie versuchen gemeinsam zu verstehen, was mit ihnen geschieht. Sie schaffen eine Sprache, dies alles auszudrücken. Sie, die »so viele Fähigkeiten haben« – und »unfähig« genannt werden.

In ihrer 1974 beginnenden Lebensphase – der dritten Spiralgalaxie – denkt sie offener und klarer. In ihrer Autobiografie drückt sie dies sehr poetisch aus. »Das Licht wurde stärker und wurde strahlkräftig und ich begann Verbindungen zu sehen wie eine Spinne. Das waren für mich die Momente des Spinnens. Im strahlkräftigen Licht stellte ich nun Verbindungen her, um die Dinge miteinander zu verweben. In den Momenten des Spinnens überstrahlte das Licht des Hintergrunds das Licht des Vordergrunds.«

Immer wieder wird Mary Daly als »Separatistin« bezeichnet. Sie selbst sieht sich jedoch als Häxe [hag], als Spinnerin [spinster], als eine, die erschafft, denn in Wirklichkeit ist für sie das Patriarchat selbst ein separatistischer Zustand, weil Frauen hier von ihrem wirklichen Ursprung, von ihrem Leben, voneinander, von ihrer Kreativität, von ihrer Liebe getrennt werden.

»Deshalb muss ich mich entscheiden, mich von dem zu trennen, was mich von mir selbst trennen würde, von allen subtilen Einlagerungen, den Plastik-Lüsten, den falschen Bildern über Frauen, die durch die Medien verbreitet werden, und herausfinden, wer ich wirklich bin.«

In ihrer Autobiografie zeigt Mary Daly, wie ihre einzelnen Lebensphasen aufeinander aufgebaut sind und wie eine Erfahrung die andere bedingt – wie eine Erkenntnis sich an die andere anschließt.

Nun in der vierten Spiralgalaxie angekommen, blickt sie zurück und jeder noch so scheinbar »kleine« Moment bringt sie in einen erweiterten oder auch Großen Moment. Momente stehen für sie miteinander in Wechselwirkung – wegen ihrer miteinander verbundenen Folgen in der Welt. Sie zeigt, wie ihre Wut entstanden ist, sie mutig gemacht hat und wie sie dadurch zu ihren Wurzeln gelangte – radikal wurde. Aus all dem ergibt sich für Mary Daly: Das Patriarchat arbeitet daran, sich selbst zu vernichten. Für sie ist nur noch die Frage, wie wir diese Vernichtung überstehen: Ob wir als »Halbtote« leben oder im Überleben gedeihen. »Bewaffnete Kinder, die sich gegenseitig töten, entwaffnete Frauen, die sich gegenseitig vergessen. Das Zeitalter der Zerstückelung ist gekommen, die Medienmänner sind erregt, entzückt, die gleiche alte Geschichte, Hass, Blutrunst, gewinn eine Wahl, hab eine Erektion, wenn du Gebisscreme und Autos verkaufst. Dies ist Langeweile – die Herrschaft der Bohrer – dies ist der Vordergrund. Der Moment, der ist Jetzt, das sich ausdehnende Jetzt. Das Jetzt, das die Vergangenheit hält und freilässt, das die Zukunft berührt. Das Jetzt, von dem sie nichts wissen können – die untoten Vampir-Männer, die wild gewordenen Bio-Roboter, die Führungsmänner.«

Mary Daly fordert die Frauen auf, ihre Geschichte zu gestalten und ihre eigenen Wege zu gehen. Eine Reise zur Selbst-Werdung: keine Irrgärten zu gestalten, sondern labyrinthische Durchgänge. Eine wichtige Frage für Mary Daly ist: Ob ihr Platz im tiefsten Sinn auf den Grenzen patriarchalischer Institutionen ist?

Ihre Antwort ist: »Nein, ich kämpfe, handle immer noch dort, auf jenen Grenzen. Doch mein wahrer Platz ist im Hintergrund. Denn ich bin bei der Vier angekommen, die Dimension, die vorher da war, die Quelle, der Anfang. Manchmal ist es so überwältigend, dass ich fliege, in die sich ausbreitenden, umfassenden Arme fliege. Die Arme der spiralen Galaxien. Nennt sie, wie immer ihr wollt!«

»Und nur weil ich sagte, ich fliege, glaubt ja nicht, dass ich nicht geerdet bin! Ich habe lange genug in Akadementia herumgegangen, um mich nicht in alten Wortspielen fangen zu lassen. Natürlich vermische ich Metaphern – dazu sind sie ja da, um gemischt und neu arrangiert zu werden. Wie könnte ich fliegen, wäre ich nicht geerdet? Wie könnte ich geerdet sein, wenn ich nicht fliegen könnte?

Alles ist mit allem verbunden.«

Am Ende des Buches lässt Mary Daly bei einem fiktiven Frauentreffen Frauen früherer Jahrhunderte beschwörend verkünden, als Botschaft an uns: »Wir Frauen sehnten uns stets nach Frieden und Liebe, doch einige Frauen tun auch Dinge, die nicht gut für uns sind, und sie begreifen es nicht. Viele unserer Schwestern tragen immer noch Ketten! Beschwören wir unsere Wut, unsere elementalen Kräfte, es ist Zeit zu handeln. Wir brauchen Mut zu sehen und andere aufzurufen, den Nebel zu durchbrechen, zu plündern, was rechtmäßig uns gehört, und weiterzusegeln.

Diesmal aber brennen nicht wir!

Failure is impossible! Scheitern ist unmöglich!«

(Zuerst erschienen in: Buch der 1000 Frauen. Das FRAUEN-GEDENK-LABYRINTH, Teil 2, hg. von Dagmar v. Garnier, Rüsselsheim 2001)

Quantensprünge des Bewusstseins
Die politische Dimension in Mary Dalys neuem Buch *Reine Lust*

(von Gerda Weiler)

Feministische Politik zielt, grundsätzlicher als die Politik der Parteien, auf Veränderung der Gesellschaft ab. Anders als die politischen Parteien, deren Programme sich ständig im Kreise drehen – ein immerwährender Tanz ums Goldene Kalb der Macht –, strebt der Feminismus den Abbau von Macht und die Überwindung der hierarchischen Gesellschaftsordnung an. Wie aber will ein derartiges Ziel erreicht werden, wenn nicht durch die radikale Aufarbeitung der durch patriarchale Religion, Philosophie und Psychologie geprägten Bewusstseinsstrukturen? Mary Daly selbst versteht ihre Arbeit in diesem Sinn als politisch. Sie sagt im Vorwort zu ihrem neuen Buch *Reine Lust:*

»Dies Buch erscheint in den achtziger Jahren – zu einer Zeit, in der Frauen und unsere Schwester, die Erde, und alle ihre Geschöpfe aufs Extremste gefährdet sind. Sie alle sind Zielscheibe der verrückt gewordenen Väter, Söhne und heiligen Geister, sind Zielscheibe einer Auslöschung durch nuklearen Holocaust, oder, wenn dies alles nicht gelingen sollte, durch chemische Vergiftung, durch von Menschen gemachte Hungersnöte und Krankheiten, die in einem Klima von Trugbildern und Seelenvergiftung wuchern.« (S. 1)

Sehen nicht auch viele Männer – so wird man Mary Daly entgegenhalten – die unselige Verknüpfung von Macht und Zerstörung und wollen den Abbau von Macht? Wenn ich allerdings die Geschichte des Widerstandes gegen Macht betrachte, so muss ich Mary Daly recht geben. Denn Männer haben nur immer die Gleichheit unter Männern angestrebt. Die Französische Revolution hat immer nur von Brüderlichkeit, niemals aber von Schwesterlichkeit gesprochen; die politische Linke weist gegenüber dem Hauptwiderspruch zwischen Kapital und Arbeit der Frauenfrage den Rang des Nebenwiderspruchs zu. In der New Age-Bewegung soll der Feminismus die Rolle eines Katalysators bei der »Sanften Verschwörung«, dem Zusammenschluss verschiedener Bewegungen, spielen. (Fritjof Capra: Wendezeit, S. 440)

Der »Katalysator« ersetzt in der modernen Wissenschaftssprache das veraltete Bild der »Gehilfin«. So mag schon Adam im Paradies der Eva eingeflüstert haben: Sei meine Gehilfin, damit ich mir die Erde untertan machen kann. Wenn ich mein Ziel erreicht habe, dann wirst du frei sein. Mary Daly sieht in der Weise, wie Frauen für Männerziele verfügbar gemacht werden, einen »uralten Trick der Patriarchen«, der »in den achtziger Jahren wieder äußerst effizient arbeitet: Es ist die Herstellung eines ständigen Not- und Ausnahmezustandes, in dem irgendwelche von Männern befohlenen Aktionen für weit wichtiger gehalten werden als die Befreiung von Frauen.« (S. 475)

Die Aktivitäten von Frauen, ihr Denken und Handeln wird auf diese Weise immer vom Weltbild der Männer her bestimmt und auf männliche Interessen ausgerichtet. Ob die christliche Kirche, ob Freud, Jung, Marx oder die New Age-Bewegung die Mentorenschaft über das Denken von Frauen übernehmen, sie alle hemmen Frauen an ihrer Selbstbestimmung, blockieren die Entfaltung einer eigenen weiblichen Identität, machen die Entwicklung eines von Frauen definierten Weltbildes unmöglich.

Von daher gesehen kommt Mary Daly zu ihrem radikal-feministischen Denkansatz: Nicht in der Interaktion mit Männern, sondern ausschließlich im Widerspruch und in der Kontroverse zur herrschenden »Sado-Gesellschaft« können Frauen zu sich selbst und die Welt wieder zur Vernunft kommen. Gegen die Nekrophilie (Streben nach Tod durch Zerstörung) des Patriarchats stellt Mary Daly die Biophilie (Lebenszugewandtheit) des weiblichen Prinzips. Biophilie ist der Ausdruck ursprünglicher Frauenkraft, die vom patriarchalen Bewusstsein verschüttet ist und die es gilt, »dem Vergessen zu entreißen«. Frauen müssen »sich der ontologischen Macht erinnern, die aus alter Zeit, von unseren Urahninnen her, in unserem Gedächtnis, in unseren Urahnungen, schläft.« (S. 15)

So spaltet Mary Daly die Welt in gut und böse: Männer und männeridentifizierte Frauen auf der einen Seite. Hier sind Frauen der Amnesie, der Aphasie und Apraxie unterworfen. (S. 167) Auf der anderen Seite stehen Frauen, die den »entfremdeten Archetyp für das Wort Frau, der uns in die Gefängnisse der ›auf immer weiblichen‹ Rollen sperrt«, durchschauen und durch »einen gebündelten gynergetischen Willen die Hindernisse durchbrechen, die den Fluss von Frauenkraft behindern.« (S. 13) »Sie entziehen sich der patriarchalen Kontrolle über die Kreativität von Frauen« (S. 29) und stellen die Verbindung zu den eigenen Urbildern wieder her, weil sie erkannt haben, »dass die männlichen Mythen-Macher ihre erhabenen Erzeugnisse nur auf Kosten weiblicher Transzendenz herstellen und vertreiben konnten.« (S. 97)

»Das Göttin-Symbol im Bewusstsein von Frauen« (S. 127) ist das ontologische Urbild, das Erinnerungen an ein biophiles Weltbild und an frauen-identifiziertes Bewusstsein wachrufen kann. Diese Argumentation macht patriarchale Frauen zu passiv Duldenden, zu den Verführten und unfreiwillig Angepassten der herrschenden Sado-Gesellschaft. Es hat den Anschein, als enthöbe Mary Daly die Frauen jeglicher Verantwortung dafür, dass Aktivitäten und Pläne der westlichen Zivilisation auf Gynozid, Genozid, auf Biozid überhaupt gerichtet sind.

Mary Daly zeigt jedoch in scharfsinniger Analyse auf, dass den Frauen im Patriarchat durch sadistische Machenschaften das Grundrecht auf Selbstbestimmung verweigert wurde und noch wird. Die Inquisition und die Hexenverbrennungen sind nur ein besonders markantes Beispiel für den allgegenwärtigen Gynozid im Patriarchat, so dass Frauen, wenn sie überleben wollen, nur die Identifizierung mit männlichen Interessen und die Unterordnung unter patriarchale Ziele als einziger Ausweg bleibt.

Kaum einen Unterschied zum Holocaust an »Hexen« sieht Mary Daly in dem allgegenwärtigen Psychoterror gegenüber Frauen – ob diese nun therapeutisch motiviert werden, ihre Mütter zum Ziel deplatzierter Wut zu machen (S. 260), oder dazu, als »Akteurinnen der männlichen Rolle« (S. 182) andere Frauen schwerwiegender Fehler zu beschuldigen. Mary Daly beweist, dass »gegenwärtig die Alibisierung starker Frauen eines der wichtigsten Merkmale antifeministischer Politik ist« (S. 138). Die Alibi-Frau hält die Inkompetenz der meisten Frauen für normal und betrachtet sich als Ausnahme. Dadurch wird die allgegenwärtige horizontale Gewalt unter Frauen perpetuiert. Spätestens wenn Mary Daly unterstellt, dass *kluge und starke* Frauen sich den Spielregeln patriarchaler Macht unterwerfen, stellt sich die Frage nach der Mittäterschaft von Frauen, die doch offensichtlich ihre Teilhabe am herrschenden System genießen.

Vor allem scheint die grundsätzliche Trennung der Welt in nekrophile patriarchale Männlichkeit, der die verborgene biophile Kraft des Weiblichen entgegenstehe, eine allzu vereinfachende Schwarz-Weiß-Malerei und damit eine Schwachstelle in der Philosophie Mary Dalys zu sein. Obwohl die Autorin ihren Denkansatz durch eine Fülle von Beispielen belegt, macht sie sich durch allzu polemische Durchführung ihrer Gedanken oft selbst fragwürdig. Dennoch betrachte ich Mary Dalys Scheidung in »männliche Nekrophilie« und »weibliche Biophilie« als eine ernst zu nehmende Herausforderung für das patriarchale Selbstverständnis.

[Im Weiteren beschäftigt sich Gerda Weiler mit Sigmund Freuds »Todestrieb«, mit Erich Neumanns Darstellung der Verknotung von Sexualität und Töten und mit Hans Peter Dürrs ethnologischem Material zu »Tiefenpsyche des Männlichen« und folgert:]

… das Ur-Prinzip des Weiblichen muss wieder zu sich selbst kommen.

Wie Mary Daly zeigt, bedarf es der Quantensprünge des Bewusstseins, um dem weiblichen Lebensprinzip seine ihm zukommende Funktion einzuräumen. Mary Daly geht davon aus, »dass wir in ein neues Stadium der Evolution eintreten.« In der Tat bedarf es einer gewaltigen Anstrengung, einer radikalen psychischen Transformation, einer Mutation des Bewusstseins, wenn die Menschheit der Todesspirale, auf der sie dem Abgrund zustrebt, noch einmal entkommen will.

Angesichts der gegenwärtigen Menschheitskrise wird die politische Praxis auf die Re-Integration aller angewandten Gebiete des patriarchalen Geistes in den Lebenszusammenhang abzielen. Das bedeutet, dass Forschung und »Fortschritt« weltweit einzig dem Überleben der Menschheit zu dienen haben. In dieser Situation wirkt die Philosophie Mary Dalys als politischer Zündstoff. Denn sie ermutigt zu einem radikalen Bewusstseinswandel. Die matriarchale Weisheit und nicht der patriarchale Geist wird das übergeordnete Prinzip politischen Handelns sein. Frauen werden bei dieser Metamorphose der Kollektivpsyche aus ihrer Verbannung in die Passivität ausbrechen, sie werden die Trauer der Depression abwerfen und wieder aktiv in die Welt hineinwirken.

Mary Daly ist im Zentrum ihrer Gedankenführung, wenn sie sagt, »dass unser Glück tatsächlich *ein tätiges Leben* ist.« Sie bezieht sich auf Aristoteles, der »erkennende Tätigkeit und Betrachtung« als Äußerungsform von Glück und Glückseligkeit im ontologischen Sinn bezeichnet – wobei selbstverständlich Frauen an einer derartigen Glückseligkeit, der *Reinen Lust,* keinen Anteil haben. »Glück«, sagt Mary Daly, »ist auf eine ganz besondere Weise denkende Tätigkeit und Kontemplation.« (S. 428) »Die Seele als Metapher für das telische Prinzip ... ist die radikale Quelle aller Lebensfunktionen und -aktivitäten.« (S. 434) Frauen reklamieren ihre Selbstbestimmung und ihr Anrecht auf gesellschafts-wirksames Denken und Handeln. »Metamorphosierende Frauen sind entschlossen, den erkrankten Organismus des Väter-Landes zu verlassen. Und der Weg, der hinausführt, ist eben genau das telische Zentrieren/Konzentrieren, das Quantensprünge bewusster Kommunikation innerhalb unserer Selbst, untereinander und mit dem Universum impliziert. Dieses bewusst, gewollte zentrierte Entfalten impliziert Makro-Evolution.« (S. 439) Und diese Makro-Evolution, die uns in die Lage versetzt, patriarchales Bewusstsein sowohl als meta-patriarchalische Erinnerung wie auch als meta-patriarchalen Zukunftsentwurf zu überschreiten, verlangt in der Tat Quantensprünge des Bewusstseins.

Die Beispiele, mit denen Mary Daly ihre Theorie beweist, sind weder systematisch aufgebaut noch sind sie erschöpfend dargestellt. Das mag als Mangel des Buches gelten. Klassische Philosophen und

Kirchenväter, aktuelle Frauen- und traditionelle Romanliteratur, Beispiele aus der katholischen Dogmengeschichte ebenso wie zeitgenössische Theologie, aber auch Hinweise auf Gespräche mit gleich gesinnten Freundinnen werden in buntem Wechsel zitiert. Um dem Buch gerecht zu werden, muss man sich klar machen, dass eine erschöpfende Behandlung der angerissenen Themen eine Enzyklopädie feministischer Theorie und Forschung notwendig machen würde. So können die in Gang gesetzten Diskussionen eher als Anregung dienen, auf den einzelnen Gebieten weiter zu forschen und zu arbeiten.

Die überragende Leistung des Buches zeigt sich in Mary Dalys kritischem und zugleich schöpferischem Umgang mit der Sprache. Sie analysiert die herrschende Sprache und zeigt, dass sie ausschließlich dem Männlichen Ausdruck verleiht. Sprache ist tatsächlich ein Mittel, um die weibliche »Rasse auszulöschen, uns auf den Status von Possession/Besitz zu reduzieren, indem sie uns mit den Wurzeln ausreißen, uns zu Entwurzelten zu machen suchen.« (S. 14) Unerschöpflich zeigt sich Mary Dalys Phantasie bei der Konstruktion neuer Worte, die weibliche Kraft zum Strahlen bringen. »Je mehr wir uns auf Strahlende Wörter einstimmen und ihnen zum Leben verhelfen (beim Sprechen, Schreiben, in der Musik und anderen Formen von Kunst genauso wie in unserem Lebensalltag), desto wirkungsvoller beseitigen wir die von Männern gemachten Hindernisse, die dem Atmen im Wege stehen.« (S. 28) Schimpfworte, mit denen Frauen im Patriarchat belegt werden, deutet Mary Daly um und setzt damit ihren Bedeutungswandel in Gang. Sie verdichtet/komprimiert Begriffe zu neuen Wortgebilden, um deren Schlagkraft zu intensivieren. Sie schafft Wortspiele durch Alliterationen und Wortschöpfungen, die Erika Wisselinck, der die ausgezeichnete Übersetzung des Buches zu verdanken ist, immer dort als Fußnote in englischer Sprache wiederholt, wo die Brillanz der Formulierung wegen der Unübersetzbarkeit verloren gehen müsste.

Gerade die kritische Arbeit am sprachlichen Ausdruck kann gar nicht wichtig genug genommen werden, transportiert die Sprache doch unbewusst und damit umso nachhaltiger die Inhalte des patriarchalen Bewusstseins.

Wenn sich Mary Daly bei ihrer Philosophie unter anderem auf Vorgeschichte und Mythen stützt, so nicht, weil sie dort Trost sucht für die zerstörerische Realität der herrschenden Gesellschaftsstrukturen, sondern weil sie das patriarchale Bewusstsein in beiden Richtungen überschreitet, in die Vergangenheit und in die Zukunft. Ein Bewusstsein, das vor-patriarchale Gesellschaften geleitet hat, wird auf seine Brauchbarkeit für ein nach-patriarchales Denken untersucht. Auf diese Weise liefert Mary Daly »eine philosophische Analyse der herrschenden Bedingungen und eine politische Strategie zu deren Überwindung.« (S. 298)

(Zuerst erschienen in: *Virginia* 1/1986)

Eine FEMMAGE an Mary Daly (1928 – 2010) und Würdigung ihres Werks

Die politische Relevanz von Frauenfreundschaften
bei Mary Daly
sowie Das Labyrinth unserer eigenen Entfaltung/
unseres eigenen Werdens ent-decken

(von Gudrun Nositschka)

»Harpyien harfen, Häxen hecheln, Spinsters spucken, Crones gurren, Furien speien Feuer. Es herrscht eine Furcht-bare Un-ordnung. Einige versuchen, von der Sprache der sogenannten stummen Tiere, deren nicht-verbale sprachlose Verständigung der androkratischen Sprache so weit überlegen zu sein scheint, zu lernen/sie zu imitieren. So können wir aus der Kakophonie von Gegacker andere Töne heraushören: Miauen, Schnurren, Brüllen, Bellen, Schnauben, Zwitschern. Geräusche des spontanen Überschwangs.«

Sehe ich leicht irritierte Gesichter? Was hat diese Kakophonie mit Frauenfreundschaften, gar mit ihrer politischen Relevanz zu tun? Erwartet Mary Daly, dass Frauen sich lächerlich machen?

Die zitierten Zeilen stehen fast am Ende des 443 Seiten starken Textes ihres Buchs mit dem Titel *Gyn/Ökologie, eine Metaethik des radikalen Feminismus*, der vor nunmehr 23 Jahren auch in deutscher Sprache erschienen ist und 1991 die fünfte Auflage erlebte, in der schon in Vorworten Reaktionen auf die in meinen Augen umwälzendste Kritik des krankmachenden Patriarchats eingearbeitet worden sind. Ich werde euch in dieser Würdigung einiges zumuten müssen, wenn ich euch auf eine Reise in die »Andere Welt« des Denkens von Mary Daly mitnehme. Dabei bedeutet Reisen bei Mary Daly, »in Bewegung zu sein, Wege zu beschreiten, Meere zu befahren, Gefahren zu bestehen, Neues zu erkennen, Altes wiederzuentdecken. Reisen ist ein Fortschreiten in physischem und intellektuellem Mut«, trotz zahlreicher Hindernisse, verbunden mit den »Empfindungen von Aufregung und Freude«.

Auf dieser Reise verlassen wir den »patriarchalen Zustand des Todesschlafs, erfahren einen Kontext an Schwesterlichkeit, der mithilft, Realitäten zu erkennen, frei zu werden. Wir erleben ein Gefühl der Wirklichkeit, die die Irrealität der Welt verbannt, in der sich alles nur um den Mann dreht«.

Beginnen wir also, vom Baum der Erkenntnis zu essen! Eine extrem politische Tat.

Kommen wir zu ihrem bekanntesten Buch: *Gyn/Ökologie. Eine Meta-Ethik des radikalen Feminismus*.

Womit beginnen?, fragte ich mich bei der Fülle des Materials und der Einsichten. Ich beginne mit dem Titel, mit Erläuterungen zu den Definitionen. *Gyn/Ökologie* hat im Englischen die Bedeutung von Frauenkunde bzw. Frauenheilkunde, aber auch von Wechselbeziehung von Frauen mit dem komplexen Netz ihrer Umgebung. Es bedeutet nicht Ökofeminismus, hat aber damit zu tun. Mary Daly sagt dazu: »Mein Schwerpunkt liegt nicht auf der Verschmutzung der Umwelt allein, sondern in erster Linie befasse ich mich mit der Verschmutzung von Seele/Geist/Körper durch patriarchale Mythen und Sprachen auf allen Ebenen ... Phallische Mythen und phallische Sprache schaffen, rechtfertigen und verschleiern die reale Umweltverschmutzung, durch die alles empfindende Leben auf dieser Erde mit Vernichtung bedroht ist.« Mit dem Wort *Gyn/Ökologie* will sie Wortgewalt/Wortmacht zurückholen und ein Welt-Gewebe unserer eigenen Art herstellen. *Gyn/Ökologie* handelt von uns Frauen – wie wir leben, lieben, unser Selbst schaffen, unseren »Kosmos«. Wenn ich die beiden Worte Wortgewalt/Wortmacht nacheinander ausgesprochen habe, heißt das, dass sie zusammengehören, sich ergänzen, möglicherweise steigern. Mary Daly nutzt diese Möglichkeit der Sprache häufig. Sie wirkt dann als Schöpferin.

Der nächste Begriff ist Meta-Ethik, mit einem Bindestrich geschrieben. Die Silbe »Meta« kommt aus dem Griechischen und bedeutet soviel wie: dahinter, danach, ein Ort dahinter, eine Veränderung/Umwandlung von einem Zustand in den anderen, transzendierend, darüber hinaus gehend. Mary Daly benutzt die Silbe hauptsächlich im Zusammenhang mit metapatriarchal. Das bedeutet sowohl »postpatriarchal«, das Patriarchat als Vergangenheit ansehen, trotz seiner Dämonen und Trümmer unter und um uns. Es geht dabei auf keinen Fall um die Reform des Patriarchats. Die Frauenbewegung, die Erkenntnisse transformieren vielmehr unsere Selbst, wandeln uns, lassen Unbekanntes gewohnt werden.

Radikaler Feminismus ist ein Weg des Werdens von Frauen. In ihm laufen drei Quellen zusammen:
– Wissen aus der Vergangenheit;
– Erfahrungen der Gegenwart;
– Hoffnungen/Visionen für die Zukunft.
Diese Quellen sind untrennbar!

In der ersten Einleitung nennt Mary Daly das Buch eine Metapatriarchale Reise – ein Weg des Exorzismus und der Ekstase. Reisen bedeutet – wie eingangs erwähnt – in Bewegung zu sein, Wege zu beschreiten, Meere zu befahren, Gefahren zu bestehen, Neues zu erkennen, Aufregung und Freude zu empfinden. Reisen bildet, sagen wir im Deutschen. *Gyn/Ökologie* bildet ungemein, sage ich.

Während der Reise hören wir die ersten klaren, deutlichen Töne aus dem Hinter-Grund, ein Begriff, der einen weiteren Begriff herausfordert, nämlich Vorder-Grund. Vorder-Grund ist definiert als

»Männer-zentrierte, eindimensionale Arena, in der Fälschung, Lebendiges, zum Objekt gemacht wird und Entfremdung stattfindet; Zone der festgelegten Gefühle, Wahrnehmungen, Verhaltensweisen; die greifbare Welt; FLACHLAND«.

Hinter-Grund hat die Bedeutung: »Das Reich der Wilden Realität; die Heimat der Selbste der Frauen und aller anderen Anderen; die Zeit/der Raum, wo sich die Auren von Pflanzen, Planeten, Sternen, Tieren und allen anderen lebendigen Wesen verbinden«.

Als Mary Daly die Unterscheidung zwischen Vordergrund und Hintergrund in *Gyn/Ökologie* einführte, hatte sie damit eine Möglichkeit geschaffen, wie Frauen ihre Erfahrungen von Zerstückelung verstehen können. Frauen durchschauen so die Muster/Regeln des Ganzen, erkennen den Gesamtzusammenhang des Betrugs. Auf der Reise verlassen wir – wie in der Einleitung gehört – den »patriarchalen Zustand des Todesschlafs, erfahren einen Kontext von Schwesterlichkeit, der mithilft, Realitäten zu erkennen, frei zu werden. Wir erleben ein Gefühl der Wirklichkeit, die die Irrealität einer Welt verbannt, in der sich alles nur um den Mann dreht.«

Das Buch eröffnet einen Durchgang zur Anderswelt, einer Welt, in der »wir wieder Grund unter den Füßen verspüren, in der wir Vorstellungen von Frauenfreiheit entwickeln und sie zur Welt bringen«.

Um dahin zu kommen, helfen wir uns mit Erkennen und Benennen »der Dämonen und bösen Geister« der Phallokratie durch Exorzismus. Darunter versteht Mary Daly »Sichtbarmachung und eigenständige Austreibung des verinnerlichten Vatergottes in seinen Legionen von Erscheinungsformen«. Keine leichte Sache. Schon das Erkennen nicht. Es konfrontiert uns mit den dämonischen Manifestationen des Bösen.

Zum Beispiel die Erkenntnis, dass die Normalisierung patriarchaler Gräuel gegen Frauen eine zentrale Strategie männlicher Vorherrschaft ist. Es konfrontiert mit dem Ausmachen »schädlicher Gase« der anhaltenden Ungleichheit, an denen Frauen genauso sicher wie an offener Gewalt ersticken können. Auch Gleichstellungsbeauftragte haben diese schädlichen Gase noch nicht vertreiben können. Dennoch können wir froh um jede sein, die noch nicht im Stellenplan gestrichen worden ist.

Gewalt, Ungleichheit, Normalisierung patriarchaler Gräuel zu erkennen und zu benennen, hilft wirklich zu überleben, ist an sich schon eine extremistische Tat, eine politische Bewusstseinserweiterung, die uns unsere Vergangenheit und gleichzeitig unsere Zukunft gibt. Ist das nicht schon Grund genug, in Ekstase zu geraten? Passend zu dem Begriff der Ekstase ist auch die manchmal ungewohnte Sprache. Mary Daly reist durch Galaxien, intergalaktisch, macht qualitative Sprünge, spiralt, spinnt und webt. Das gehört sozusagen zu ihrem Reisegepäck.

Doch aufgepasst – sie hat gerade in diesem Buch Gepäck abgeworfen, Wort-Ballast, zu dem sie nicht mehr steht, aus neuen Erkenntnissen heraus. Indem sie Gepäck abwirft, macht sie qualitative Sprünge und lässt uns daran teilhaben. Zu den Worten, die dennoch als Worte, aber nun mit verändertem Inhalt genutzt werden, gehören Gott, Androgynität und Homosexualität.

Bei dem Begriff Gott sieht sie keinerlei Möglichkeit mehr, das Wort von männlich/maskulinen Vorstellungen zu befreien. Gott steht nun für die Nekrophilie des Patriarchats.

Gerda Weiler hätte wahrscheinlich die Todessehnsucht des Patriarchats angeführt. Mary Daly formuliert schärfer – Nekrophilie. Laut Wörterbuch eine Liebe, an Toten sexuelle Handlungen vorzunehmen, nach Mary Daly sogar »Totes zu lieben«. Göttin ist demnach nicht einfach ein feministischer Ersatzbegriff für Gott, weil sie bereits vor ihm da war, sondern das Synonym für das Lebendige-liebende Sei-en von Frauen und Natur. Androgynität, dieses Wort, das sogar in einigen feministischen Kreisen angeblich den Krieg der Männer gegen die Frauen überwinden helfen sollte, hält Mary Daly nun für eine sprachliche Missgeburt. Homosexualität schließt auf verkürzende Weise gynozentrisches Sei-en/Lesbianismus ein, was heißt, es schließt es aus.

Allein dieser Satz verlangt nach weiteren Erklärungen, nämlich der Begriffe »Sei-en« mit Bindestrich geschrieben, und Lesbianismus. Die deutsche Übersetzerin aller Werke Mary Dalys, nämlich Erika Wisselinck, schuf den Begriff Sei-en aus dem englischen Be-ing, um zu verdeutlichen, dass, wenn Frauen sich ihres Seins bewusst sind, sie sich ständig weiterentwickeln, eben auf dem Weg/unterwegs sind.

Was eine lesbische Frau ist, glauben wir vermutlich alle zu wissen: eine, die ihre Sexualität auf Frauen richtet. Denken wir. Nach Mary Daly ein Trugschluss. Falsch. Wenn diese Frau nicht zugleich Frauen-identifiziert ist, ist sie bei ihr lediglich eine »schwule Frau« oder »weibliche Homosexuelle«.

Mary Daly behält sich den Terminus »Lesbe« für die Beschreibung von Frauen vor, die Frauen-identifiziert sind, die falsche Loyalitäten zu Männern auf allen Ebenen abgelegt haben. Falsche Loyalitäten bedeutet, sich mit männlichen Mythen, Ideologien, Stilen, Praktiken, Institutionen und Berufen verbunden zu fühlen.

Da das ganze Buch wie eine Reise ist, wundert es auch nicht, dass Mary Daly einige Dimensionen des Reisens aufzeigt: Mystische Reisen, Gralssuche, Abenteuerreisen, ein Fortschreiten im Können, im physischen und intellektuellen Mut. Natürlich gibt es Hindernisse – und die nicht zu knapp.

Immer wieder ist es die Sprache, die durchdringende Sprache der Mythen, der Religion, Kunst, Literatur, Dogmen des sog. Fachwissens, der Medien, der Grammatik. Frauen, die das nicht erkennen, laufen Gefahr, bzw. leben in der Gefahr, zur Athene zu werden, die Mutter und Schwestern vergisst, verleugnet oder gar nicht kennt. Eben eine Vater-Tochter, die Mutante, die den Zielen der Herren dient. Oder sie werden zu Alibi-Frauen, eine Waffe der Patriarchen, gegen die Schwester Artemis.

Die Sorgen und die Warnungen, die Mary Daly damit verbindet, werden in *Gyn/Ökologie* in Variationen wiederholt, so dass sie für mich spürbar wurden; im Herzen, im Leib, im Kopf.

Wir sollen lernen, die Sprache der Phallokratie zu durchschauen und zu ver-bannen.

Ein Beispiel dazu? Ich lese es euch aus *Gyn/Ökologie* vor (S. 25), und zwar über das Wort »weben«.

»So ist beispielsweise das lateinische Wort texere = weben sowohl die Wurzel für Textil als auch für Text. Für Frauen ist es wichtig, die Ironie zu sehen, die in dieser Spaltung der Bedeutung liegt. Der Prozess unseres kosmischen Webens wurde verkrüppelt und eingeengt auf den Bereich der Herstellung und Instandhaltung von Textilien.

Es ist zwar nichts Erniedrigendes an dieser Tätigkeit an sich, die Begrenzung der Frauen jedoch auf die ›Welt des Spinnrads‹ hat unsere Göttlichen Rechte auf schöpferisches Weben zerstört und aufs Strümpfestopfen eingeengt. Wenn wir uns das Wort Text im Gegensatz zu Textil ansehen, so sehen wir, dass dies die andere Seite der schizoiden Begrenzung von weben/spinnen darstellt. ›Texte‹ sind das Königreich der Männer, sie sind der Bereich des versachtlichten Wortes, des verdichteten Geistes. In der patriarchalen Welt nähen und spinnen die Mädchen, Bücher sind für die Knaben.

Kein Wunder, dass viele Frauen die Welt der Spindel, die für den weiblichen Körper und Geist buchstäblich zum Gefängnis, zur Tretmühle geworden ist, verabscheuen. Kein Wunder, dass viele Frauen im männlichen Königreich der Texte eine verlockende Fluchtmöglichkeit aus dem Totenreich der Textilien, welches die Beschränkung/Reduzierung weiblicher Energien symbolisiert, gesehen haben. Das Königreich der von Männern geschriebenen Texte erschien ihnen das ideale Ziel, denn man hat uns beigebracht, zu vergessen, dass akademisches ›Wissen‹ ein uns gestohlener Prozess ist. Wie Andrée Collard sagte: ›In der Gesellschaft von Räubern und Gendarmen kommen wir dahin zu vergessen, dass sie uns alles raubt: unsere Mythen, unsere Energie, unsere Göttlichkeit, unser Selbst‹.«

Richtet sich das Buch »gegen die Männer«? Diese Einstufung hält Mary Daly für ein Klischee, das nicht nur phantasielos, sondern auch tödlich, betäubend und irreführend ist, weil nämlich dann sogar Frauen nicht mehr bereit sind, hinzuhören. Frauen lassen sich durch das Etikett »männerfeindlich« einschüchtern, und es verlässt sie der Mut, Ursachen und Verursacher beim Namen zu nennen.

Nun, Mary Daly hat sich nicht einschüchtern lassen und hat nach eigenen Worten ein
- anti-androkratisches,
- amazonisch anti-männliches (anti-patriarchal),
- wütendes und
- endgültig Weibliches Buch geschrieben.

Sie benennt die acht Todsünden der Väter, wohl in Anlehnung an die Todsünden, die im Christentum angeprangert werden, und nennt sie die Irrgärten des Patriarchats. Hand in Hand mit dem Ringen um das Entwirren der Verwirrungen, was Exorzismus bedeutet, geht der Prozess der Spinnerinnen, die das Labyrinth unserer eigenen Entfaltung/unseres eigenen Werdens ent-decken (mit Bindestrich geschrieben). Die Entdeckung dieser beiden Worte, nämlich Irrgarten und Labyrinth, hat mich sehr gefreut, weil ich erlebt habe, welche Heilkraft Labyrinthe ausstrahlen, zum Beispiel beim »Fest der 2000 Frauen« in Frankfurt, ganz im Gegensatz zum Irrgarten, der Menschen in Panik versetzen soll.

Ich denke, dass die »Labyrinth-Bewegung« immer mehr Frauen, aber auch Männer anziehen wird.

Mary Daly führt ihre Reise mit *Gyn/Ökologie* in drei Passagen durch. Wir kennen das Wort noch aus der Schiffspassage, und manchmal erinnert die Fahrt im Buch tatsächlich an das Reisen auf unruhiger See. Seekrankheit nicht ausgeschlossen.

Die Erste Passage nennt sie »Prozessionen« in der Doppelbedeutung von Hervorgehen und Prozession. In ihr legt sie dar, dass das Patriarchat in seinen vorchristlichen, christlichen und nachchristlichen Mythen eine dauernde Wiederauferstehung der Vergangenheit ist, eben ein Ablauf von Prozessionen [siehe auch bei Virginia Woolf]. Alle Mythen (S. 61) wurden errichtet als Teile des männlichen Bunkers zum Schutz gegen Anomie.

»Die vorherrschende Religion auf dem gesamten Planeten ist das Patriarchat als solches, und seine eigentliche Botschaft ist die Nekrophilie. Alle sogenannten Religionen, die das Patriarchat legitimieren, sind lediglich Sekten, die unter seinem riesigen Schirm/Baldachin zusammengefasst sind. Trotz aller Unterschiede sind sie im Prinzip alle gleich. Alle – von Buddhismus und Hinduismus zum Islam, Judaismus, Christentum, bis zu so säkulären abgeleiteten Formen wie Freudianismus, Jungianismus, Marxismus und Maoismus – sind Infrastrukturen des Gebäudes des Patriarchats. Alle wurden errichtet als Teile des männlichen Bunkers zum Schutz gegen Anomie. Und die symbolische Botschaft all der Sekten jener Religion, die Patriarchat heißt, ist diese: Frauen sind die gefürchtete Anomie.«

Die Botschaft in den Mythen ist klar: Wir Frauen sind die gefürchtete Anomie. (Anomie heißt soviel wie Gesetzlosigkeit, Gesetzwidrigkeit.) Keine soziale Revolution, wie »radikal« auch immer, kann diesen Zirkel der Wiederholungen durchbrechen, solange sie keine metapatriarchale Bewegung ist.

»Nein« zu den Prozessionen zu sagen, heißt, einer Tatsache ins Gesicht zu sehen, deren Anblick schwer zu ertragen ist: der tödliche Betrug durch männliche Mythen.

Die Zweite Passage nennt Mary Daly »Das Sado-Ritual-Syndrom – Die Göttin wird wieder und wieder ermordet«.

Es folgt eine Analyse dieses Syndroms, eine Analyse der phallokratischen Moral. Mary Daly selber nennt diese Passage den schwersten, traurigsten und düstersten Teil der Reise, aus dem aber »der Zorn der Lesenden zum Treibstoff wird, so dass Leidenschaft und Kreativität nicht länger blockiert sind«. Bei diesem Durchgang erwerben wir uns eine Art »Wegerecht« in die Andere Welt, die Welt unserer eigenen be-geisternden, sprühenden und spinnenden Ekstase. Folgerichtig handelt die Dritte Passage von der Gyn/Ökologie selber, vom Funken sprühen, Feuer schlagen, nämlich das Feuer der Frauen-Freundschaft, und vom Kosmischen Gewebe.

Ich möchte euch nun den tödlichen Betrug des Patriarchats, nämlich die Mystifikation durch Mythen, vorstellen. Mary Dalys erster Satz dazu klingt brisant und lapidar zugleich:

Das Patriarchat erhält seinen Betrug durch Mythen aufrecht.

Was verstehen wir unter Mythen? Mythen, so heißt es bei Wissenschaftlern verschiedener Bereiche, sind Geschichten, die intuitive Erkenntnisse vermitteln und über die Aktivitäten von Göttern berichten. Die mythischen Gestalten sind Symbole. Diese machen Tiefen der Realität zugänglich, die »uns« sonst verschlossen sind. Mary Daly meint ergänzend, die Annahme, dass sie Tiefen der Realität verschließen, die uns Frauen (auch Männern) sonst offen stehen würden, sei nicht allgemein verbreitet. Das nenne ich Mutterwitz!

Die zuvor zitierten Aussagen über Mythen nennt sie wahr und unwahr zugleich, eben eine Irreführung. Die unausgesprochene Voraussetzung dieser Aussagen nämlich ist, dass die betreffenden Mythen patriarchale Mythen sind. Alle Menschen sollen glauben, diese seien die einzigen Tore zu unseren Tiefen, und die Väter hätten darüber die Schlüsselgewalt. Wir müssen die Lüge sehen, damit wir die Wahrheit sehen können. Manche Lügen sind einfach zu sehen, zum Beispiel die zweite Geburt der Athene aus dem Kopf des Zeus oder die Geburt Evas aus der Rippe des Adam. Wenn wir beim Erkennen der Lüge stehen bleiben, bewegen wir uns weiter im Spiegelkabinett der Väter.

Es ist zwingend erforderlich, die Umkehrung nochmals umzukehren, nicht uns nur mit dem Gegenstück zufrieden zu geben. Ein schönes Beispiel ist dafür der Begriff »Penisneid«.

Ist der Schlüssel zu dieser phallokratischen Behauptung Freuds der »Gebärneid«?

Mary Daly zeigt, dass wir uns mit der Erklärung »Gebärneid« nur auf die weibliche biologische Fähigkeit der Fruchtbarkeit fixieren lassen würden. Dahinter steht aber vielmehr der Neid auf die Gesamtkreativität der Frau, die es zu verschleiern gilt, bzw. die verschleiert bleiben muss.

Dieser ist der Hinter-Grund, den wir aber nicht erkennen, wenn wir uns mit der Gegenerklärung »Gebärneid« zufrieden geben. Doch um den Hinter-Grund geht es ihr immer wieder.

Ich zitiere Mary Daly: »Die Kraft, die wir Frauen auf dem Weg zu uns selbst finden, indem wir unseren Hinter-Grund finden, ist unsere eigene Kraft, die wir unserem Selbst zurückgeben.«

Diesen Satz zitiere ich gern in meinen Vorträgen, zum Beispiel auch im Vortrag »Mond/Mondin«, weil es bei allem Suchen und Erklären von Mythen um unseren eigenständigen Hinter-Grund geht, aus dessen Erkenntnis uns Kraft erwächst. Nachchristliche Feministinnen und Theologinnen finden für diesen Vorgang noch weitere Bilder. Eine nennt es »eine selige Schau«, die nach katholischer Lehre im hiesigen Leben unmöglich ist. Eine Zweite spricht davon, die Kontrollfunktion der männlichen Mythen zu durchschauen sei »der Anfang vom Leben«.

Nichts scheinen Götter und Männer mehr zu fürchten als den Verlust der Kontrolle über Frauen. Gott Apoll, ein Frauenhasser, der zum Muttermord aufrief, sagt es im Mythos frei heraus, und sein Tempel über Delphi trug die Inschrift: »Haltet die Frauen unter eurer Herrschaft«.

Mary Daly ist sich sicher, dass es kein Zufall ist, dass das amerikanische Raumschiff, das zur ersten internationalen Raumschiffankoppelung diente, »Apollo« hieß.

Anders verhält es sich mit dem Mythos um Dionysos. Er, der im Schenkel des Zeus ausgetragen wurde, nachdem Zeus seine Mutter, die Mondgöttin Selene, mit Rauch und Blitz verzehrt hatte, bietet sich den Frauen als femininer Gott an. Der sanfte Mann. Mary Daly lässt uns genauer hinschauen: Die dionysische Lösung ist für Frauen die Endlösung!

Wenn wir seiner verführerischen Einladung erliegen, (S. 88-90 unten) so werden wir in den »mystischen Leib des Männerbundes« aufgenommen. Da es heißt, wir werden »lebende« tote Frauen, die auf ewig unser eigenes Blut in das Himmlische Haupt pumpen und dabei unseren eigenen Kopf verlieren. Die dämonische Macht liegt in der Einladung zur Assimilation. Für unseren Prozess des Erinnerns ist es entscheidend, dass wir uns dieser Einladung verweigern. Mary Daly untersucht in dem Zusammenhang auch den Begriff der Feminität und stellt fest, dass Feminität eine von Männern gemachte Konstruktion ist, die im Grunde nichts mit Weiblichkeit zu tun hat. Frauen glauben immer noch, dass Männer feminine Frauen lieben. So verlieren sie ihr Selbst im männlichen Spiegelkabinett; verlieren darüber sogar ihren eigenen Verstand. Was aber macht das Christentum mit uns Frauen? Mary Daly nennt den Vorgang eine verfeinerte Bewusstseins-Einschnürung.

Wir bemerken in der Regel noch nicht einmal den Vergewaltigungsmythos bei der jungfräulichen Geburt Marias; doch er ist da, auch wenn sie ihr uneingeschränktes Einverständnis gibt.

Sie trägt den Sohn aus, der in dem christlichen Gedankengebäude vor ihr existierte, um ihn anschließend anzubeten. Nach der katholischen Theologie wurde Maria sogar vor ihrer eigenen Geburt durch ihn von der Erbsünde erlöst (Dogma »Unbefleckte Empfängnis der Maria«). Trotz aller theologischen Verkleinerungen von Marias Rolle ist die mythische Gegenwart der Göttin noch in diesem verblassten und verkehrten Spiegel sichtbar. Deshalb reichte diese vornehme Einengung auf die Gestalt Marias keineswegs zur endgültigen Vergewaltigung der Göttin aus.

In Wirklichkeit ist der religiöse Vergewaltigungsdrang auf die Vernichtung aller Zeugnisse wahrer weiblicher Anwesenheit ausgelegt. So, wie der Katholizismus eine wichtige Stufe in der Verfeinerung des phallokratischen Mythos darstellt, vertritt der Protestantismus ein fortgeschritteneres Stadium von »Reinigung«. Er schaltet auch noch den gespenstischen Schatten der Göttin aus und stellt in Jesus ein Uni-sex-Modell vor, die Verkörperung einer männlichen Feminität. Mary Daly zieht daraus die düstere Erkenntnis, dass dieses Schleifen des Bildes der Göttin und die mythische Einsetzung einer männlichen Gottheit, die das Christentum vorgenommen hat, den Weg bereitet für die technologische Vernichtung der Frauen durch Anwendung moderner Medizin, Transsexualismus, Klonen und andere Formen von Gen-Manipulation.

Beeinflusst von diesen Mythen sind wir alle – ob wir nun Gläubige sind oder nicht, uns für intellektuell und aufgeklärt halten oder nicht. Tatsache ist, dass die westliche Kultur von den Symbolen christlichen und vorchristlichen Patriarchalismus durchdrungen ist. Wir sind abgerichtet, das Unglaubliche zu glauben, mit weitreichenden Konsequenzen. Mary Dalys Exkurs zum Bau und Test der Atombombe im Zusammenhang mit den Ausläufern des christlichen Mythos überspringe ich, obwohl er sehr spannend ist.

Auch auf die Zweite Passage mit dem Sado-Ritual-Syndrom gehe ich nur rudimentär ein, nicht nur, weil sie voller Schrecken und Düsternis ist und mir sehr zugesetzt hat.

Mary Daly schält in dieser Passage ein Grundmuster heraus, das allen Verstümmelungen an Frauen gemeinsam ist. Ihre Analyse schließt die Entlarvung der trügerischen Legitimation von Gelehrten und anderen Autoritäten ein, die alle barbarischen Akte an Frauen und Mädchen als »ethnische Eigenart« von Religionen und Völkern bezeichnen. Mary Daly nennt das eine ständige Komplizenschaft beim Verbrechen des Göttinnen-Mordes in der Männer-Welt, zu der auch Frauen eingeladen werden. In den Gräueln sieht sie einen Vorsatz des Patriarchats. Feministinnen, die diese Gräuel aufdecken und die Verursacher beim Namen nennen, sehen sich Beschuldigungen von Imperialismus, Nationalismus, Rassismus, Kapitalismus oder irgendeines anderen -ismus ausgesetzt, der umfassender und wichtiger erscheint als das Frauen mordende Patriarchat. Bücher von Frauen darüber werden nicht mehr aufgelegt, aus ihnen nicht zitiert. Mary Daly beschwört uns, diese Werke zu retten, damit sie weitergeführt werden können und wir nicht ständig von Null beginnen müssen; das wäre auch ein Akt der politischen Relevanz von Frauenfreundschaften. Vielleicht kennt ihr einige so beschuldigte Frauen auch im deutschsprachigen Raum, die so mundtot gemacht werden sollten.

Ich lese nun zum Einfühlen in das Sado-Ritual-Syndrom, aus dem Babylonischen Schöpfungsgedicht – vermutlich einigen bekannt – sowie aus dem *Angelus* und ein Gedicht von Linda Barufaldi und stelle dann sein Grundmuster nach Mary Daly vor.

1. Aus *Enuma Elish* (Babylonisches Schöpfungsgedicht):
Als sie sich einander näherten, Tiamat und Marduk, der weiseste der Götter,
stürzten sie aufeinander los, begann der Kampf.
Der Herr entfaltete sein Netz, band sie.
Er schleuderte ihr den Bösen Wind ins Gesicht.
Tiamat öffnete den Mund, ihn zu verschlingen.
In diesen schleuderte er »den Bösen Wind«, sie daran zu hindern, den Mund wieder zu schließen. Die wütenden Winde erweiterten ihren Leib.
Ihr Bauch schwoll an. Ihr Mund blieb offen.
Er schoss einen Pfeil ab, der ihr den Bauch durchbohrte,

ihr die Eingeweide zerriss,
das Herz öffnete. Er überwand sie, nahm ihr das Leben,
warf ihren Leichnam auf den Boden, erhob sich über ihm ...
Mit seiner unerbittlichen Waffe spaltete er ihr den Schädel,
schnitt er ihr die Adern durch.
Der Nordwind trug (ihr Blut) weit fort.
Als seine Väter (dies) sahen, waren sie glücklich und frohlockten
...
Der Herr, nunmehr befriedigt, untersuchte den Leichnam ...

2. Aus dem *Angelus*:
Der Engel des Herrn brachte Maria die Botschaft/
Und sie empfing vom Heiligen Geist.
Maria sprach: Siehe, ich die Magd des Herren/ Mir geschehe nach deinem Wort.
Und das Wort ist Fleisch geworden/ und hat unter uns gewohnt.

3. Gedicht von Linda Barufaldi:
Als ich merkte, dass sie die Göttin zur Maria gemacht hatten
und die Verkündigungsszene eine Schilderung der Vergewaltigung der Göttin war,
erinnerte ich mich, dass ich als kleines Mädchen gelehrt wurde,
dreimal am Tag das *Angelus* aufzusagen.
Ich war entsetzt, als mir klar wurde, dass man mich gelehrt hatte,
die Vergewaltigung der Göttin zu rezitieren
und mitzuwirken an der Verstümmelung
und dem Mord an meinem eigenen Selbst-Bild – an meinem Selbst.

Das Grundmuster des Irrgartens des Frauen mordenden Rituals ist:
1. Besessenheit in der Vorstellung von Reinheit
2. Völlige Auslöschung von Verantwortlichkeit
3. Ausbreitung des Rituals von oben nach unten
4. Benutzung von Frauen als Sündenböcke und Alibi-Folterknechte

5. Ordnungsliebe, Fixierung auf das kleinste Detail bei der Durchführung des Rituals
6. Konditionierung durch erlebte Gräuel, die zur Norm werden
7. Legitimierung durch die sogenannte objektive Wissenschaft trotz einiger Missbilligung

Ahnt ihr die Qualen, die sich in dieser Erkenntnis niedergeschlagen haben? Wenn wir sie beim Namen genannt haben und gegen sie ankämpfen, ist es Zeit, es abzulehnen, auf sie fixiert zu bleiben, und stattdessen unsere neue und alte Kunst des Spinnens zu üben.

Denn: Spinnende Frauen sind gefährlich! Und: Solche Kunst macht uns wieder frei!

Am Ende des Kapitels über die Hexenverbrennungen in Europa – mit dem Zusatztitel: Der Leib Christi wird gereinigt – schreibt Mary Daly: »Ich hoffe, dass mehr Feministinnen die Geschichte der Hexen mit der Ernsthaftigkeit aufnehmen, die sie verdient, und sie als ein Teil unserer verschütteten Geschichte ansehen, als ein Überbleibsel der Alten Religion, die allen patriarchalen Glaubensbekenntnissen vorausging und eine matriarchalische Religion war, die eine Göttin verehrte ... und zu diesem Zweck die Studien zu diesem Thema lesen.« Wenn wir die gefälschten Darstellungen, die zu den Hexenverbrennungen führten, durchschauen, so wird uns das helfen, die Taktiken der heutigen männlichen Hebammen zu erkennen, der berufsmäßigen Hexer, die die »Nachfolge« der Weisen Frauen angetreten haben – die Unheiler der modernen Medizin.

Frauenmord durch die Heiligen Geister der Medizin und der Therapie. Mary Daly greift mit dieser Analyse »die Götter in Weiß« an, insbesondere die Herren der Gynäkologie, der Psychiatrie und Psychotherapie. Ein heißes Eisen, und wir Frauen der fortschrittlichen Länder stecken mitten drin.

Mary Daly meint, dass die Eskalation mörderischer gynäkologischer Chirurgie sowie der Chemotherapie und Psychotherapie kein chronologischer Zufall ist. Sie schreibt: »Wir haben allen Grund, die Verstümmelung und Zerstörung von Frauen durch Ärzte, die sich auf unnötige radikale Brustamputationen und Gebärmutterentfernungen, auf krebserregende Hormontherapien, auf Psychochirurgie, seelentötende Psychiatrie und andere Formen der Psychotherapie spezialisiert haben, in direktem Zusammenhang mit dem Aufkommen des radikalen Feminismus im zwanzigsten Jahrhundert zu sehen. In gemeinsamer Anstrengung halten diese Spezialisten viele Frauen im Status von Dauerpatientinnen nieder, in deren Körper und Seelen ständig fremde Objekte einfallen – Messer, Nadeln, Spekula, krebsfördernde Hormon-Injektionen und Tabletten, krankmachende Selbstbilder, schwärende Fixierungen, schwächende Dogmen.« Zu den Dogmen nach der Etablierung der Gynäkologie zählen die Freud'sche Ideologie und deren Nachkommen. Die medizinische Zunft stellte bald fest, dass mit ihrer Kolonisierung des Körpers der Frau gleichzeitig die Eroberung ihres Bewusstseins/Geistes einhergehen musste. Mary Daly nennt das die neue (patriarchale) Theologie.

Um das Schrumpfen weiblichen Sei-ens zu erreichen, erfahren Frauen und Mädchen eine Art Vor-Besitznahme, bevor sie eine Chance haben, eigene Erfahrungen mit sich zu sammeln.

Dieser Akt wird gefördert durch Voreingenommenheit,
– indem das Bewusstsein mit Angst besetzt wird,
– indem Frauen sich durch die männliche Brille taxieren – Schönheitschirurgie,
– durch Konsum von Medikamenten, Ratschlägen, Kosmetik, Kleidung.

Die Energien der Frauen verlaufen sich in den Sackgassen des Großen Irrgartens der Herren.

Mary Daly benutzt in diesem Zusammenhang auch den Begriff Fetischismus, auf den ich allerdings nur dann eingehen will, wenn wir plötzlich sehr viel Zeit übrig haben. Soviel sei dennoch gesagt, dass das Subjekt beim Fetischismus immer männlich, das Objekt weiblich ist. An dieser Stelle empfiehlt sich eine Leseeinheit, die viel mit unserem Körper, unserer Biologie zu tun hat, mit unserem Leben als Frau. (Die Mystik der »moralischen Reinheit« und Chemotherapie gegen moralische Unreinheit, S. 259-269). Ein Satz daraus ist eine männliche Behauptung wie: »Die Eierstöcke einer Frau gehören dem Volke; sie hat sie lediglich in Treuhandschaft. Ohne sie ist ihr Leben nutzlos.« (S. 261)

Vielleicht denkt ihr jetzt, am besten ist, wir machen uns davon. Doch wohin?
Mary Daly sagt:
Es reicht nicht aus, sich davonzumachen ...
Wirkt an einem kosmischen Gewebe mit ...

Kosmisches Gewebe – Wege und Möglichkeiten
Ich beginne mit einem Zitat aus »Moments of Being« von Virginia Woolf, die für sich einen Weg gefunden hatte: »Ich wage die Erklärung, dass in meinem Fall auf einen Schock sofort der Wunsch folgt, ihn zu erklären. Ich spürte, dass ich einen Schlag erhalten habe; es ist jedoch nicht, wie ich als Kind glaubte, lediglich ein Schlag eines Feindes, der sich hinter der Watte des Alltagslebens versteckt hatte; er ist – oder wird es werden – eine bestimmte Form von Offenbarung; er ist das Zeichen für eine Realität hinter den Erscheinungen; und ich bringe sie ans Tageslicht, indem ich sie in Worte fasse. Nur indem ich sie in Worte fasse, kann ich sie als Realität zusammensetzen, ganz machen; und diese Ganzheit bedeutet, dass sie die Macht verloren haben, mich zu verletzen; es bereitet mir – vielleicht, weil ich damit den Schmerz vernichte – ein großes Vergnügen, die zerschnittenen Teile wieder zusammenzufügen.«

Ein weiterer Weg ist der, das Feuer der Frauen-Freundschaft zu entzünden (S. 336-337), das Funkenschlagen einzuüben. Ich zitiere: »Am Anfang ist es schwer genug, Funken zu sprühen/zu entflammen, um die Feuer der Frauen-Freundschaft zu entzünden. Das ist vor allem deshalb so, weil patriarchale Männer die grundlegende, vom Feuerschlagen der Frauen ausgehende Bedrohung genau spüren und alle Anstrengungen unternehmen, um die Feuer der Frauen auszulöschen, wann immer wir sie entzünden. Sie stehlen das Feuer der Furien, um uns in ihrem fortgesetzten Hexenwahn zu zerstören. Wie Aschenputtel stehen wir Häxen in der Asche, aber wir wissen, es ist die Asche unserer verbrannten Vorschwestern. Wir wissen, dass die Asche noch glimmt. Funkensprühen/entflammen bedeutet: Die Feuer der gynergetischen Kommunikation und des gynergetischen Vertrauens entzünden. Das hat zur Folge, dass jede funkensprühende Häxe nicht nur in einem hellen und warmen Zimmer für sich selbst leben, sondern dass sie auch Raum (room) für ihren eigenen Webstuhl (loom) schaffen kann. Hier kann sie nun anfangen, die Gewebe ihrer eigenen Schöpfung herzustellen. Mit ihrem wachsenden Feuer, ihrer wachsenden Kraft kann sie anfangen zu spinnen. Und wie sie und ihre Schwestern anfangen, zusammen zu spinnen, wirken wir das Netz unserer Zeiten/Räume. Gyn/ökologisches Spinnen ist eine Grundvoraussetzung, um in unsere Andere Welt einzutreten. Die Reisende, die nicht spinnt, ist in tödlicher Gefahr. Sie könnte sich in einer der Sackgassen des Irrgartens verlaufen, den wir in der Zweiten Passage aufgedeckt haben. Das heißt, sie könnte sich auf die Schrecken der Androkratie fixieren, dort ihre Runden drehen, statt auf den Fersen kehrtzumachen und in die Richtung des Anderen zu schauen. Oder die Nichtspinnerin könnte den tödlichen Fehler begehen und versuchen, über alle Gräuel hinweg in eine Pseudo-Ekstase zu springen. Als Ergebnis dieser Flucht aus der Wirklichkeit, dieses blinden ›Glaubenssprungs‹, kann sie nur ins Trudeln kommen. Die Kraft des Spinnens der Spinsters ist die Macht des geistigen Spiralens/Wirbelns. Wenn wir zur Dritten Passage durchstoßen, wirbeln wir in unsere eigene Welt. *Gyn/Ökologie* heißt: den Weg an der Toten Vergangenheit und den Durststrecken vorbeizuweben, unser Welt-Gewebe aus Werden und Vergehen zu weben.«

Kommen wir zu patriarchalen GESTEN und zur SPRACHE:

Obszöne Gesten übersehen wir, obszöne Sprüche überhören wir. Welche Frau hat das nicht erlebt? Was geschieht da mit uns?

Mary Daly meint, dass wir be-spukt worden sind. Konsequenterweise müssen wir uns weigern, Gefäße für semantisches Sperma zu sein. Unsere Sprache ist voll von Passivkonstruktionen. Wir sollten sie nicht schlucken, vielmehr ihre Bedeutung erkennen, benennen, anders formulieren. Es ist erstaunlich, wie ungern die Sprache in den Benennungsprozess miteinbezogen wird, wie viel Spott denen auf dem Fuße folgt, die ihn praktizieren. Uns fehlen in der Tat oft die Worte.

In diesem Kapitel nehmen wir die letzte Erkenntnis-Hürde, bevor Mary Daly uns für unsere eigene Selbst begeistern will.

Diese Schritte sind: Ent-Besetzen und die Entdeckung unserer Be-geisternden Selbst!

Heilung: Unsere Zerstückelung erkennen, nach den Stücken der Schwester in uns suchen. Er-innern.

Das Heilmittel heißt nicht umkehren, sich abschotten, sondern in einer heilenden Umwelt, der Selbst zu werden und selbst die heilende Umwelt zu werden!

Ein politischer Akt!

Jede Selbst ent-besetzt sich von den »Reinigern«, die ihr Denken besudeln …

Wenn wir Frauen unsere Schleier, unsere Leichentücher abwickeln, ist das ein Prozess für sich.

Wir sind offen für die ent-deckten/ent-deckenden Sinne – wir geben uns eine eigene Richtung, springen ins Freie, be-geistern unsere Selbst. Wie ihr gewiss gemerkt habt, spricht Mary Daly nun von »meine Selbst, unsere Selbst«.

Diese Selbst weitet ihren eigenen Mut, ihre eigene Hoffnung, Entschlusskraft, Vitalität aus.

Sie ent-deckt und schafft die Andere Welt. Unsere Selbst ist ihr eigenes Aktiv, spricht in schöpferischen Akten. Sie schafft neue Räume: semantische, kognitive, symbolische, psychische, physische. Dadurch können wir uns trotz unterdrückender Konstellationen auf verschlüsselte Kommunikations-Muster konzentrieren, die sich in Kleidung, Haltungen, Gesten, Augen-Kontakten, Sprach-Melodie, Wortwahl, Verwendung von Humor, Gesichtsausdruck und auch in einem einvernehmlichen Schweigen ausdrücken. Das wäre ein Frauen-Bündnis aus Stärke, nicht ein Bündnis aus Angst, allein zu sein. Die so geschaffenen Räume sind nicht statisch zu verstehen. Häxen, Spinsters, Amazonen bleiben in Bewegung, um so nicht ins Visier genommen zu werden. Ihre/Unsere Taktiken sind variabel, manchmal direkt, manchmal getarnt.

Wir stellen neue Fragen – wilde Warums. Wir stöbern sie auf! Doch Achtung! Gefahr!

Halbherziges Herangehen ist die schlimmste, die letzte Falle. Es mutet wie Ironie an, wenn mutige Sucherinnen/Spinsters von bedrohten, angsterfüllten Pseudoschwestern im Stich gelassen werden, weil deren Feigheit/Abwesenheit starke Frauen in die Rolle von Märtyrerinnen/Sündenböcken des Feminismus verweist.

Wusstet ihr schon? Alle Frauen sind Töchter. Diese Sichtweise kann uns helfen, das verlorene Bündnis der Mütter und Töchter wieder neu zu schaffen. Wir müssen nur die Tochter in der Mutter erreichen, und so werden wir zu Schwestern im gemeinsamen Tun.

Kommen wir zu einer weiteren Möglichkeit – wir behexen die Zeit-Verzerrungen, verbannen die patriarchale Vergangenheit, das heißt, wir billigen ihr für uns keine Gegenwart und Zukunft mehr zu. Dazu bitte einige spannende Passagen in *Gyn/Ökologie* selbst lesen. S. 366-368 ab: »Es hilft weiter, wenn wir uns dem Ausmaß und der Realität der patriarchalen Besitznahme/Zerstörung der Vergangenheit der Frauen stellen, sie beim Namen nennen ...«

Gyn/Ökologie, das Wort des Anfangs, begleitet uns weiter und wir lernen, dass es die Leben-liebende weibliche Energie ist, der wir in uns Raum geben. Mary Daly kommt wieder auf mögliche Attacken der phallokratischen Kriege gegen die weibliche Energie zu sprechen.

Lest es bitte selbst.

Ich gehe weiter zu dem Absatz über Freundinnen, Schwestern und Liebende. Dort steht:

»Es ist unmöglich, Frauen-identifizierte Liebende ohne zugleich Freundin und Schwester zu sein. Das Füreinander-da-Sein der Begeisternden Weiblichen Selbst ist ein lebensspendender gynergetischer Strom, der verschiedene Formen und Farben annehmen kann. Das Entzünden der Ideen und die Flammen physischer Leidenschaft kommen aus derselben Quelle. Es ist ein biophiles Bündnis.«

Doch immer wieder erreicht uns die Einladung zur Assimilation, sogar mit der Armee. Vor Jahren feierten einige Frauen, unter anderem bei EMMA als Erfolg, sich in der Bundeswehr zum Töten ausbilden lassen zu dürfen. Das ist die Alibi-Verschmelzung in die Bruderschaft/der männeridentifizierten Kameradschaft. Diese Einbezogenheit und andererseits die Selbstaufopferung und/oder vorrangige LOYALITÄTEN von Frauen für Väter, Söhne, Ehemänner und Partner dienen dazu, den Geist der Schwesterlichkeit zu vergiften. Mary Daly fordert, die Selbst-Aufopferung von Frauen, auch für Frauen, abzulehnen und stattdessen den Mut zur Selbst-Annahme zu stärken. Das Feuer weiblicher Freundschaft entzünden bedeutet, den göttlichen Funken in der Selbst und in den anderen Selbst zu erkennen und diesen Funken anzunehmen/zu akzeptieren.

Jede Frau sieht ihr eigenes Wissen von der Realität in ihrer Schwester bestätigt. Wenn sie nur mit einer einzigen, anderen sprühenden/feuerschlagenden Selbst in Kontakt kommt, so entsteht eine Feuersbrunst. Ihre Gefängnisse fallen in Asche zusammen.

Und dann?

Nach soviel Ermutigung beginnen nun wir hier mit dem Spinnen des Kosmischen Gewebes!

Was verbindet Mary Daly mit dem Begriff Spinnen? Ich zitiere:

»Spinsters spinnen und weben, schaffen die Einheit des Bewusstseins, stellen sie wieder her. Während wir dies tun, spinnen wir durch das Reich des vielfach gespaltenen Bewusstseins hindurch und darüber hinaus. In verborgenen Werkstätten sind die Spinsters beim Entwirren, Aufknoten, Losbinden, Auftrennen tätig. Wir stricken, knoten, flechten, winden, wirbeln und zwirbeln. Ganz ins Spinnen versenkt, in den spielerisch-festlichen Geistprozess, der Arbeit und Spiel in einem ist, überspannen die Spinsters die Dichotomien (gabelartige Verzweigungen, hier: Irrgarten) des falschen Bewusstseins und zerbrechen seine das Denken fesselnden Kombinationen (z. B. fehlgeleitete Ideen wie ›Androgynie‹ und ›menschliche Befreiung‹).«

Ihr wollt noch mehr übers Spinnen hören? Mary Daly liebt dieses sich Hineinknien in die englische und lateinische Sprache, in der auch für die deutsche Sprache viele Parallelen zu finden sind; köstlich zu lesen, so auch der Begriff der »Spinster« (S. 411-413). Die Spinster ist auch eine Spinne.

Die Spinne wiederum ist ein Symbol mit drei unterschiedlichen, manchmal sich überschneidenden Bedeutungen. Die drei Bedeutungen leiten sich her von erstens: die schöpferische Kraft der Spinne, wie sie sich beim Spinnen ihres Netzes zeigt, zweitens: die Aggressivität der Spinne und drittens: das Spinnennetz als ein spiralendes Netz, das zu einem zentralen Punkt zusammenläuft.

Die Spinne, die in ihrem Netz sitzt, ist ein Symbol des Zentrums der Welt ...

Mit Spinnen aufzuhören bedeutet größte Gefahr. Spinnen heißt über-leben! Spinnen heißt auch, eine Umgebung wachsender Unschuld schaffen. Unschuld besteht nicht einfach nur darin, »Niemandem wehe zu tun«. Machtvolle Unschuld heißt: die tiefen Geheimnisse der Verwobenheit zu entdecken und zu benennen. Wir hören neue Beziehungsmuster und antworten mit Gegacker, Hecheln, Spucken, Gurren, Feuer speien.

Es entsteht ein Wirbel unserer eigenen Schöpfung. Der letzte Satz des Buches heißt:»*Gyn/Ökologie* ist Ent-Schöpfung; *Gyn/Ökologie* ist Schöpfung.«

(Zuerst erschienen in: www.gerda-weiler-stiftung.de/pdf/marydaly_femmage.pdf; 2010)

Zum Tod von Mary Daly

(von Luise F. Pusch)

Das Jahr fing gar nicht gut an. Erst starb Freya von Moltke am 1. Januar, zwei Tage später dann Mary Daly. Die beiden wohnten nicht weit voneinander entfernt, die eine in Vermont, die andere in Massachusetts, Neuengland. Beide waren Widerstandskämpferinnen und hatten komplexe Beziehungen zu Deutschland. Moltke und ihr Mann gehörten zur Verschwörung des 20. Juli; Helmuth Graf von Moltke wurde von den Nazis hingerichtet. Daly widerstand dem Patriarchat in all seinen Erscheinungsformen, ganz besonders seiner Extremform, der katholischen Kirche. Sie hatte in der Schweiz studiert und gelehrt, und ihre treusten Anhängerinnen hatte sie vermutlich in Deutschland, nicht zuletzt dank der Vermittlung ihrer Übersetzerin, der feministischen Philosophin Erika Wisselinck.

Während Freya von Moltkes Tod hier breite Resonanz auslöste und sogar in der Tagesschau gemeldet wurde, hörten wir über Mary Dalys Tod zunächst kein offizielles Wort, es kursierten nur entsetzte Emails unter Feministinnen: »Hast du schon gehört?«, »Kannst du das bestätigen?« Da ich nirgends eine Bestätigung las – etwa eine Meldung im *Boston Globe* oder in der *New York Times*, schließlich war Mary Daly eine Denkerin von internationaler Statur – lebte ich noch 2 Tage in der Hoffnung, jemand, ein mieser Patriarch vielleicht, hätte sich einen üblen Scherz erlaubt. Aber dann kamen schließlich doch die Nachrufe, und ihr Tod wurde traurige Gewissheit.

Warum bekommt der Tod der einen Widerstandskämpferin so unmittelbare und große Aufmerksamkeit, der Tod der anderen aber nur so zögerliche und widerwillige?

Da gibt es eine ganz einfache Antwort: Das Regime, dem Daly zeitlebens heroischen Widerstand leistete, ist noch an der Macht. Es mochte und mag diese unbequeme, kämpferische Denkerin nicht und würde sie am liebsten ignorieren, auch die Tote noch totschweigen. Wären die Nazis noch an der Macht, gäbe es auch kein Aufhebens von Freya von Moltkes Tod. Daraus folgt im Umkehrschluss, dass eine Feministin, die von der herrschenden Kultur gefeiert wird, sich fragen muss, ob ihr Widerstand noch Biss hat. Und zweitens folgt daraus, dass die überlebenden Widerständigen im eigenen Interesse die Erinnerung an ihre lieben Verstorbenen wachhalten sollten, bis das Regime überwunden ist. Danach läuft die Sache mit dem gebührenden Gedenken an die einstmals so Unbeliebten ganz natürlich und reibungslos.

Mary Daly wird aber nicht nur in ihren Werken weiterleben, sondern wer weiß wo sonst noch. Vor knapp 5 Jahren erzählte sie fröhlich in einem Interview, sie hätte in letzter Zeit öfter Besuch von Matilda. Damit meinte sie Matilda Joslyn Gage, radikale Feministin und Autorin von *Women, Church and State* (1893). Wenn Mary Daly uns Matilda nicht 1978 in *Gyn/Ecology* wieder nahegebracht hätte, wäre sie heute ganz vergessen, denn mit ihr, die übrigens das Wort patriarchy geprägt hat, verfuhr das Patriarchat genau so wie mit Mary Daly. Ich stelle mir vor, dass Mary Matildas freundliche Besuche jetzt erwidert, was sie ja bisher nicht konnte, und dass die zwei gemeinsam Pläne schmieden, wie frau diese Welt endlich auf Vorderfrau bringen könnte. Denn, so Daly: »The world needs to become enGAGEd.«

Genau. Und dazu brauchen wir auch Our Daly Bread.

(Zuerst am 10.1.2010 erschienen in: www.fembio.org/biographie.php/frau/comments/zum-tod-von-mary-daly/).

Reine Lust, gestern, heute, morgen

(von Eveline Ratzel)

Mit einigem Werkzeug ausgestattet und geschmückt mit hundert Blumen aus den bisherigen Beiträgen kann sich die Leserin im letzten umfänglichen Teil auf die Reise durch die *Reine Lust* einlassen.

Das Werk erscheint in den achtziger Jahren. Überall in den USA wie auch in Europa haben Feministinnen überdeutlich die extreme patriarchale Bedrohung der Erde und ihrer Lebewesen gespürt:

– Die nukleare Auslöschung – »Tschernobyl ist überall«
– Die chemische Vergiftung von Lebensmitteln, der Luft, des Bodens
– Die Eskalationen alltäglicher Gewalt gegen Frauen und Kinder
– Die von Menschen gemachte Ausbeutung, grassierende Hungersnöte und Krankheiten
– Der Krieg der reichen gegen die armen Länder
– Das »Klima von Trugbildern und Seelenvergiftung« (Mary Daly)

Für die Frauenbewegungen ist während dieser Achtziger-Dekade von dringlichster Bedeutung, sich die gespürten Bedrohungen zu erklären. Überall entstehen wichtige Werke von Feministinnen, die das Patriarchat als den Feind analysieren und dabei Worte finden, die die Gräuel benennen, zum Beispiel in dem Buch von Françoise d'Eaubonne: *Feminismus oder Tod.*

In der Analyse und Benennung patriarchaler Gräuel hat Mary Dalys Werk in Art und Umfang eine Reichweite und Schlüssigkeit, die sich in den Worten und Aktionen der Frauenbewegungen wiederfinden.

Davon handelt meine Arbeit über die *Reine Lust.*

Darüber hinaus sind die Frauenbewegungen der achtziger Jahre bei all ihrer kämpferischen Streitbarkeit auch freud- und lustvoll. Sie entdecken und feiern ihre Vorschwestern, identifizieren sich mit ihnen, suchen nach weiblicher Spiritualität.

Auch hier hat Mary Daly elementale Frauenbündnisse beschrieben, Weise Frauen, Häxen, Musen, Parzen, Furien, Amazonen, Reisende und viele andere, und sie sagt: »Die Göttin ist ein Verb.« Wir finden ihre elementale Kraft beim Spuken, Spinnen, Spiralen, Wandern, Wundern, Wirbeln, Inspirieren, Beschwören und sind dabei vulkanisch, archaisch, ausgelassen, schlau, gerieben, erratisch. Grundlegend elemental.

Das ist das tiefe Anliegen Mary Dalys gewesen: ihre Vision von Frauen, die sich aus dem state of boredom hinaus spiralen und nach ihren Visionen und Welten jenseits von Gottvater, Sohn & Co. suchen. Wander- und wunderlustig und dadurch sehr politisch. Damit hat Daly eine Kernaussage der Frauenbewegungen, dass das Private politisch sei, um eine unendliche Dimension bereichert. Heute, wo ein Blick auf die Achtziger ein Rückblick ist und mit einer Blickwinkel-Verschiebung (Emily Culpepper) anders gesehen und empfunden werden kann, bin ich mehr und mehr zur Überzeugung gelangt, dass sich hinter der Kritik an Daly, sie dichotomisiere in »gut ist gleich weiblich« und »schlecht ist gleich männlich«, eine tiefe Verunsicherung gegenüber einer gelehrten Denkerin festgefahren hat, deren Vision Frauen sind, die die Erbsünde schallend verlachen und damit die größte Sünde begehen – The Big Sin. Hier spielen Männer keine Rolle. Das ist der große Tabubruch für all diejenigen, die sich Visionen nicht vorstellen können, in denen Männer schlicht nicht vorkommen (was trotz dessen nicht männerfeindlich heißt) und die stets der Göttin einen Heros beistellen oder auf den Schoß setzen, die darauf bestehen, dass dieser Heros schon immer bei oder auf der Göttin war. Was nicht stimmt. Mary Daly hat das nur gelangweilt, it's so boring.

Auch davon handelt meine Arbeit über die *Reine Lust*.

Dalys Werk ist untrennbar im Denken der Frauenbewegungen der achtziger Jahre verwurzelt und in deren Aktionen verästelt.

Während wir Akteurinnen jener Zeit ein klein bisschen älter geworden sind, ist die nächste Frauengeneration mit der gleichen patriarchalen Bedrohung konfrontiert. Die nukleare Gefahr ist nach wie vor lebensbedrohend (siehe die Reaktorkatastrophe in Fukushima, seit März 2011), zur chemischen Vergiftung kommen geklonte Tiere und genveränderte Nahrungsmittel, die Erderwärmung, die Naturkatastrophen, die kriegerische und alltägliche Gewalt, der Hunger, der Mangel an sauberem Trinkwasser, die Verbreitung von Krankheiten wie AIDS und Cholera. Die Trugbilder und Seelenvergiftungen sind nach wie vor sowohl drastisch als auch sublim vorhanden.

Meine Diplomarbeit atmet das Lebensgefühl der achtziger Jahre und wird, abgesehen von kleinen Änderungen, hier wiedergegeben. Das bedarf einiger Bemerkungen.

Der Historiker Alain Corbin sagt sinngemäß, Geschichte sei nicht zu verstehen, ohne die Empfindungen einer Zeit zu verstehen.[1] Der jüdische Philosoph Henri Bergson: »... die Erhaltung der Vergangenheit in der Gegenwart ist (eben) nichts anderes als die Unteilbarkeit der Veränderung.«[2] So ist fortwährende Neuschöpfung in der durée (Dauer).

---

[1] In *Meereslust* zeigt Corbin die Veränderungen der Empfindungen gegenüber dem Meer, Berlin 1990 und in *Pesthauch und Blütenduft* die Veränderungen in der Geschichte des Geruchs, Berlin 1984.
[2] Henri Bergson: Denken und schöpferisches Werden, 1946, Syndikat, Frankfurt am Main 1985, S. 29

Neu schöpfen, neu denken führt zur jüdischen Philosophin Hannah Arendt. Sie zeigt in ihrem Buch *Eichmann in Jerusalem*, wie sie bisherige Vorstellungen über das »radikal Böse« aufgegeben hat, um die Wirklichkeit des Grauens besser erfassen zu können, und spricht von der »Banalität des Bösen«. Marie Luise Knott nennt demzufolge Verlernen als Denkweg bei Arendt und weist auf die Distanz schaffende Spannung ihres Lachens hin[3]. Ja, Arendt hat über Eichmann, den sie als »Hanswurst« bezeichnet, gelacht.

Mary Daly lacht über den »monströsen Zipfelwitz«, den das Patriarchat darstellt.

Die feministische Schriftstellerin Hélène Cixous schreibt: »Die Frauen haben in der Kultur viel geweint, aber wenn die Tränen einmal versiegt sind, wird das, was man anstatt der Tränen im Überfluss haben wird, ein Lachen sein. Der Ausbruch, das Verströmen, ein gewisser Humor, wie man es niemals erwartet bei den Frauen und wie es trotzdem sicherlich ihre größte Stärke ist …«[4]

Lachen ist eine starke aktive und spannungsgeladene Form des Verlernens. Wie wichtig Verlernen ist, zeigt nicht zuletzt auch die Gehirnforschung: aufmerksame Wahrnehmung setzt die Gehirntätigkeit des Verlernens geradezu voraus.

Was nun können wir von den klugen Köpfen zusammenspannen, wenn es um die Frage der Generationen geht?

Medien pushen fortwährend und nicht ohne Häme einen Generationenkonflikt: Hier die alten, veralteten prüden Feministinnen, da die jungen lebens- und sexlustigen Frauen, die den Feminismus ablehnen, Trockengebiete verlassen und sich in feuchte Gefilde begeben. Das sind Stereotype, ist Nonsens.

Die älteren Feministinnen haben in der durée (Dauer) den Atem, die Empfindungen, das Lebensgefühl der Frauenbewegung der siebziger und achtziger Jahre dabei. In der Dauer sind sie im Hier und Jetzt und nicht im Gestern. Indem sie das Verlernen (und nicht das Vergessen) praktizieren, schaffen sie Annäherung an die Wirklichkeit, an heutige Anforderungen, an die jungen Frauen, die inner-

---
[3] Marie Luise Knott: Verlernen. Denkwege bei Hannah Arendt, Berlin 2011
[4] Hélène Cixous: Die unendliche Zirkulation des Begehrens, Berlin 1976, S. 45

halb ihres Lebensgefühls und ihrer Empfindungen in der durée den Feminismus kennenlernen und erfahren. Die jungen Frauen leben heute ihre spirituelle Vielfalt selbstverständlicher, und die Mahnung nach correctness hat viel Aufgeregtheit losgelassen. Wir können lachend zusammenkommen, den melting pot heute anders würzen, das große Fass gemeinsam rühren und die Welt aufmischen.

Jede Generation entwickelt ein anderes, ihr eigenes Lebensgefühl, findet die dazu passenden Worte und Formen des Ausdrucks. Das ist es, was sich wirklich verändert, jede Zeit ist für kreative Neuschöpfungen da. Das Rad allerdings muss nicht neu erfunden werden, unsere Geschichte lebt mit uns weiter, und wir dürfen uns nicht »zurück auf Los« manövrieren lassen.

Die Töchter und Enkelinnen haben die Möglichkeit, Dalys Werk auf ihre Weise zu entdecken, zu verstehen und für ihre Handlungen zu nutzen. Heute ist es Frauen vertrauter geworden, spirituelle Vielfalt in ihrem Alltag zu leben. Der mahnende Zeigefinger der correctness spielt eine viel geringere Rolle als noch vor dreißig Jahren. Die Sehnsucht nach elementalem Leben wächst unaufhaltsam und ist dabei freundlicher, toleranter und ruhiger geworden.

Die *Reine Lust*.

Rein im Sinne der puren Lebenszerstörung und rein im Sinne purer Lebenslust in all ihren Möglichkeiten. Die Aktualität dieser Entscheidung ist die Herausforderung auch im Jahre 2011 und weiterhin. Dalys Werk bietet unzählige Möglichkeiten, weiter zu forschen, zu entwickeln, zu spiralen, zu …

Auch davon handelt meine Arbeit über die *Reine Lust* im Anschluss an den Ausklang.

Ausklang

Die Leserin ist am Ende der Reise angekommen. Wo auch immer sie zugestiegen ist, am Prolog oder an einem Beitrag ihrer Wahl, was sie auf der Reise dabeihatte oder während der Fahrt abwerfen konnte, ist wohl bei jeder Reisenden anders.

Stellen wir uns ein Concerto grosso vor.
Ohne Komposition.
Es beginnt mit ein, zwei oder drei Instrumenten
irgendwo und irgendwann.
Weitere Klänge kommen hinzu
von weit her, von ganz nah.
Auch Stimmen
im Chor
und hier und dort ein Solo.

Werden sich die Musizierenden bei der Fermate treffen?
Geht das concerto mit wechselnden Akteurinnen immer weiter?
Mary Daly hat während ihrer Spielzeit genial schöne
Interpretationen beigesteuert und jeder zugerufen:
Du kannst es, wirf dich voraus, tu's auch.
Das war wichtig, und das bleibt wichtig.

Einige Autorinnen in diesem Buch sind sich sicher: Mary Dalys Werk wird sie überdauern, andere Frauen werden an ihren Ideen weiterarbeiten. Dieses Buch soll dazu beitragen.

»So bin ich: ich schaue der Spinne zu
wie sie von neuem aufbaut – ›geduldig‹ sagen sie

aber ich erkenne in ihr
Ungeduld – meine eigene –

die Leidenschaft wieder und wieder zu schaffen
wo solches Zerstören herrscht ...«

(aus: Adrienne Rich, Der Traum einer gemeinsamen Sprache. Gedicht: Bodenschätze, 10. Gedichte 1974 – 1977, Frauenoffensive, München 1982, übersetzt von Gabriele Meixner und Verena Stefan)

Reine Lust – Elemental-feministische Philosophie
Eine Auseinandersetzung mit Mary Daly

(von Eveline Ratzel)

VORWORT	151
MARY DALYS BEDEUTUNG IN DER FRAUENBEWEGUNG	152
Zur Person und Beschäftigung mit ihrem Werk	153
Reine Lust – Hauptthesen	156
Kritik	159
Problem der Darstellung	159
Philosophische Zu-Ordnung	160
Fragen, Blicke, Versuche	161
EINLEITUNG	162
Sprache	162
Methodik	165
Die Akteurinnen	167
Das Patriarchat	171
Die Bewegung durch drei Sphären/Reiche	176
DAS WERK *REINE LUST*	177
Das erste Reich – Archesphären	177
Vordergrund der Archesphären	177
Die Sadogesellschaft und ihre sadospirituellen Legitimatoren	177
Die Fixierung von Frauen auf der Folie des sado-spirituellen Syndroms – Pornografie, Masosadismus und aktive Mittäterschaft	181
Phallische Flucht vor der Lust in transformierte Geilheit im Namen des Sublimen, der Sublimierung und der Sublimation	190

Jenseits des Sado-Sublimen: Archetypen exorzieren, Arche-Bilder wecken	195
Begriffsklärung »Archetyp«	195
Strukturen patriarchaler Er-oberung	198
»Frau und Natur«	199
Begriffsklärung »Arche-Bild«	201
Der Archetyp »Die Göttin und ihr Heros«	202
Elementale Arche-Bilder	215
Das zweite Reich – Pyrosphären	217
Vordergrund der Pyrosphären	219
Plastik-Leidenschaften	219
Bonsai-Leidenschaften	220
Das Phänomen der Athenischen Frauen	221
Das masochistische Modell	223
Plastik- und Bonsai-Tugenden	224
Hintergrund der Pyrosphären – Vulkanische Tugenden	227
Klugheit	230
Mut/Courage	235
Das dritte Reich – Metamorphosphären	238
Vordergrund der Metamorphosphären	240
Dazugehören, Freunde haben, bezaubernd sein	240
Strategien zur Durchsetzung	242
Geringschätzung	242
Partikularisierung	243
»Menschliche Spezies«, Separatismus, Feminismus	243
Der Begriff »menschliche Spezies«	243
Separatismus	251
Feminismus	262

VORWORT

»Sie sagten, um die Wahrheit zu entdecken, müssen sie Wege finden, um Gefühle und Gedanken voneinander zu trennen. *Weil wir weniger waren* Dass Messeinheiten und Kriterien aufgestellt werden müssen, die frei von jeglichem emotionalen Vorurteil sind *Weil sie sagten, unser Gehirn ist kleiner* Dass diese Messeinheiten nach universalen Gesetzmäßigkeiten *Weil wir durch unsere Körpergröße dem Boden näher sind* berechnet werden können *Weil wir nach Maßgabe ihrer Tests langsamer denken, weil unsere Körper nach Maßgabe ihrer Kriterien mehr den Körpern von Tieren gleichen, weil wir nach Maßgabe ihrer Berechnungen weniger schwer heben, längere Stunden arbeiten, mehr Schmerz ertragen können, weil sie diese Unterschiede gemessen haben* und folglich, sagten sie, konstituieren diese Berechnungen Objektivität *weil wir emotionaler sind als sie* und gründen sich, sagten sie, einzig darauf, *weil unser Verhalten nach ihren Beobachtungen wie das Verhalten von Kindern ist,* was durch die Beobachtung als wahr erwiesen ist *weil wir schwer von Verstand sind* und Emotionen, sagten sie, muss man misstrauen *weil wir voller Wut sind* dass da, wo Emotionen den Gedanken färben *weil wir aufschreien* der Gedanke nicht länger objektiv ist *weil wir zittern* und daher nicht länger beschreibt, was real ist *zittern vor Wut, weil wir zittern vor Wut und nicht länger verständig sind.*«[1]

Dies ist eine soziologische Diplomarbeit – meines Wissens die erste in der BRD – über Mary Dalys *Reine Lust – Elemental-feministische Philosophie*. Die Arbeit wird bewertet werden[2] innerhalb der patriarchalen Institution Wissenschaft, der sie furios den Kampf ansagt – eine der vielen Paradoxien, unter denen frauenidentifizierte Forscherinnen leben. Sie bleibt trotzdessen zutiefst und damit ausschließlich Frauen verpflichtet, indem sie sich trennt (separiert) von ihren Zertrennern (dem phallischen Separatismus), *auf der Suche nach den Bedingungen für Elementale Frauen-*

---

1 Susan Griffin: Frau und Natur, Frankfurt am Main 1987, S. 143
2 Diese Diplomarbeit wurde 1987 an der Johann-Wolfgang-Goethe-Universität in Frankfurt am Main eingereicht.

bündnisse. (Die Auseinandersetzung über den kurz so skizzierten Separatismus wird im Verlauf der Arbeit zu diskutieren sein.)

Die Arbeit ist ein radikaler/an die Wurzel gehender Beitrag zur heutigen Diskussion um die Lebensbedingungen von Frauen im Land der Väter und Söhne und um die Bedingungen ihrer Freiheit.

MARY DALYS BEDEUTUNG IN DER FRAUENBEWEGUNG

Warum die Beschäftigung mit Mary Daly in einer soziologischen Diplomarbeit? Meine Arbeit trägt der Tatsache Rechnung, dass seit einigen Jahren[3] auch in der BRD die Auseinandersetzung mit Mary Daly geschieht: auf Frauenwochen, auf den Berliner Lesbenwochen (zur 3. Berliner Lesbenwoche im Herbst 1987 ist ihr neues Buch *Hexikon* vorgestellt worden), auf den Lesbenpfingsttreffen, in autonomen Frauenprojekten, in »Mary-Daly-Gruppen«, die es in vielen Städten (und natürlich auch auf dem Land) gab/gibt. Ihre analytischen Begriffe sowie ihre originellen Wortschöpfungen sind eingegangen in die Alltagsgespräche vieler feministischer Frauen. In der feministisch-wissenschaftlichen Literatur wird sie zitiert.
Innerhalb der US-amerikanischen Frauenbewegung ist Mary Dalys Philosophie einer Frauenbefreiung längst Bestandteil zahlreicher Werke; von vielen Namen möchte ich nur einige nennen: Adrienne Rich, Jan Raymond, Robin Morgan, Marilyn French, Barbara G. Walker – lesbische und heterosexuelle frauenbezogene Forscherinnen. Susan Griffin schreibt eingangs ihres Buches *Frau und Natur:* »Ohne meine Kenntnis von Mary Dalys Buch *Jenseits von Gottvater, Sohn & Co.,* das mir neue Gedankengänge eröffnet hat, wäre dieses Buch nicht entstanden.«[4]
Seit fünf Jahren beschäftige ich mich mit den Werken Mary Dalys. Nach unzähligen Diskussionen mit Frauen in Arbeitsgruppen, nach Vorträgen, die ich gehört oder selbst gehalten habe, nach Workshops sowie in Zweiergesprächen sind derart viele Ideen, er-Kenntnisse aufgetaucht und

---

3   Gemeint sind die 80er-Jahre.
4   Ebd., S. 12

er-innert worden, dass es eigentlich sinnvoller wäre und mir mehr entspräche, eine Arbeit zu schreiben über ein ausgewähltes Thema aus *Reine Lust*. Dass ich trotzdem keine Spezifizierung gewählt habe, liegt daran, dass es auf universitärer Ebene innerhalb der Gesellschaftswissenschaften in der BRD noch keine Arbeiten über Mary Daly gibt. Ich versuche hier den Weg, einige wesentliche Denkansätze darzustellen sowie diese durch eigene Untersuchungen zu explorieren.

Zur Person und Beschäftigung mit ihrem Werk

Prof. Dr. Dr. Mary Daly, Studienzeit in USA und der Schweiz, promoviert in Theologie und Philosophie, lehrt am Bostoner Jesuiten-College feministische Philosophie. Ihr erstes Buch *The Church and the Second Sex,* 1968 (in Deutsch: *Kirche, Frau und Sexus,* Freiburg 1970), bezeichnet sie im Vorwort von *Gyn/Ökologie* als reformistisch und 1975 von ihr selbst »respektvoll widerlegt«. Den endgültigen Ausstieg aus der Theologie markiert ihr zweites Buch *Beyond God the Father* (in Deutsch: *Jenseits von Gottvater, Sohn & Co. – Aufbruch zu einer Philosophie der Frauenbefreiung,* 1980). Die Institution Kirche entzieht ihr die Lehrerlaubnis für katholische Theologie; eine Entlassung vom Bostoner College konnte nach monatelangen Protesten und Demos von StudentInnen verhindert werden. Mit ihrem dritten Werk *Gyn/Ecology. The Metaethics of Radical Feminism,* 1978 (in Deutsch: *Gyn/Ökologie. Eine Meta-Ethik des radikalen Feminismus,* 1981) gewann Mary Daly eine breite Leserinnenschaft über theologische Kreise hinaus innerhalb der bundesdeutschen Frauenbewegung. Sicherlich gehört Mary Daly seit diesem Buch zu den exponiertesten und umstrittensten Theoretikerinnen der feministischen Bewegung auch hierzulande; m. E. ist sie die Bedeutendste.

Eine Durchsicht der letzten vier Nummern (Nr. 17-20) der Zeitschrift *beiträge*[5] bestätigt die Tendenz der zunehmenden Beschäftigung mit Mary Dalys Werk:

In *beiträge,* Nr. 17, Hefttitel: »Neue Heimat Therapie«, führen die Autorinnen Annedore Prengel und Ute Wirbel in ihrem Artikel »Abschied von der

---

[5] beiträge zur feministischen theorie und praxis, hg. vom Verein »Sozialwissenschaftliche Forschung und Praxis für Frauen«, Köln

Abhängigkeit – Zur historischen und biographischen Entmachtung der Frauen« Dalys Untersuchungen in *Gyn/Ökologie* an.

Im gleichen Heft findet sich Vera Werners Artikel: »Krankheit als Chance – Selbsterfahrung zwischen Leben und Überleben«. Ihr Literaturverweis: *Gyn/Ökologie*.

In *beiträge,* Nr. 18: »Politik. Auf der Spur – gegen den Strich« übernimmt der Artikel von Barbara Holland-Cunz »Patriarchaler Biozid – feministische (Kultur-) Revolution?« Dalys Begriff des Biozids. Sie schreibt:

»Dennoch besteht nicht nur Grund zu resignativer Hilflosigkeit: unser gesammeltes Wissen, auch die früher programmatische Theorie, kann für die jetzt notwendige Debatte sehr hilfreich sein. Wir können auf vielfältiges Material zurückgreifen ... müssen nicht beim Nullpunkt neu beginnen. Momentan fehlt es an konkreten Vorschlägen.«[6]

Und sie merkt an:

»Doch was spricht gegen Vorschläge anstelle von Befehlen? Vgl. auch Daly 1981 und 1986: Spinnen und Spiralen in die Metamorphosphären.«[7]

Im gleichen Heft schreibt Cornelia Giebler in »Institution der Empörung – Zum Verhältnis ›Bewegung‹ und ›Institution‹ am Beispiel der Frauenforschung« über die Neuzeit:

»Es ist nicht mehr nur ein männlicher Gott, der die Welt erschuf und Gesetze, Regeln des Zusammenlebens bestimmt. Es entsteht der männliche Herrscher/Patriarch, der sich Natur und Gesellschaft untertan macht und *lebenszerstörend die zweite Natur herstellt.*«[8] (Hervorhebung von Eveline Ratzel.)

Ihre Literaturangabe: *Jenseits von Gottvater, Sohn und Co.* und *Gyn/Ökologie*.

Ebenfalls in diesem Heft polemisiert Veronika Bennholdt-Thomsen in ihrem Artikel »Geh zurück auf ›Los‹ – Gegen die männeridentifizierte Reaktion in der Frauenforschung« gegen Lerke Gravenhorst und bezeichnet deren feministischen Anspruch (m. E. sehr zu Recht) als

---

[6] beiträge, Nr. 18, S. 62
[7] Ebd., S. 63, Anm. 11
[8] Ebd., S. 71

»Etikettenschwindel ... wohlwissend, dass es selbst zumindest in der aufgeklärten männlichen Sozialwissenschaft inzwischen nicht mehr üblich ist, sich explizit von der feministischen Forschung abzugrenzen. Um wieviel weniger passt dies zu einer Frauenforscherin, und um wieviel mehr muss sie sich anstrengen, das zu verschleiern. Die Methoden dazu beherrscht Gravenhorst recht gut, aber sie sind spätestens seit ihrem Aufdröseln durch Mary Daly u. a. durchsichtig geworden. Sie bezeichnet sie als ›Umkehrung‹, ›falsche Polarisierung‹, als ›Irreführung/Umkehrung‹, als ›Einschüchterung durch Beschuldigung der Einseitigkeit‹, als ›zudecken des Ent-deckten‹, Schaffung von ›Pseudo-Gattungsbegriffen‹ usw. (Daly 1981, S. 28; S. 51; S. 69; S. 144 ff; S. 151 ff; S. 164 ff.)«[9]

In *beiträge,* Heft 19: »Politik – Zeit zum Streit« schreibt Barbara Böttger in ihrem Artikel: »Macht und Liebe, Gleichberechtigung und Subsistenz – Kein Ort. Nirgends«:

»Wieder andere Frauen entwickeln ihren eigenen Begriff von Politik, der weibliche spirutuelle Energien beschwört, ein Netzwerk zwischen schwesterlich empfindenden Frauen stiften will, sich aber dennoch nicht aus allen Institutionen heraushält (Daly 1982)«[10]

Im gleichen Heft schreibt die grüne Politikerin Regina Michalik in ihrem Artikel »Politik: das Leid mit einer Leidenschaft«:

»Was tun? Letztlich können wir nur die sein, die wir sind – in all der Unzureichlichkeit und Widersprüchlichkeit, wie sie bspw. Thürmer-Rohr beschrieben hat, aber auch in aller Nicht-ganz-so-Deformiertheit, in allem ›Mehr-sein‹. Letztlich ist dies unsere einzige Chance, positive Macht zu erlangen, indem wir wirklich sind, die wir sind. Mary Daly spricht von der Macht des Sei-enden, der Macht der Anwesenheit.«[11]

Michalik bezieht sich auf *Reine Lust* und übernimmt in ihrem Aufsatz stellenweise Dalys Schreibweise.

---
9 Ebd., S. 84 f.
10 beiträge, Nr. 19, S. 22. Böttger bezieht sich auf ein Gespräch zwischen Mary Daly, Magliane Samasow und Angela Lorent in der taz vom 21.10.1982: »The energy crisis is the crisis of female energy« sowie auf *Gyn/Ökologie.*
11 beiträge, Nr. 19, S. 92

In *beiträge,* Nr. 20: »Der neue Charme der sexuellen Unterwerfung« betiteln Heidrun Ehrhardt und Elisabeth Verbeet ihren Beitrag: »Den Feind beim Namen nennen – Sexuelle Gewalt gegen Mädchen« und beziehen sich auf *Gyn/Ökologie.*
Im gleichen Heft verwendet Ulrike Hänsch in ihrem Artikel »Zum Schweigen der Lesben – Die Lesbe als Gegen-täterin und Mit-täterin« den Daly'schen Begriff des »Sei-en« und merkt an:
> »Ich wählte hier die von Erika Wisselinck (in der Übersetzung von Dalys *Gyn/Ökologie*) neu geschöpfte Form des Wortes ›Sein‹. ›Sei-en‹ empfinde ich bewegter und aktiver als das mehr statische ›sein‹ und also passender zur Verdeutlichung meiner Absichten.«[12]

Ebenfalls in diesem Heft verwendet Sabine Kröner in ihrem Artikel »Technikfortschritt und weiblicher Körper im Sport« den Daly'schen Begriff der Nekrophilie und vertritt die These:
> »Die Nekrophilie (Daly 1981), also die Leichen- und Todesliebe der androzentrischen Gesellschaft, wird in ihrer sportspezifischen Variante überdeutlich ...«[13]

Diese kurze Übersicht verdeutlicht, dass Mary Dalys Analysen und Denkbegriffe in sehr unterschiedlichen Themen feministischer sozialwissenschaftlicher Forschung verarbeitet sind und sie demzufolge auf das Etikett »Theologin«, das sie selbst ablehnt, nicht eingrenzbar ist.

Reine Lust – Hauptthesen

Nach *Gyn/Ökologie* erschien 1984 *Pure Lust – Elemental Feminist Philosophy,* Beacon Press, Boston (auf Deutsch: *Reine Lust – Elementalfeministische Philosophie,* Frauenoffensive, München 1986, ebenfalls beeindruckend übersetzt von Erika Wisselinck).
Mary Daly schreibt im Vorwort:
> »Dies Buch erscheint in den achtziger Jahren – zu einer Zeit, in der Frauen und unsere Schwester, die Erde, und alle ihre Geschöpfe aufs Extremste gefährdet sind. Sie alle sind Zielscheibe der verrücktgewor-

---
12 beiträge, Nr. 20, S. 37 u. 48
13 Ebd., S. 120

denen Väter, Söhne und heilige Geister, sind Zielscheibe einer Auslöschung durch nuklearen Holocaust, oder, wenn dies nicht gelingen sollte, durch chemische Vergiftung, durch die Eskalation der alltäglichen Gewalt, durch von Menschen gemachte Hungersnöte und Krankheiten, die in einem Klima von Trugbildern und Seelenvergiftung wuchern. Im allgemeinen Kontext der Schrecken dieser Dekade sehen wir Frauen uns in unserem Alltagsleben Kräften gegenüber, die darauf aus sind, uns zu zermalmen, uns zu erwürgen, uns zu zähmen und uns dahin zu bringen, dass wir uns gegen unsere eigenen lebenswichtigen Ziele wenden.

Doch zugleich setzen in dieser schrecklichen Zeit – die sie irgendwie voraus- und zurückgreifend, grenzüberschreitend durchleben/durchsehen, Tausende von Frauen alle Kraft daran, unsere Selbst und unsere Geschichte zu er-innern/wieder zusammenzusetzen und biophiles Bewusstsein zu erhalten und zu intensivieren. Haben wir einmal die tiefe Freude frauen-identifizierter Bindung und Kreativität erlebt, wollen wir nicht mehr zurück.«[14]

Diese Einschätzung der aktuellen Situation durchzieht das ganze Buch – m. E. noch dringlicher als in *Gyn/Ökologie* –, mit den Fragen befasst nach Wegen der Lebensmöglichkeiten, die Frauen heute dramatischer stellen. Mary Daly setzt sich analytisch mit den »Schrecken dieser Dekade« auseinander, indem sie den schon in *Gyn/Ökologie* ausgearbeiteten Begriff der Nekrophilie (Lebenshass) weiterführt.

Ihre Thesen: Die patriarchale Sado-Gesellschaft zerstört zunehmend alle biophilen (lebensbejahenden) elementaren Bestrebungen in Frauen und in der Natur und ER-schafft eine künstliche, Leben erstickende und vernichtende Welt.

Diese These untersucht Mary Daly auf drei Ebenen: 1. der Ebene der verstärkten Verbreitung frauenfeindlicher Archetypen wie der »Großen Mutter« durch die patriarchalen Mythoideologen; 2. der Ebene der durchtherapeutisierten künstlichen Verhaltensweisen von Frauen, für die Mary Daly die Begriffe »Plastik«- und »Bonsai«-Verhaltensweisen schafft; 3. der

---

[14] Mary Daly: Reine Lust, München 1986, S. 1

Ebene der Reduktion von Frauen auf inauthentisches »Dazugehören«, der identitätszerstörenden Sucht nach »Freunde haben« und der Feminisierung zu »bezaubernden« Frauen.

Bei der Analyse des patriarchalen Kontextes, unter dem Frauen der 80er-Jahre leben/nicht leben, kommt Mary Daly, wie das oben zitierte Vorwort verdeutlicht, nicht zum selben Schluss, den Christina Thürmer-Rohr aus ihrer Einschätzung – »Der abendländische Mann ist entlarvt, ist als Wertträger und Wertsetzer nicht mehr akzeptabel.« – zieht:

»Der vom Mann leergefegte Frauen-Raum ist öde, mythoslos, vorbildlos. Dies wahrzunehmen und auszuhalten ist die entscheidende Forderung an uns.«[15]

Die »Entlarvung des abendländischen Mannes« geschieht bei Mary Daly in dem Kontext – und das ist die zweite wesentliche These ihres Buches –, dass es ein verschüttetes, tiefes Elementales Wissen in Frauen gibt, das intuitiv und unmittelbar ist, das uns leidenschaftlich motiviert im Sinne von bewegt, unsere ursprüngliche Ganzheit zu er-innern. Unter den Bedingungen der den Vernichtungsstrategen unterworfenen Erde wirft sie die Frage auf nach dem Anders leben von Frauen, heute, ganz an-wesend in der Gegenwart, wobei Anders leben nicht (nur) Überleben heißt. Während Mary Daly die drei vorgenannten Ebenen mit »Vordergrund« be-Zeichnet, verdeutlicht sie ihre zweite These, indem sie über den Vordergrund der jeweiligen Ebenen hinaus den »Hintergrund« entwickelt: »Hinausspinnend« über den Vordergrund der Archetypen (1. Ebene) sucht Mary Daly das »Arche-Bild« der »Ur-Hexe«, der Qualitäten in der Ursprünglichkeit weiblichen Sei-ens (Archesphären); auf der 2. Ebene der Verhaltensweisen von Frauen be-Zeichnet Mary Daly die »vulkanischen« Tugenden und Leidenschaften des Hintergrundes der Pyrosphären; auf der 3. Ebene, den Metamorphosphären, die elementalen Frauenbündnisse, die Lust auf Glück, die Lust, dieses zu teilen, und daraus wachsend die Theorien und Verhaltensweisen einer metamorphosierenden Bewegung und Veränderung.

---

15 Aus meiner möglicherweise nicht ganz wörtlichen Mitschrift der Rede von Christina Thürmer-Rohr: »Feminismus und Moral« während der Tagung »Frauenpolitik und feministische Utopie«, Juni 1986, Bielefeld, an der auch Mary Daly teilnahm.

Kritik

Was Mary Dalys erste These betrifft, so vollziehen immer mehr feministische Forscherinnen und »Politikerinnen« ihre Kritik der patriarchalen Gesellschaft nach und beurteilen sie überwiegend positiv, halten sie für nützlich. Was ihre zweite These anbelangt, so scheiden sich die Geistinnen. Ist sie vielen Feministinnen inspirierende Quelle eigener Untersuchungen/Lebensweisen (ich hoffe, meine Arbeit ist ein Beispiel), so konzentrieren andere ihre Hauptkritik auf diese These. Die Schwerpunkte der Kritik sind: Mary Daly teile die Welt dichotomisch in »gut = weiblich« und »böse = männlich« auf, der Biologismus-Vorwurf sowie der Vorwurf des Prophetinnentums.

Heide Soltau schreibt in der *taz:*

»Mary Daly ist eine große kreative Frau. Ihre Bücher schärfen die Sinne und sensibilisieren für die vielfältigen Formen der Unterdrückung, denen Frauen seit Jahrhunderten ausgesetzt sind. Die Bücher sind für jede Frau eine Herausforderung. Dennoch bleibt die Kritik. Die Hoffnung auf autonome Räume und die Metamorphosphären entpuppt sich dann als schöner, aber kindlicher Traum derer, die sich der Realität verweigern.«[16]

Problem der Darstellung

Mary Dalys Analysen und Wortschöpfungen sind witzig, ur-komisch/gnomisch, voller Symbole und Metaphern, rigoros im Verlassen der gewohnt gewohnheitsmäßigen, »warmen und trockenen« Wissenschaftssprache. Lustvoll und inspirierend für mich als Leserin, jedoch schwierig bis gar nicht vermittelbar in einer wissenschaftlichen Sprache, deren Tradition dem Credo einer rationalistisch-mechanistischen Weltauffassung seit der Renaissance verpflichtet ist.[17] Diese Arbeit versucht, zwischen diesen Polen zu oszillieren.

---

16 Heide Soltau: »Abschied von der Sado-Gesellschaft«, in: taz vom 7.7.1986
17 Vgl. dazu Carolyn Merchant: Der Tod der Natur, München 1987

Philosophische Zu-Ordnung

Bei allem Zögern, Mary Daly in eine Denktradition, die nicht ausschließlich frauenidentifiziert ist, pressen zu wollen/können, sehe ich ihr Werk am ehesten in der Tradition des Vitalismus, wie ihn Paracelsus 1570 in seiner Schrift »Archidoxis« als Elementetheorie entwickelt. Mary Daly, die bemerkt, dass Paracelsus sein Wissen und wohl auch seine Begriffe von heilkundigen Frauen hat, arbeitet in *Reine Lust* mit den paracelsischen Vorstellungen. Merchant schreibt dazu:

> »Als Philosophie der Natur war der Vitalismus in seiner monistischen Form grundsätzlich unausbeuterisch. Er lehrte, dass es in allen Dingen Leben als Abstufung einer Seele gab, verwarf die strenge Unterscheidung zwischen Materie und Geist, postulierte eine die Natur durchdringende immanente Wirkungsmacht und bezeugte Ehrfurcht vor der nahrungsspendenden Funktion der Erde; dies alles führte ihn zu einer Ethik des inneren Wertes alles Lebendigen.«[18]

Die Philosophin Anne Conway (1631-1679), nach Merchant die vehementeste Vertreterin des Vitalismus und gründliche Kennerin der mechanistischen Ideen[19], gründete ihr Eintreten für die vitalistische Philosophie

> »auf metatheoretische Vorentscheidungen. Ihre Philosophie gehört in eine nach-cartesianische Wissenschaftstradition, die mit der Annahme arbeitet, das Lebendige und das Nichtlebendige stellten zwei grundlegende Kategorien der Realität dar.«[20]

Im Sinne einer solchen vitalistischen Tradition – die sich heute in einer holistischen holographischen Betrachtungsweise auszudrücken sucht[21] – sind Mary Daly'sche Denkbegriffe und -methoden sicher leichter verstehbar. Wie zu ihrer Zeit Anne Conway die rigoroseste Gegnerin des patriarchalen mechanistischen Denkens war[22] – ihre vitalistische Philosophie ist

---

[18] Ebd., Kap. 10: »Die Natur im Denken von Frauen. Anne Conway und andere philosophierende Feministinnen«, S. 242
[19] Die hier nicht dargestellt werden können, jedoch wohl bekannt genug sind, um vorausgesetzt werden zu dürfen; vgl. auch Merchant.
[20] Ebd., S. 252 f.
[21] Vgl. Robin Morgan: Die Anatomie der Freiheit, München 1985
[22] Anzumerken ist hier das große Verdienst Merchants, die von Wissenschaftshistorikern verschüttete Anne Conway ausgegraben zu haben. Conways wesentliche Gedanken wurden dem Vitalisten van Helmont zugeschrieben, ihr Name ausgelöscht.

aus feministischer Sicht Widerstands-Philosphie! – so gilt m. E. das Gleiche in der Gegenwart für Mary Dalys Philosophie. Dass die Auseinandersetzung mit ihrer Philosophie sich als schwierig innerhalb der heute geltenden Wissenschaftskriterien (s. Karl Popper, Max Weber) gestaltet, liegt vor allem am alles andere Denken niederwalzenden Siegeszug der in der Neuzeit entwickelten cartesianischen Wissenschaftsauffassung.

Fragen, Blicke, Versuche

Viele Fragen der feministischen Theoriebildung und Handlungspraxis werden in ihrer Komplexität durch unterschiedliche Perspektiven facettenartig diskutiert und gelebt. So manche der Fragen nahmen Schaden an dichotomischen Scheuklappen und aufgebauten Fronten unter Frauen. Auswuchernd in nichtssagenden Verallgemeinerungen, erweisen sie sich als träge und bio-logisch schwer abbaubar. Manche dieser Fronten sind gar ungelöst eingerostet; ad acta gelegt, schwelen sie unterschwellig weiter in emotionalem Missbehagen, in Vor-Urteilen und bandagierenden Festlegungen. Ich weiß nicht, wie viele Wege nach Rom führen – aber sicher gibt es viele unterschiedliche Wege, die Frauen in ihrem Drängen nach (Selbst-)Befreiung aus der patriarchalen Unterwerfung suchen, finden und in ihren Leben verwirklichen. Zu den meisten Fragen, die uns be-weg-en, hat Mary Daly Meinung bezogen und einengende Sichtweisen ausgedehnt. Dazu gehören Fragen wie:
– Was ist Feminismus bzw. Alibi-Feminismus?
– Wie kann frau die Verantwortung von Frauen am Fortbestehen der patriarchalen Unterdrückung analysieren und verhindern?
– Sind radikale Feministinnen notwendigerweise Lesben?
– Ist Feminismus vereinbar mit der Arbeit in patriarchalen Institutionen?
– Was soll der Separatismus-Vorwurf und was ist Separatismus?
– Wie kann das Patriarchat von uns überwunden werden?
– Was ist Spiritualität?
– Muss eine Kluft zwischen Spiritualität und »Realpolitik« bestehen – Häxe contra Realo-Frau?
– Woher rührt horizontale Gewalt unter Frauen?

Die vorliegende Arbeit kann weder auf alle diese Fragen eingehen noch den Anspruch geltend machen, alleinrichtig und ausreichend genug Mary Dalys Werk darzustellen und zu würdigen. Sie ist allenfalls der Versuch, auf universitärer Ebene einige wesentliche Aspekte Mary Daly'scher frauenidentifizierter Philosophie vorzustellen und anzuwenden. Sollte ich damit Frauen, die den Anderen Blick auf die Wissenschaft wagen, zur lustvollen Neugierde auf Vertiefung gereizt haben, würde mir das genügen.

EINLEITUNG

Die vorliegende Arbeit übernimmt strukturell die Einteilung in die drei Reiche/realms[23] der Archesphären, der Pyrosphären und der Metamorphosphären. Analysen, die Mary Daly in ihrem Buch *Reine Lust* vornimmt, werden dargestellt und erörtert.
Doch zuvor eine kurze Skizzierung der realms zur Sprache, zum Be-Zeichnen sowie zur Methodik von *Reine Lust*, zu den Reisegefährtinnen und zu den Knilchen.

Sprache

Zunächst zur Grammatik: Mary Daly schreibt in *Gyn/Ökologie* über »die Stimme des Passivs« und zitiert die Linguistin Julia Penelope (Stanley):
»Das Passiv und ihm verwandte Konstruktionen erlauben theoretisch das Auslassen der handelnden Subjekte dort, wo die Leserin das ausgelassene Subjekt im Kontext feststellen kann. Das handelnde Subjekt kann jedoch ... ausgelassen oder nie erwähnt werden in Zusammenhängen, wo dieses Auslassen als Berufung auf einen allgemeinen Konsens verstanden werden muss ..., so dass

---

23 Wegen des im Deutschen problematischen politischen Mitklanges des Wortes »Reich« sei hier zitiert aus Friedrich Kluge: Etymologisches Wörterbuch der deutschen Sprache, Berlin, New York 1975, S. 591. Gemeint ist in unserem Zusammenhang: »Das Wort Reich als unpolitische Raumbezeichnung ...; Reich ist ein vielschichtiges Raumordnungswort (wie Land)«.
24 Julia Penelope (Stanley): »The Stylistics of Belief«, Vortrag vor der Conference on College Composition and Communication, Anaheim, California, 4.-6. April 1974

der Hauptteil des Satzes mehr Gewicht zu bekommen scheint, als er tatsächlich hat. In anderen Fällen wird das handelnde Subjekt ausgelassen, um die für die Handlung Verantwortlichen zu schützen.«[24]
Das Auslassen des Kontextes sowie die Berufung auf einen allgemeinen Konsensus benutzen die Bediener einer patriarchalen Sprache, indem sie beispielsweise passive Adjektive einsetzen, wie in »unerwünschtes Verhalten«, oder durch Vermengungen von Passiv-Konstruktionen mit Pseudo-Gattungsbegriffen[25], wie Mensch, Leute, Personen. In *Reine Lust* geht es also darum, die Kontexte, innerhalb derer etwas geschieht, zu be-Zeichnen; beispielsweise den Kontext des Vordergrundes und des Hintergrundes, was ich noch erläutern werde.

Das Auslassen der handelnden Subjekte im patriarchalen Sprachge-/miss-brauch dient dem Auslöschen von Verantwortlichkeit durch den Verursacher. Machen sich Frauen an die Arbeit des Be-Zeichnens, so werden sie im patriarchalen Kontext durch Etikettierungen wie »männerfeindlich« irregeführt:

> »Trotz aller Beweise, dass Frauen als Projektionen Des Feindes angegriffen werden, fragen die Anschläger noch sardonisch: ›Glaubt ihr wirklich, dass Männer der Feind sind?‹ Diese Irreführung/Umkehrung geht so tief, dass Frauen – selbst Feministinnen – bis zur Selbsttäuschung eingeschüchtert werden: Sie werden die einzigen Unterdrückten, die sich zwar als unterdrückt beschreiben können, jedoch unfähig sind, den Namen des Unterdrückers zu nennen. Stattdessen beziehen sie sich vage auf ›Mächtige‹, ›Rollen‹, ›Stereotypen‹, ›Zwänge‹, ›Einstellungen‹, ›Einflüsse‹. Diese Liste könnte fortgesetzt werden. Der Punkt ist: Kein Verantwortlicher wird genannt – nur Abstraktionen.«[26]

In diesem Sinne werden in *Reine Lust* Verursacher be-Zeichnet. Weil bezeichnen eben mehr ist als eine grammatikalische Frage, sondern von eminent wichtiger Bedeutung sowohl zur Abwehr patriarchaler Aggression als auch zur Benennung der Akteurinnen und deren Handlungen auf

---

25 Nach Julia Penelope (Stanley) gibt es im Englischen keine Gattungsbegriffe; »Prescribed Passivity: The Language of Sexism«, Vortrag vor der South-eastern Conference of Linguistics, Nashville, Tennessee, 20.-21. März 1975. Nach Erika Wisselinck gilt dies auch für die deutsche Sprache.
26 Mary Daly: Gyn/Ökologie, S. 51

ihrer Reise durch die drei Reiche, schreibt Mary Daly bezeichnen groß. Sie führt zur Großschreibung aus:

»Ich verwende die Großschreibung aufs Großzügigste unregelmäßig. Sie soll das, was ich zu sagen habe, vermitteln/rüberbringen, statt sich an den Standardgebrauch zu halten. Da der unmittelbare Kontext eines bestimmten Gedankengangs Einfluss auf die Bedeutung der Wörter hat, die verwendet werden, fallen meine Entscheidungen für Großschreibung selbst im Verlauf dieses Buches nicht einheitlich aus.«[27]

Was Mary Daly mit Wörtern im Sinn hat, geht jedoch weit über die oben erörterten Fragen hinaus. Auch über die (Er-)wägungen/das Wägen innerhalb der feministischen Linguistik über Neutralisierung oder Feminisierung der Sprache.

»In ihrer Doppeldeutigkeit tragen/klagen Wörter Botschaften von der Tragödie der Frauen und allem wilden Sei-en, das in den patriarchalen Parametern gefangen gehalten ist. Daneben und darüber hinaus strahlen sie Wissen um ein uraltes Zeitalter aus, und sie lassen uns wissen, dass sie, die Wörter selbst, Schätze sind, die sich befreien lassen möchten, Vibrationen, deren Türen auf erwachende Ohren warten. Um die Gitter/Ketten der Phallokratie zu zerbrechen, müssen wir zu den strahlenden Kräften der Wörter durchbrechen, um, indem wir die Wörter befreien, unsere Selbst zu befreien.«[28]

Wenn die Sprecherinnen so »Elementale Verbindungen zwischen Wörtern und Quellen spinnen/atmen, überwinden und überschreiten wir den Verbizid, den Wörtermord der Zeiten.«[29]

Nehmen wir[30] als Beispiel das Wort Frau. Indem Monique Wittig sagt: »Ich bin keine Frau«, drückt sie m. E. den Schmerz, die Empörung und die Verachtung gegenüber diesem von-Männern-gemachten Wortgefängnis aus, das uns entfremdet und archetypisiert in der ewig femininen Rolle – ein Wort des Vordergrundes der Väter. Wenn wir das Wort Frau jedoch in einem anderen Kontext hören, etwa als Weise Alte, als Furie, Amazone

---

27 Mary Daly: Reine Lust, S. 46
28 Ebd., S. 12
29 Ebd., S. 30
30 Mit wir/uns sind immer Frauen gemeint, sofern ein benannter Kontext nicht anderes zu verstehen gibt.

oder Häxe, so be-Zeichnet das Wort eine wilde und lustvolle Frau – und das Wort selbst strahlt/atmet.
Um in angemessener Weise die Gynergie in *Reine Lust* be-Zeichnen zu können, erfindet, ent-deckt und er-innert Daly neue Wörter. Die strahlende Schönheit vieler Wörter, denen die Leserin staunend und wundernd begegnet, hat Frauen, wie ich weiß, nicht nur die Sprache wieder lieben gelehrt, sondern gleichzeitig das Leben lieben/das Leben liebend/atmend lebendiger gemacht.

Methodik

»Dies Buch steht in der Tradition des Methodozid, es ist also ein Werk über die Untersuchung wissenschaftlicher *errata*. Es gehört zugleich zum Prozess der kreativen Kristallisation der Erfahrung von Frauen. Aus patriarchaler Perspektive ist es daher, simpel und umfassend, ein Fehler.«[31]

Als Wortableitung zitiert Mary von erratic (ziellos, unstet): WANDERND, NOMADISCH sowie von erraticism: »eine unberechenbare, eigensinnige Handlung oder Neigung«.

Eine andere Bedeutung – und die wird auf phallische Fixierungen/Standards bezogen – von erratum ist: »ein Fehler (als Feststellung oder Druckfehler) in etwas Veröffentlichtem oder Geschriebenem«.

Die Reise durch die realms ist *spiralförmig;* sowohl durch das Land der Väter, des Vordergrundes, als auch durch das Frauenland des Hintergrundes. Das heißt, es kann kein dialektisches Denken von These und Antithese geben, das zielgerichtet nach neuer Qualität in der Synthese beider drängt. Dies wird im Verlauf der Arbeit deutlich zu machen sein an dem »Stoff«, aus dem Vorder- und Hintergrund gemacht sind. Spiralisierendes Reisen/Denken ist andererseits auch kein kreis(el)förmiges: ein Kreis schließt sich immer wieder, bis der Kreisel, von außen in Bewegung gesetzt, kippt. Dies markiert den hoffnungslosen Staat/Zustand (state) von im Patriarchat ge-/be-fangenen Frauen oder, mit Betty Friedan gesprochen, das »namenlose Problem«.

---
31 Ebd., S. 45 f.

Das Be-Zeichnen im elemental-feministischen Denken geschieht durch Symbole und Metaphern:

> »... die Notwendigkeit von Symbolen oder ›bloßen‹ Metaphern erwächst nicht aus irgendeinem Defizit oder Mangel im Bereich der abstrakten Begriffsbildung, sondern aus dem anspruchsvollen, rigorosen Charakter der Arbeit selbst.«[32]

Symbole haben teil an dem, worauf sie hindeuten. Im Gegensatz zu bloßen Zeichen eröffnen sie sonst verschlossene Realitätsebenen und schließen mit diesen korrespondierende Dimensionen und Elemente unserer Seelen auf.[33] Ohne Symbole kann sich Elementale feministische Philosophie nicht angemessen ausdrücken.

Metaphern beinhalten die Qualitäten von Symbolen und rufen darüber hinaus, wie Nelle Morton dargestellt hat, Handlungen/Bewegungen hervor, führen bei Zusammenstößen mit der gängigen Logik zu einer neuen Logik. Metaphern be-Zeichnen Veränderung und lösen damit Veränderung aus.

> »Wenn ich zum Beispiel schreibe, dass Frauen zweischneidige Worte als Labrys[34] verwenden, mit denen sie sich einen Weg durch die Irrgärten der von Männern-gemachten Mystifikationen hauen, dann ist das Wort Labrys kein statisches Symbol, es wird vielmehr mit einer umwandelnden Handlung assoziiert.«[35]

Metaphern tragen uns in die Reiche des *Metaseins.*

> »Metasein be-Zeichnet die Elementale Teilhabe an den Kräften des Seiens, und diese Teilhabe ist die Quelle der authentischen Zusammenschlüsse von Frauen.«[36]

Der Begriff des Metaseins bedarf eines näheren wortableitenden Bestimmens sowie einer inhaltlichen Orientierung:

> »Metasein kann auf vielfache Weise verstanden werden, da die Vorsilbe meta verschiedene Bedeutungen hat. Erstens steht meta für ›spätergeschehend‹. Dieser Aspekt ist wichtig, denn unter patriarchalen Bedingungen erlebt eine Frau das Wissen um die Teilhabe an

---

32 Ebd., S. 39
33 Vgl. zum Thema Susanne K. Langer: Philosophie auf neuem Wege, Frankfurt am Main 1984.
34 Labrys: Doppelaxt
35 Ebd., S. 40
36 Ebd., S. 41

den Elementalen Kräften des Sei-ens als existentiellen Durchbruch erst, nachdem sie begriffen hat, dass die Blockade ihrer Kräfte innerhalb der Phallokratie, also deren Verkürzung auf bloße Dinge/Wesen, unerträglich ist. Die zweite Bedeutung von meta, nämlich ›dahinter befindlich‹, ist ebenfalls wesentlich, denn die Ent-deckungen, die Lust-volle Frauen an unserem Sei-en machen, werden keineswegs als völlig neu empfunden. Indem sie die von Männern-gemachten Verdinglichungen des Sei-ens durchbrechen, treten Frauen in Reiche ein, die hinter diesen Verdinglichungen liegen – die Reiche unserer Urahnungen. Diese uralten Erinnerungen können Frauen aus dem von unserem eigenen Sei-en abgeschnittenen passiven Status der Dinge/Substantive herausbewegen.

Die dritte Bedeutung von meta, ›Veränderung an, Transformation von‹ folgt ganz logisch, denn Metasein ent-decken bedeutet, dass Leben, die in stagnierende Teilchen von Sein zerstückelt und eingefroren waren, transformierend freigesetzt werden. Da diese Transformation nicht ›ein für allemal‹ geschieht, sondern vielmehr ein fortlaufender Prozess ist, ist auch die vierte Bedeutung von meta, nämlich ›jenseits, transzendierend‹ wesentlich. Die Reiche des Metaseins sind Zeiten/Räume fortgesetzten Transzendierens von vorangegangenen Stadien des Abschüttelns jener Fesseln, die Frauen mit Leib und Seele als Zielscheibe phallischer Lust gefangenhalten.

Metaphern von Metasein erwecken die Musen, rufen in Musen Erinnerungen wach, die uns verwandeln, die uns in diese Reiche des dauernden Transzendierens versetzen. Sind sie erstmal etwas wach geworden, so erwecken Musen immer mehr Metaphern zum Leben. Wir leben in einem wahren Meer von schlafenden Metaphern.«[37]

Die Akteurinnen

Mary be-Zeichnet Akteurinnen mit
»machtvollen alten Wörtern, deren metaphorische Kraft unter dem Regiment des Phallizismus ›verblasst‹ ist ... Diese Worte haben ihre

---

[37] Ebd., S. 41 f.

Vitalität nicht wirklich verloren, doch wurden sie von Schuttbergen bohrokratischen Geschwafels zugedeckt.«[38]
Und hört neue/alte Bedeutungen hinein. Hier eine Auswahl: Häxen, Weise, Alte, Harpyien, Furien, Amazonen, Spinsters, Reisende, Näxen, Augurinnen, Brauweiber, Dykes,[39] Drachinnen, Dryaden, Parzen, Phönixe, Gorgonen, Mänaden, Musen, Najaden, Nixen, Gnome, Nornen, Nymphen, Ozeaniden, Oreaden, Orishas, Feen, stolze Spröde, Salamander, Schandmäuler, gewitzte Weibsen, fröhliche Schlampen (engl. Wantons),[40] Sibyllen, Sirenen, Wahrsagerinnen (im Sinne von Wahrheiten-Sagerinnen), Elfenkobolde, Prüde, Sylphen, Undinen, Viragos, Virgos, Webweiber, Zankteufel. Die tieferen Bedeutungen einiger der so Genannten werden im Text der Arbeit gezeigt, ebenso die Tätigkeitswörter und Eigenschaftswörter der Reisenden, die spuken, sprühen, spinnen, spiralen, wandern, wundern, wirbeln, taumeln, fließen, fliegen, beschwören, inspirieren und die vulkanisch, salamandrisch, epiphanisch, astral, archaisch, nag-gnostisch,[41] ungebärdig, ausgelassen, schlau, gerieben, erratisch sind. Und grundlegend *Elemental*. Eine Definition lautet:

>»charakterisiert durch äußerste Einfachheit, Natürlichkeit, oder ungehemmte oder ungezähmte Lebensenergie oder Kraft; nicht komplex oder kultiviert: ROH, PRIMITIV, FUNDAMENTAL, GRUNDLEGEND, IRDISCH.[42] Elementale feministische Philosophie ist roh (in einem natürlichen Zustand), primitiv (primär, ursprünglich), fundamental,

---

38 Ebd., S. 43
39 Dykes (in der englischen Umgangssprache Bezeichnung für Lesben): nach A. Mirriam-Webster: Webster's Third New International Dictionary of the English Language, Oxford 1976, S. 25 ist Dyke eine »Barriere, die einen Durchlass verhindert, die speziell gegen Unerwünschtes schützt, es ausschließt«.
40 Die letzten drei Be-Zeichnungen weisen die Übersetzerin Erika Wisselinck auf ansteckend-erheiternde Weise als eine aus, auf die diese Wörter zutreffen.
41 In der Anmerkung von Erika Wisselinck steht: »*nag-gnostic:* Mary Daly treibt hier ein Wortspiel mit ›agnostisch/Agnostikerin‹, was auch im Deutschen ungläubig/Ungläubige bedeutet. *To nag* bedeutet in der englischen Umgangssprache *herumnörgeln, keifen,* und *a naging wife* ist der gängige Ausdruck für die dauernd unzufriedene, auf ihrem Mann herumhackende Ehefrau (Leserinnen dieses Buches wundert es nicht, dass der *naging husband* natürlich kein gängiger Begriff ist.) Dem *nag* kommt lautmalerisch am nächsten ›jemandem auf die Nerven/den Nerv gehen: *nerven*‹. Ich habe mich entschlossen, das Verbum *nag* teilweise mit *nerven,* stellenweise auch mit *nörgeln* oder *drängeln* zu übersetzen, das Substantiv *nag* jedoch analog zu *hag* Häxe mit der Neuschöpfung *Näxe,* da ›die Nerve‹ oder Ähnliches für *the nag* zu scheußlich klingt. Die *nag-gnostic* wird demnach zu Näx-Gnostikerin. Lautmalerisch klingt hier das Adjektiv hart*näckig* an.« (Mary Daly: Reine Lust, S. 22)
42 Wenn Wortableitungen in Zitaten aus *Reine Lust* auftauchen, so immer, wenn nicht anders angegeben, aus A. Mirriam-Webster: Webster's Third New International Dictionary of the English Language.

grundlegend, und, ganz besonders, irdisch. Ihre klare Komplexität ist weit erhaben über jede konstruierte Simplizität. Elemental heißt auch ›Geist, Gespenst‹«[43]

Paracelsus, der sein Wissen von Hexen/Weisen Frauen hatte, sprach von Elementargeistern als den »Verwaltern des Prozesses der Elemente« und benannte diese als Gnome (Erdgeister), Undinen oder Nymphen (Wassergeister), Salamander (Feuergeister), Sylphen (Luftgeister).[44] Diese Bezeichnungen können als metaphorische Bilder dienen für die Verbindungen zwischen Frauen und den Elementen Feuer, Luft, Erde, Wasser. Undinen z. B., denen Mythen aus dem Keltischen zugrunde liegen, wurden vielfach von patriarchalen Schriftstellern ge-/miss-braucht, um frauenfixierende Archetypen zu konstruieren.[45] Welche wesentlichen Implikationen die Tatsache, dass diese Schriftsteller nicht kreativ er-funden haben, sondern Mythenklauer/Mythenmissgestalter sind, wird im ersten Teil der Arbeit breit erörtert werden.

»Elemental heißt auch ›ein erstes Prinzip: RUDIMENT (Anfangsgrund, Grundlage)‹. Wunderlustige Frauen sind darauf aus, erste Prinzipien zu begreifen. Da sie zutiefst spürt, dass das offiziell zugelassene Wissen in den falschen Geleisen läuft, verlangt es die Wilde Frau danach, zu den Anfängen, den Rudimenten, den ursprünglichen Fragen ihrer Kindheit, den Fragen ihrer von den Urahninnen herkommenden, zu ihrer Rasse gehörenden Erinnerungen – ihren Ur-Ahnungen – zurückzukehren.«[46]

Race/Rasse. Erika Wisselinck zitiert in ihrem Vorwort zur deutschen Übersetzung eine englische Bedeutung des Wortes aus *Webster's Seventh Collegiale Dictionary:* »Eine Klasse oder Art von Individuen mit gemeinsamen Merkmalen, Interessen und Gewohnheiten«. Selbstverständlich ist nicht der Rassenbegriff gemeint, der mit der Vererbungslehre eine »Theorie« des »Über- und Untermenschen« in nekrophiler Absicht verkündet.

---

43 Mary Daly: Reine Lust, S. 16
44 Vgl. ebd., S. 16
45 Vgl. dazu Elke Liebs Vortrag innerhalb der feministischen Ringvorlesung Germanistik, WS 86/87, Goethe-Universität Frankfurt am Main, zu Männerphantasien über Melusinen/Undinen.
46 Mary Daly: Reine Lust, S. 16 f.

Aus der aktuellen[47] politischen Praxis wissen wir zudem sehr wohl, dass der auf Vernichtung programmierte Hass der Rassisten/Neonazis sich frauenbewegte Frauen und vor allem Lesben sucht (ein Beispiel dafür ist ein Karlsruher Faschisten-Flugblatt: »Carolina Brauckmann, fürchte um Dein Leben: Auch eine Lesbe wird im Schornstein zu Rauch!«[48]).
Race bietet sich überdies im Englischen gut an wegen weiterer Bedeutungen. Mary Daly schreibt:

»Eine Hauptbedeutung von race ist ›die Tätigkeit des Vorwärtsstürzens: LAUFEN, RENNEN‹. Diese Definition beschreibt die Bewegung von Frauen, die unsere ursprüngliche/Elementale Lust wieder erlangt haben. Eine weitere Definition lautet: ›ein starker oder schneller Wasserstrom, der durch ein enges Bett fließt‹. Elementales Leben muss sich oft durch schmale Kanäle winden, denn im Staat der Geilheit sind die Wahlmöglichkeiten kanalisiert/beschränkt. Doch gerade unter diesen Bedingungen können Kraft und Zielgerichtetheit besonders intensiv werden. *Race* bedeutet auch ›eine schwere oder unruhige See; besonders eine, die durch das Aufeinandertreffen von zwei Strömungen entsteht‹. Diese Definition passt wirklich, denn die Rasse der Frauen ist wild und von den Gezeiten bestimmt, sie tost in Rhythmen, die elemental sind, die aus kosmischen Begegnungen hervorgingen.«[49]

Mary Daly benennt eine weitere Bedeutung:

»Wir entdecken unsere radikale frauenidentifizierte Unterschiedlichkeit/Vielfalt und weigern uns somit, in den Rennbahnen *(racetracks)* der Männer eingesperrt zu bleiben«, und merkt in der Fußnote an: »Eine dieser von Menschen/Männern-gemachten Rennstrecke ist natürlich der Rassismus. Wenn ich über die Rasse/das Rennen der Frauen schreibe, die am Rennen des Elementalen Sei-ens teilnimmt, dann be-Zeichne ich den aktiven Kampf, die Phallokratie zu überwinden und zu transzendieren – Phallokratie als jenes gesellschaftliche, politische, ideologische System, das sowohl den Rassismus und Genozid als auch Vergewaltigungsmentalität und Gynozid hervorbringt.«[50]

---

47 Gemeint sind die 80er-Jahre.
48 Flugblatt anlässlich einer Frauenveranstaltung im Karlsruher »Südstadtforum« mit der lesbischen Liedermacherin Carolina Brauckmann, 1983
49 Mary Daly: Reine Lust, S. 14
50 Ebd., S. 13

Das Patriarchat

Die Worte, Zusammenhänge, die Mary Daly hier findet, lehren uns viel vom spielerisch-ernsten Entwickeln von Bedeutungen. Sie geben soviel Licht zum Wundern und zum tosenden Gelächter und demonstrieren überdies, wozu ein gewitztes, fröhliches Schandmaul fähig ist – eine wahrhaft »fröhliche Wissenschaft« (die Nietzsche natürlich nicht kannte). Ich zitiere Mary Daly hier sehr ausführlich:

»Auf unserem Weg, den wir Wanderlustigen/Wunderlustigen Frauen zu den Grenzen des Übernatürlichen/Natürlichen, in die Reiche Reiner Lust weben, entdecken wir, dass wir die Fixer/Trickster abwehren müssen, jene giftigen Wesen, deren Programm es ist, unsere Bewegung einzufrieren/zu frustrieren. Dies sind die Beherrscher des Sadostaates, den wir auch den Staat der Langweiler nennen können. Denn es ist ein bohrender Schmerz, von der Bewegung des uns eingeborenen, uns bestimmten Glücklichseins – ja, bereits von der Bewegung auf dieses hin – abgeblockt zu sein. Die Vereinigten Großen Brüder des Reiches der Bohrtürme demonstrieren täglich, wie unfähig/impotent sie sind, über Erscheinungen, die lediglich Darstellungen phallischer Lust sind, hinauszugelangen. Unfähig ganz zu sein, versuchen die von dieser Lust Angetriebenen überall Löcher[51] zu finden, um in eine innere Realität zu penetrieren/hineinzustechen, die sie gern zerstören möchten, aber noch nicht einmal finden können.

Dieser Zwang, überall zu bohren *(to bore)*, langweilt *(bores)* Lustvolle Frauen. Die Institutionen der Langeweile/des Bohrtums – seine Medien, Schulen, Industrie, Vergnügungen, Religionen, Regierungen, Kultur – sind dazu programmiert, die Viragos unter Kontrolle zu halten, sie mit Mitteln bohrokratischer Pedanterie und Verschleierungen in die Grenzen der Bohrokratie einzusperren. Geheimnisvolle Frauen schnarchen bei den Langweilertreffen der Brüder, durchschauen die geilen Führer als Vorsitzende der Gelangweilten.[52]

---

[51] Erika Wisselinck merkt an: »Unübersetzbares Wortspiel: *unable to be whole (they) attempt to find boles everywhere ...*«; ebd., S. 33

Angesichts dieser Situation der Stag-Nation verspüren Elementale gewitzte Weiber und Furien das dringende Bedürfnis, unsere gestohlenen Flammen wieder-zu-be-Zeichnen/wieder für uns zurückzufordern, den prometheischen Diebstahl des Feuers rückgängig zu machen, unser verwüstetes Begehren wiederzuerlangen.

Diejenigen, die dies Wiedererlangen unserer Gynergie gern verhindern würden, die Geister/Ghule, die unserer Bewegung den Tod wünschen, sind *snools*. Das Substantiv *snool* bedeutet (schottisch) ›ein kriechischer, unterwürfiger Mensch‹. Es heißt auch ›ein fader, gemeiner, verächtlicher Mensch, von schäbiger, kleinlicher Gesinnung‹ (O.E.D.). In der Sadogesellschaft regieren die *snools,* sie sind die Regel.[53] Die gespaltene Persönlichkeit dieser Charaktere – Mitglieder der Schauspieltruppe, die die Bohrokratie beherrscht und legitimiert – wird durch die Definition des Verbums ›to snool‹ enthüllt. Dies bedeutet einerseits ›zum Gehorsam zwingen: EINSCHÜCHTERN, SCHIKANIEREN‹ und andererseits ›KRIECHEN, SICH DUCKEN‹. Snools/Knilche sind eine Kombination aus Sadismus und Masochismus, die stereotypen Heiligen und Helden des Sadostaates.«[54]

»Die knilchigen Akteure/Schauspieler stützen den Sadostaat und werden von ihm gestützt. (Ronald Reagan ist ein Musterbeispiel.) Ihre Handlungen, Rollen, Inszenierungen und endlosen Wiederholungen sind auf viele Weise frauenmörderisch, dazu gehört nicht zuletzt, dass sie so etwas wie Deck-Erinnerungen in die Welt setzen. Deckerinnerung ist ›eine vorgestellte oder wirkliche Erinnerung an die frühe Kindheit, deren Wichtigkeit in der Erinnerung überbewertet oder auf andere Weise verzerrt wird und so dazu beiträgt, dass damit eine andere Erinnerung von tiefer emotionaler Bedeutung unterdrückt wird‹. Die Bühnen und Bildschirme des Vordergrunds der Väter, des Staates/Zustandes von Erfundenem/Erdichtetem überschütten uns

---

52 Erika Wisselinck merkt an: »Hier speziell einige Kostproben aus den Spielen mit *bore/boredom* Langeweile/Bohrtum (der Bohrturm weiter oben ist eine Kapriole, die die Übersetzerin sich nicht verkneifen konnte): *bore-ocracy* statt Bürokratie/ Bohrokratie; *Bored Meetings* statt *Board-Meetings* Vorstandssitzungen, hier: Langweilertreffen; *Chairmen of the Bored* statt *Chairmen of the Board* Vorstandsvorsitzende, hier: Vorsitzende der Gelangweilten.« (Ebd.)

53 Erika Wisselinck merkt an: »Unübersetzbares Wortspiel: *In sadosociety, snools rule, and snools are the rule.*« (Ebd.)

54 Ebd., S. 32-34

mit schrecklichen und mörderischen Gestalten/Formen. Diese stellen eine Masse von Menschen(Männern)-gemachten aufgeblasenen mumifizierten ›Erinnerungen‹ dar[55], mit denen die aus uralten Zeiten kommenden Anderen Erinnerungen, die von tiefer Emotionaler Bedeutung sind, unterdrückt werden.«[56]

Nach einer Aufzählung verschiedener »Knilchformen« wird einigen von ihnen besondere Aufmerksamkeit/Erklärung gewidmet:

»*Fixer*[57] haben eine wichtige Funktion, nämlich weibliche Wut zu fixieren *(to fix)*. Die Untersuchung des Verbums *fix* gibt uns wichtige Informationen über die Taktik von Fixern. *Fix* kommt vom lateinischen *fixus,* das Partizip von *figere,* fest anschlagen, befestigen (z. B. Kruzifixus, AdÜ). Seine Wurzel deutet also auf vielfältige Möglichkeiten hin, wilde Frauen phallisch zu fixieren. Die Definitionen von *fix* erfüllen dies Versprechen. Es bedeutet ›etwas eine endgültige oder dauerhafte Form geben: etwas definitiv und abgeschlossen machen‹. Es bedeutet ›etwas unbeweglich und fest machen‹. Es bedeutet ›etwas so behandeln, dass eine Bedingung/ein Zustand permanent wird‹. Es bedeutet ›töten, härten oder konservieren (Organismen oder frisches Gewebe beispielsweise) für mikroskopische Untersuchungen oder zu anderen Zwecken‹.

Fix bedeutet auch ›etwas (eine Eigenschaft, eine Qualität, eine Besonderheit) durch Zuchtwahl stabilisieren oder dauerhaft machen‹. Es bedeutet ›FESTMACHEN, BEFESTIGEN, ANBRINGEN‹. *Fix* heißt ›festhalten: FANGEN‹. Es heißt: ›KASTRIEREN, STERILISIEREN‹. Es heißt ›den entscheidenden Verteidigungsapparat entfernen (zum Beispiel bei einem als Haustier gehaltenen Stinktier)‹. *Fix* heißt ferner ›ein Ergebnis (eines Wettkampfes) durch Bestechung oder andere fragwürdige Methoden zu entscheiden‹. Es heißt ›im Vorhinein manipulieren (ein Pferd, das ein Rennen verlieren soll)‹. Es heißt ›mit jemandem quitt werden: STRAFEN‹. Eine Definition von *fix* als intran-

---

55 Erika Wisselinck merkt an: »Kostprobe Original: ... *a mass of man-made magnified, mummyfying ›memories‹* ...« (Ebd., S. 35)
56 Ebd., S. 34 f.
57 »Obgleich dieses Wort im Deutschen zunächst auf die Drogenszene beschränkt scheint, ist es doch plastisch genug, um auch in der deutschen Form die von Mary Daly beabsichtigten Bedeutungen aufzunehmen«, merkt Erika Wisselinck an. (Ebd., S. 36)

sivitives Verbum deutet auf die Ergebnisse hin, die die tödliche Arbeit der Fixer beim Verhalten von Frauen erzielt. Denn da heißt *fix* ›sich auf Dauer niederlassen oder bleiben; aufhören zu wandern‹.

Dies Aufgebot an Definitionen enthüllt also die billigen Strategien der Fix-Master, die dauernd dabei sind, Leben einzufrieren, Elementales Sei-en ortsfest zu machen, ihm ständig, ›Schüsse‹ *(Fixes)* zu verpassen, es unbeweglich, fest/stur, getötet, gehärtet, konserviert, verteidigungsunfähig zu machen, es nach Auswahl zu züchten, festzumachen, zu fangen, zu kastrieren, zu bestechen, zu manipulieren – damit wir auf immer aufhören zu wandern. Dies ist der Status/Zustand der Dankbaren Toten.

Der Plan der Fixer ist, die Fixokratie auf immer zu etablieren. Die weiblichen Bewohner dieses idealen Staates sind, wenn alles ›gut‹ geht, ins Mark getroffen, festgenagelt, für immer an die Beschränkungen der berührbaren Kaste gefesselt. Ehe sie dies Endstadium – die Glückselige Spaltung der Frauen, welche die Verschmelzung mit den Fixern bedeutet[58] – erreichen, sind Frauen einer Unzahl von Prä-Fixen (etwa: vorbereitende Fixe, Wortspiel mit *prefix* Vorsilbe) unterworfen. Dazu gehören künstlich hergestellte Emotionen, unwirkliche Erinnerungen. Angefüllt mit solch angefixten Gefühlen, angefixten Ideen werden die vorgefixten Frauen immer fiktiver, sogar sich selbst gegenüber. Ohne es zu wissen, sind sie im fixokratischen Haus der Spiegel gefangen.

Zu den Helfershelfern, die zum glatten Funktionieren der Fixokratie gebraucht werden, gehören die Schwänze, Schwengel, Säcke und Exhibis, die Frauen und Mädchen eingeschüchtert halten. Notwendig sind auch die Fälscher, Blender, Betrüger und Werbefifis, deren Job es ist, Täuschungen/Wahnbilder herzustellen und zu verbreiten. Die schwerere Arbeit übernehmen die Gänger, Schlitzer und Schläger. Schläger gehören zu den gröberen knilchigen Inkarnationen. *Plug-ugly* (Schläger) wird definiert als ›Mitglied einer Bande von unordentlichen

---

[58] »Unübersetzbares Wortspiel: … *Beatic fission of women, which is fusion with the fixers – Beatic fission* steht in Alliteration zu *Beatic Vision* die glückselige Schau; *fission* ist Kernspaltung, Atomspaltung, *fusion* ist Verschmelzung, Kernfusion«, merkt Erika Wisselinck an. (Ebd., S. 37)

respektlosen Rohlingen, oft bei der Ausübung von politischem Druck oder Einschüchterung aktiv‹. Das Wort *unordentlich* hat in diesem Zusammenhang natürlich nichts mit der wahren Wilden Unordnung zu tun. Es beschreibt die für Knilchigkeit charakteristische Brutalität. Insofern gehören zu den Schlägern die alltäglichen Vergewaltiger, Kinderschänder, Zuhälter, Frauenprügler, Verstümmler, Mörder, Zerstückeler ebenso wie berufsmäßige Scharfrichter, als da sind jene Ärzte und Chirurgen, Politiker, Wissenschaftler und Militärexperten, die, um zu heilen, töten. Schläger leben in jedem bewohnten Teil dieses Planeten. Sie haben sich in Frauen und Natur hineinverstöpselt.

Neben anderen in der knilchigen Menge haben die Stecher *(pricker)* eine besondere historische Bedeutung. Ein Stecher ist natürlich jemand, der ›als Hexen Verdächtige‹ sticht, um ihre Schuld oder Unschuld zu beweisen‹ *(witch-pricker)*. Stolze Spröde wissen, dass in allen Bereichen des Patriarchats die Stecher allgegenwärtig sind. Sie sind Schleicher und Spanner. Sie sind Schnüffler *(snookers)*, denn *snook* heißt ›herumspionieren, besonders schnüffeln, seine Nase in etwas stecken‹. Sie sind Schleimer *(snudges)*, denn ein *snudge* ist ›ein schleichender, sich anwanzender Bursche‹.

Das sind sie also, die Herrscher im Reich der Knilche, das sind die Orte und Zeiten, wo die Luft erfüllt ist vom Blöken der Böcke, von den Witzen der Wichser, vom Gekohle der Geklonten, vom Schnüffeln der Schnüffler und Schleicher, von den lärmenden Paraden und Prozessionen der Pisser. Das also ist die Bockokratie/Sackokratie, der Staat supranationaler, supernatürlicher Errichtungen/Erektionen. Dies ist eine Welt, die nach den Bildern ihrer Schöpfer gemacht ist, und die sind ganz nach dem Vater geraten, der von der Bruderschaft der Glaubenslosen als Gott der Prahler, Gott der Hohn, und Gott der eilige Scheiß verehrt wird.[59]

Wir widerspenstigen fröhlichen Schlampen sind nunmehr vor den knilchigen Fallstricken gewarnt und fahren mit unserer wunderlustigen/weisheitswebenden heiligen Suche fort.«[60]

---

[59] Erika Wisselinck merkt an: »Hier wurde nach Alliteration, nicht nach Inhalt übersetzt. Dieser lautet: *God the flasher, God the stud and God the wholly boax.*« (Ebd., S. 38)
[60] Ebd., S. 36-38

Die Bewegung durch drei Sphären/Reiche

Zu allen drei Sphären/Reichen gelangt Mary Daly durch einen »Vordergrund«, den sie im ersten Reich, den »Archesphären«, als »Sadogesellschaft« bezeichnet. Daly untersucht dort Funktionsweisen und Charakter ihrer Legitimation. Ich werde versuchen, mit Gestalten aus der keltischen Mythologie die männer-gemachten Archetypen in ihrer fixierenden Funktion für Frauen darzustellen – und dies als eminent aktuelles politisches (»soziologisches«) Phänomen.

Im zweiten Reich/in der zweiten Sphäre (Pyrosphäre) geht es um die Handlungsebenen von Frauen, um Tugenden (erstmal ein »bohrend langweiliges Wort«), Leidenschaften. Hier konfrontiert Mary Daly mit Plastik- und Bonsai-Leidenschaften/Tugenden, mit horizontaler Gewalt unter Frauen, mit männergemachtem Pseudofeminismus und deren weder »süßen« noch »muthigen« Alibi-Frauen.[61] In Auseinandersetzung mit der klassischen Tugend- und Leidenschaftslehre (Thomas von Aquin) entwickelt Daly ihre Vorstellung von »vulkanischen« Tugenden und Leidenschaften »pyrosophischer« Frauen.

Im Vordergrund des dritten Reiches/der dritten Sphäre (Metamorphosphären) werden die eingepflanzten Wünsche nach Dazugehören, Freundehaben, Bezauberndsein untersucht.

Aus dem Hintergrund, wo es um die Metamorphose von »gezähmten Frauen zu wilden Hexen« geht und wo Mary Daly einige wichtige Fragen der feministischen Debatte aufgreift, werde ich ihre Thesen zu den Begriffen »menschliche Spezies«, Separatismus sowie ihre Kriterien des Feminismus darstellen und diskutieren.

---

[61] Meine Anspielung auf Rita Süßmuth

DAS WERK REINE LUST

Das erste Reich – Archesphären[62]

Vordergrund des ersten Reiches
Die Sadogesellschaft und ihre sadospirituellen Legitimatoren

Die Sadogesellschaft, die nach Daly auf Ansichten und Praktiken des Sadomasochismus beruhe, werde durch die Ideologen der Sadospiritualität begründet.

»Das Sadospirituelle Syndrom wird hier unter zwei Aspekten behandelt: erstens als phallische Flucht vor der Lust in phallischen Asketizismus, und zweitens als phallische Flucht vor der Lust in eine ›transformierte‹ Geilheit. Diese zweite Art geiler/lüsterner Flucht nimmt dreifaltige Form an: sie manifestiert sich durch das Sado-Sublime, durch Sado-Sublimierung und durch spirituelle Subversion mittels einer verführerischen Sado-Sublimination.«[63]

Als beispielhaft für den ersten Aspekt, also die phallische Flucht vor der Lust in phallischen Asketizismus, führt Daly einige Interpreten an, die da u. a. sind: Der Kirchenvater St. Hironymus (342-420), der, bleich vom Fasten, allein mit Skorpionen und wilden Tieren war, sich dennoch mitten unter tanzenden Mädchen wähnte, und dem die Feuer der Lust seinen kalten Körper verbrannten. Nicht anders ging es den Heiligen St. Antonius und Benedikt; Letzterer wälzte sich darob nackt in einem Dornbusch. Der Säulenheilige Simon, der 423 für 36 Jahre seine Säule bestieg, war der berühmteste Heilige im ganzen Orient.

»Könige und Kaiser krochen am Fuß seiner Säule im Staube, genossen, als seien sie kostbare Perlen, ›die Würmer, die von seinem Körper herabfielen‹ ...«[64]

Nach seinem Hinscheiden wurde die Säule in einer Kirche aufbewahrt, die von keiner Frau betreten werden durfte. Ähnlich unerquickliche Beschreibungen werden von Jesuiten geliefert, die in Erwartung ihrer

---

[62] Archesphären: »Das Strahlende Reich der Elementaren/Weiblichen Ursprünge« (nach Erika Wisselinck) aus Mary Dalys *Daly's Websters' First New Intergalactic Wickedary of the English Language*
[63] Mary Daly: Reine Lust, S. 51
[64] Herbert B. Workman: Evolution of the Monastic Ideal, Boston 1962, S. 42-43; zit. nach Mary Daly: Reine Lust, S. 52

Marterungen den Marterpfahl küssten. Die heiligen Massen asketischer Helden (die fromme Literatur ist voll von bluttriefenden Verherrlichungen der Sadospiritualität) sind überall zu sichten: Barrington Moore beschreibt »noch jüngst beobachtete Formen der Askese« der Hindus wie
> »das unablässige Emporhalten eines Armes, bis er atrophiert, das Geschlossenhalten einer Hand, bis die Fingernägel durch sie hindurchwachsen ...«[65]

Im Folgenden stellt Daly drei asketische Helden des 20. Jahrhunderts genauer vor: Mahatma Gandhi, Dag Hammarskjöld und Robert Oppenheimer. Gandhi, der laut seiner Autobiografie von »animalischer Leidenschaft« besessen war, schwor 36-jährig mit dem Gelöbnis der Brahmacharya allen fleischlichen Beziehungen ab, lehnte aber dessen Praktiken, z. B. keine Frau anzuschauen, ab. Er holte sich Frauen für Massagen und Bäder und ins Bett, um festzustellen, ob sinnliche Regungen in ihm wach wurden. Hatte er solche Probleme, versuchte er diese durch Fasten zu lösen. Derlei Praktiken rechtfertigte er mit religiösen Argumenten:
> »Wenn Krishna den Gopis (Milchmädchen) die Kleider auszog, zeigten diese, wie die Legende sagt, keinerlei Anzeichen von Scham oder vom Bewusstsein ihrer Geschlechtlichkeit, sondern standen vor dem Herrn in *hingerissener* Verehrung.«[66]

> »Gandhi war nicht in der Lage, die Obszönität dieses ›Reinheits‹-Ideals zu erkennen. Der Gedanke, dass diese Frauen spirituell vergewaltigt (›hin-gerissen‹) wurden, kam ihm überhaupt nicht ... Er also *floh* die Frauen nicht physisch, um dann um so mehr von Phantasien besessen zu sein, er vergrößerte vielmehr die Illusion der inneren Flucht, indem er die physische Nähe intensivierte.
> Tatsächlich geschieht hier Folgendes: unendliche Mengen weiblicher Energien werden in die phallozentrische Jauchegrube abgeleitet.«[67]

---

[65] Barrington Moore: Ungerechtigkeit in den sozialen Ursachen von Unterordnung und Widerstand, Frankfurt am Main 1982, S. 82; zit. nach Mary Daly: Reine Lust, S. 55
[66] Ved Mehta, Profiles: »Mahatma Gandhi and His Aposteles, Teil III«, in: The New Yorker, 24. Mai 1976, S. 51; zit. nach Mary Daly: Reine Lust, S. 56
[67] Mary Daly: Reine Lust, S. 56 f.

Die asketischen Selbstreflexionen des Dag Hammarskjöld, Generalsekretär der Vereinten Nationen, 1953-1961, dargelegt in seinem Buch *Markings* (dt.: *Zeichen am Weg*) nennt Daly »eine einzige Rhapsodie auf die Verdienste der Selbstverleugnung«[68]:

> »Dein Leben entbehrt jeglicher Grundlage, wenn du dich – in welcher Sache auch immer – von deinen eigenen Wünschen leiten lässt.«[69]
> »Du wirst in dem Ausmaß um das Leben wissen und von ihm angenommen werden, in dem du transparent wirst, – das heißt, insoweit du deine Fähigkeit entwickelst, dich als Selbstzweck auszulöschen und einzig noch als Werkzeug zu existieren.«[70]

Mary Daly bemerkt treffend, dass sich Frauen kaum »den Luxus derartiger Jammerei«[71] leisten konnten – sind doch Frauen von jeher durch das Patriarchat gehindert worden, ihr Leben von eigenen Wünschen leiten zu lassen und in die Rolle gepfercht worden, sich als Selbstzweck auszulöschen und einzig noch als Werkzeug zu existieren!

Robert Oppenheimer, »der Vater der Atombombe«, vertritt eine Variante des Asketizismus, dessen Implikationen heute in der nekrophilen Hochrüstungspolitik des final Countdown eines Reagan, Kohl etc., sichtbar ist: Er schreibt 1932, dass wir alles, was Disziplin weckt, unter anderem Krieg,

> »mit tiefster Dankbarkeit begrüßen sollten, denn nur durch diese Dinge können wir zumindest Objektivität erlangen, und nur so können wir *Frieden* finden.«[72]

Die »sadospirituelle Legitimation dieser Lust« offenbart sich in Oppenheimers Wahl des Decknamens »Trinity« (Dreieinigkeit) für den Atombombentest 1945; die Anregung dafür gab ihm die fromme Versteile von John Donne: »Schlag ein auf mein Herz, dreieiniger Gott«.[73] Rückblickend äußerte er zum Bau der ersten Atombombe:

> »Ich beurteile diese Dinge so: wenn man etwas entdeckt, was technisch hinreißend ist, dann macht man es erstmal, und erst nachdem

---

[68] Ebd., S. 64
[69] Dag Hammarskjöld: Markings, New York 1965, S. 93; zit. nach Mary Daly: Reine Lust, S. 62
[70] Dag Hammarskjöld: Markings, S. 156; zit. nach Mary Daly: Reine Lust, S. 63
[71] Mary Daly: Reine Lust, S. 64
[72] Robert Oppenheimer: Letters and Recollections, Cambridge 1980, S. 156; zit. nach Mary Daly: Reine Lust, S. 64 f.
[73] Vgl. Robert Oppenheimer: Letters and Recollections, S. 290; zit. nach Mary Daly: Reine Lust, S. 66

man seinen technischen Erfolg gehabt hat, beginnt man darüber zu diskutieren, was man damit tun soll. So war es auch mit der Atombombe. Soweit ich weiß, hat sich niemand dagegen ausgesprochen, sie zu entwickeln; erst als sie hergestellt war, kamen einige Zweifel auf, was man nun mit ihr anfangen solle.«[74]

Selbstverständlich gab es Stimmen, die sich dagegen ausgesprochen haben. Die jüdische Physikerin Lise Meitner, erste wissenschaftliche Assistentin des preußischen Berlins und Mitarbeiterin Otto Hahns, die vor den Nazis aus Berlin fliehen musste, wurde aufgefordert, am Bau der Atombombe mitzuarbeiten, lehnte dies jedoch ab.

Hahn bekam den Nobelpreis, Meitner nicht.

Daly folgert zu Oppenheimer:

»Diese durch und durch destruktive Ideologie ist phallischer Asketizismus, das heißt also, eine Folge jener Besessenheit/Aggression, die phallische Lust ist. Wenn wir diesen Geisteszustand mit körperlicher Krankheit vergleichen, dann können wir ihn etwa als *telische Dezentralisation* beschreiben – eine Bezeichnung für den Zustand eines Organismus, der sich schädigend gegenüber sich selbst verhält, der die Orientierung verliert, krank wird, autoallergisch reagiert.[75] Dieser Ausdruck trifft es jedoch nicht. Denn das Wort *telisch* besagt: es muss erst einmal das Gefühl einer biophilen Ausrichtung (*telos*) *vorhanden gewesen* sein, das verloren gehen konnte, und *Dezentralisierung* enthält die Vorstellung, dass es da einmal einen zentralen Punkt, eine Mitte *gegeben* haben muss. Sadospiritueller Asketizismus jedoch ist die Ideologie und das Verhalten jener, die keinerlei Anhaltspunkte dafür bieten, dass sie je einen biophilen Elementalen Zweck oder Mittelpunkt kannten. Wollen wir diesen Zustand beschreiben, so stehen wir vor dem Problem, wie das tiefe Geheimnis des Bösen in Worte zu fassen wäre. Worte benennen, was *ist*. Hier haben wir es jedoch mit jener Perversion des Geistes zu tun, die Anti-Geist/Anti-Materie, Nicht-Sein ist.«[76]

---

[74] Robert Oppenheimer zitiert in Robert J. Lifton: The Broken Connection, New York 1979, S. 425; zit. nach Mary Daly: Reine Lust, S. 65

[75] »Näheres zur telischen Dezentralisation von Organismen findet sich in David Bakan: Disease, Pain, and Sacrifice: Toward a Psychology of Suffering, Boston 1968, S. 31 ff.; Anmerkung von Mary Daly: Reine Lust, S. 527

[76] Ebd., S. 65

Die Fixierung von Frauen auf der Folie des sadospirituellen Syndroms – Pornografie, Masosadismus und aktive Mittäterschaft

In Dalys Diktion: Indem Frauen in der Sadogesellschaft aus zweiter/männlicher Hand geleitet werden durch Fabrikation Größter Lügen, zerstören die Phallokraten eine Kontinuität der Entfaltung weiblichen Bewusstseins und Selbstvertrauens, z. B. durch den Mythos vom Bösen, das weiblich sei. Eine dieser Größten Lügen ist das Dogma von der Realpräsenz Christi bei der Eucharistie. Um diese Lüge zu »schlucken«, indem mit Brot und Wein Christus persönlich »geschluckt« wird, muss jede authentische Wahrnehmung aufgegeben und das Doppeldenken eingeübt werden. Als Beispiel hierfür nennt Daly den »Transsexualismus«: in der Erscheinungsform eines männlichen Körpers könne eine »richtige Frau« stecken; mittels Operation könne die äußere Erscheinung der »Realität« angepasst werden.

Durch den Smog der vermittelten Wahrnehmung und durch Doppeldenken werden Verstand und Sinne von Frauen fixiert; sie sind gleich Gefolterten dankbar für jedes Körnchen Vernunft, das sie gleich »Hühnern« (eine beliebte Titulierung, die Männer für Frauen verwenden) aus den Händen der theologischen, wissenschaftlichen, medizinischen Folterknechte picken sollen.

> »Im Staat der bohrenden Langeweile ist solche Pseudo-Vernünftigkeit sehr gefragt, denn die Schmieranten/Werbefritzen dieses Staates haben einen Markt für Miniwahrheiten geschaffen.«[77]

Dankbar sollen Frauen sein für die Körnchen niedrige Arbeiten, Wahlrecht (= vor allem das Recht, Männer zu wählen), geschlechtsspezifische Arbeitsteilung, verblödende Freizeitunterhaltung[78]. Zur bohrokratischen Betrugsstrategie gehöre auch, dass gemäßigte Reformen für Frauen (Mary Daly nennt das Equal Rights Amendment – den Verfassungzusatz für Gleichheit) als »radikal, extrem« bezeichnet, dagegen – mein Beispiel – eine Öffnung der Bundeswehr für Frauen als »Emanzipationsfortschritt« zur beruflichen Gleichstellung von Frauen angepriesen wird.

---

[77] Ebd., S. 72
[78] Erholung im Sinne von Er-Hohlung (Lilian Friedberg)

In diesen Kontext gehört auch die *pornografische Lüge:* »Frauen wollen das.« »Das« soll heißen, Frauen verlangten nach Gewalt und Schmerz. Dass sich vergewaltigte Frauen beschmutzt fühlen und mit Schuldgefühlen reagieren, zeigt m. E. ebenso wie die Tatsache, dass solche Verbrechen in Medien und Gerichtssälen zu einem Kavaliersdelikt heruntergespielt werden, wie offen monströs und wie unterschwellig allen Frauen die pornografische Große Lüge »vermittelt« wird.

Daly weitet den Begriff der Pornografie über seine bekannte Bedeutung hinaus aus auf (pseudo-)wissenschaftliche Legitimierungen eines Eingreifens in die Natur bzw. eine Naturbetrachtung, die mit »Frau« assoziiert wird zum Zwecke der Be-Herr-schung.

Ich denke, der patriarchale Kontext von Frau und Natur und deren wissenschaftlich-pornografische Legitimierung ist weithin bekannt und durch die feministische Forschung gut belegt. Erika Hickel schreibt zur Mentalität der neuzeitlichen Naturwissenschaft:

> »Die traditionelle Analogie von Frauen und Natur findet sich auch bei Francis Bacon. Ganz so wie in seinen politischen Büchern über die Hexenprozesse sieht er in seinen naturphilosophischen Büchern die Natur in erster Linie als eine gefährliche, unberechenbare Hexe, der man alles Schlimme zutrauen muss und der man um jeden Preis, wie in der Inquisition, ihre Geheimnisse entreißen muss. Diese Geheimnisse lässt sie sich nur unter der Folter entreißen, und das Experiment sieht er als eine Folter der Natur.«[79]

Originalton Bacon:

> »Der Mann sollte keine Hemmungen oder Skrupel haben, ihre letzten Löcher oder Ecken zu betreten und in sie einzudringen, (»to penetrate«), wenn sein Ziel die Erforschung der Wahrheit ist (»inquisition of truth«).«[80]

Die Vergewaltigung von »Frau und Natur« des Sadoideologen und Hexenbrenners Bacon tritt heute, im sog. Zeitalter des »New Age«,[81] in der software-Form auf. Und wieder ist es eine der Größten Lügen, vor denen

---

[79] Erika Hickel: »Tod der Natur«, in: Wechselwirkung, Nr. 2, 1984, S. 34-37
[80] Zitiert nach Carolyn Merchant: The Death of Nature, Women, Ecology, and the Scientific Revolution, San Francisco 1980
[81] Bezieht sich auf die 80er-Jahre.

Rosemarie Rübsamen in ihrem Artikel »Der Wolf hat Kreide gefressen – bewahrt euer Misstrauen gegenüber der Wissenschaft!«[82] warnt. Christina Thürmer-Rohr schreibt über die New Ager:

»Auch in dieser heillosen Zeit erscheinen die professionellen Trainer des Vergessens und behindern das Zu-Ende-Denken und Zu-Ende-Fühlen ... Sie räumen treffsicher auf mit allem, was aussichtslos, hoffnungslos oder unklar aussieht ... Eine widerliche ›Versöhnlichkeit‹, die Aufforderung zu Konsens und Verschmelzung trabt hier im Gewand von Wissenschaft und wissendem Prophetentum daher ...«[83]

Thürmer-Rohr nennt Capra den »Starautor der Wende«, die anderen Genannten seine »Ghostwriter/innen« und bemerkt:

»Das muss man genau lesen: Nicht die Frauen werden es sein, die die Entwicklung zum Besseren tragen werden, sondern das feministische oder feminine Bewusstsein (Capra 1983, S. 11), die ›Verwirklichung weiblicher Prinzipien‹ (Lutz 1984, S. 105), die ›Yin-Perspektive‹, die die ›Begrenzung des alten Yang-Paradigmas hinwegfegen‹ wird (Ferguson 1983, S. 264) und dem Männer sich zunehmend aufschließen werden.

Bald sind wir alle im gleichen Flussbett! Die Synthese von Ökofeminismus und Ökophilosophie, die Ebnung des Flussbettes für die gemeinsame Bewegung wird von den wissenden Männern bewerkstelligt, die das weibliche Prinzip und die aus ihm fließenden Energien zulassen werden und in sich zur Reife bringen ... FRAUEN KÖNNEN BLEIBEN, WIE SIE SIND.«[84]

und folgert:

»Das schließt den Kampf gegen Unrecht und Untaten, die wir erkennen können, aus. Das pazifiert das Verhältnis zwischen Männern und Frauen. Das schließt ökologischen Scheinfrieden. Behalten wir also alle unsere Plätze. Sehen wir ein: Es gibt nicht Gegner und Anhänger, Dazugehörige und Abweichler, denn alle Gegensätze, ›gut‹ und ›böse‹ sind aufgehoben in dem großen Ökosystem, dessen Teil wir sind (Lutz 1984, S. 103) ... Frauen wird eine versöhnliche,

---

[82] beiträge zur feministischen theorie und praxis, Heft 12, 1984, S. 61
[83] Thürmer-Rohr: »Wendezeit – Wendedenken – Wegdenken«, in: beiträge, Nr. 12, 1984, S. 52
[84] Ebd., S. 54 f.

eine vereinigende, wiedervereinigende Weltanschauung aufgeredet, die mit großem Geschick allen ihren Versuchen in den Rücken fällt, sich von der gemeinsamen bzw. ergänzenden Sache mit Männern loszusagen. Es ist eine erneute Usurpation, eine erneute Beschlagnahme, In-Besitznahme, ein erneuter Zugriff und Würgegriff: mit sanfter Energie, nicht mit Gewalt.«[85]

Daly gibt ein Beispiel für die »bohrokratische Sicht der Natur«, personifiziert als »Gaia«, aus J.E. Lovelocks Buch *Unsere Erde wird überleben. GAIA – Eine optimistische Ökologie:*

»(Noch wichtiger ist,) dass die Entwicklung des *homo sapiens* mit seinem technischen Erfindungsreichtum und seinem unglaublich komplizierten Kommunikationsnetzwerk Gaias Wahrnehmungsbereich unglaublich vergrößert hat. Durch uns ist sie erwacht und sich ihrer selbst bewusst geworden. Sie hat den Widerschein ihres schönen Gesichts durch die Augen der Astronauten und die Fernsehkameras in den kreisenden Raumschiffen erblickt. Sie muss unser Erstaunen und Vergnügen, unsere Fähigkeit zu denken und zu spekulieren und unsere rastlose Neugier mit uns teilen.«[86]

Bohrend langweilig und obszön-pornographisch sowie banal-anmaßend offeriert hier Lovelock den Vergewaltigerstandpunkt, unterschwellig appellierend an die »romantische Liebe« des Wachküssens von Dornröschen durch den Prinzen – Reagans SDI-Küsse an den Weltraum.

»Mit Masosadismus soll die Dynamik der den Frauen im Sadostaat injizierten Störung be-zeichnet werden. Sie beginnt mit Zweifeln an der Gültigkeit des eigenen Sei-ens – das wird als Selbsthass erlebt – und weitet sich zum Zweifeln an der Gültigkeit des Sei-ens anderer Frauen aus. Dieser Zweifel findet seinen Ausdruck in horizontaler Gewalt. Teilweise äußert sich Masosadismus einfach nur in radikaler Passivität, in Unfähigkeit und im Widerwillen, gegen die eigene Unterdrückung und/oder die anderer Frauen Widerstand zu leisten. Teilweise wird er auch in unterschiedlichen Graden von

---

85   Ebd., S. 57 f.
86   Jim E. Lovelock: Unsere Erde wird überleben: GAIA – Eine optimistische Ökologie, München 1979, S. 211; zit. nach Mary Daly: Reine Lust, S. 75 f.

Intensität, Bewusstheit und Zerstörung ausagiert. Den Sadomasochismus hingegen sehe ich als ein grundlegend phallisches Phänomen, dessen eigentliches Ziel die Zerstörung des Anderen ist. Die Flucht des Mannes aus der eigenen Aggression/Obsession, sein masochistischer phallischer Asketizismus, ergibt sich aus der Erfahrung seiner Aggression/Lust.«[87]
Injektionen von Masosadismus bedeuten als Strategie gegen Frauen Bodengewinn für die phallische Lust und Reduzierung von Frauen auf Nicht-Sei-en; Mary Daly nennt das »ontologische Reduktion«.[88] So sollen Frauen an der moralischen Empörung gegen Gräueltaten, verübt gegen sie selbst oder gegen andere Frauen, gehindert werden, damit kein echter Zorn aufkommt und erst recht keine Handlungen gegen die Männer des Sadostaates.

Unter »Masosadismus als eucharistisches Phänomen der Sadogesellschaft« versteht Daly die Unfähigkeit, dem »Inneren« bei sich selbst und durch die Sinne vermittelten Ausdrucksformen – wie Sprache oder sichtbare und spürbare Gesten der Zuneigung – zu trauen, außer sie bringen Schmerz und/oder Demütigung mit sich.

»Keiner Beziehungstätigkeit – von der leidenschaftlichsten philosophischen, poetischen und musikalischen Sprache bis hin zur intimsten physischen Umarmung – darf geglaubt werden … Solches Verhalten entspricht dem Muster des eucharistischen Glaubens/Unglaubens, welcher verlangt, dass einer aus zweiter Hand erhaltenen ›Information‹ darüber, was ›hinter‹ oder unter den sogenannten Akzidentia oder Erscheinungen ist, blinder Glauben geschenkt werde. Eine solche intellektuelle Selbstverleugnung ist ontologisch obszön … Die Be-Zeichnung natürlicher, Elementarer Handlungen wird zu verkümmerten, besetzten Symbolen verkehrt … Die in einem solchen Szenario den Frauen zugewiesene Rolle ist archetypisch masosadistisch.«[89]
Auf solch sadostrategischem Boden gedeihe das Gelüst des sadospirituellen Mannes, die Integrität von Frauen zu knacken und ihre Mitarbeit bei diesem Schwindel zu erreichen – als *aktive Mittäterschaft*.

---

[87] Mary Daly: Reine Lust, S. 79, Anm.
[88] Ebd., S. 78
[89] Ebd., S. 80

> »In dieser betrügerischen Kette des psychischen Vampirismus verlieren wir den Hauptvampir – den sadistischen Fixer/Linker – aus den Augen, und die masosadistischen Zuhälterinnen/Blutsaugerinnen geraten immer mehr ins Blickfeld und werden dabei immer weniger fassbar. Die abhängigen, abgeleiteten, ausgesaugten und aussaugenden Opfer beschützen und tarnen Dracula selbst.«[90]

Dem sexuellen Masosadismus von heterosexuellen Frauen, kontinuierlich gefördert von pornografischen Medien *(Stern, Wiener, Cosmopolitan, Geschichte der O,* Videos entsprechender Machart usw.), hat sich ein lesbisches Äquivalent hinzugesellt: *Sapphistrie* von Pat Califia,[91] die sich in den USA als feministische, sexuell befreite Sadistin feiern lässt und sich für die US-Pornoindustrie stark macht, sowie ihre bundesdeutschen Jüngerinnen wie Monika Treut mit *Die grausame Frau* und *Mano destra* u.Ä. Mary Daly beschreibt den Zusammenhang zwischen dem pseudofeministischen sexuellen Masosadismus der achtziger Jahre und dem steigenden Konservatismus der Gesellschaft und nennt

> »ein Syndrom, das Andrea Dworkin als besonders charakteristisch für die rechtsgerichteten Frauen befand, nämlich ein zwanghaftes Bedürfnis nach ›Sicherheit, Schutz, Regeln, Formen und Liebe‹.«[92]

> »Ohne es zu ahnen, spielen masosadistische Frauen – im schicken ›zeitgenössischen‹ Stil – sehr alte Spiele, in denen sich Selbsthass und horizontale Gewalt ausdrücken. Die Belohnung für die Teilnahme am allgemeinen Spiel sind Sicherheit und Schutz (vor der Realität), Regeln und Formen (anstelle von Reiner Lust). Masosadistinnen gefährden das gynozide Establishment nicht, sie stützen es vielmehr.«[93]

Aktive Mittäterschaft von männeridentifizierten[94] Frauen durch Ausübung horizontaler Gewalt ist nicht auf masosadistische Sexualität und deren Legitimierung beschränkt. Männeridentifizierte Gewaltausübung durch Frauen an Frauen wächst auf dem Boden der Übernahme einer halbe-halbe-Verantwortung für alle patriarchalen Gräueltaten, die ihre Väter und Söhne

---

90 Ebd., S. 82
91 Pat Califia: Sapphistrie. Das Buch der lesbischen Sexualität, Berlin 1981
92 Mary Daly: Reine Lust, S. 87 f.; Daly zitiert hier Andrea Dworkin: Right-Wing Women, New York 1982, S. 22 f.
93 Mary Daly: Reine Lust, S. 88
94 Erika Wisselinck merkt an: »Unübersetzbares Wortspiel: *male-identification which is malidentification.*« (Ebd., S. 89)

taten, tun und weiterhin tun werden. Mit dieser Bürde am Hals ist ihnen jeder klare Blick aufgrund eigener/authentischer Wahrnehmungen getrübt bis verstellt, und sie reagieren wütend auf Frauen, die ihren Anderen Blick auf Vergangenheit und Gegenwart richten. Diese Wut äußert sich oft in irrationalen und hirnverstopfenden Etikettierungen. Ziel dieses Marionettenverhaltens ist die Auslöschung frauenidentifizierten Denkens und Sei-ens.

Ich möchte dies illustrieren anhand eines Vortrags über »Spiritualität und Politik«[95], an dem ausschließlich Frauen teilnahmen. Die vortragende Frau schilderte ihre feministisch-lesbischen Lebenszusammenhänge mit anderen Frauen und gab einen Einblick in ihre Arbeit mit Magie, Ritualen, Menstruationsblut, Untersuchungen über Eigenschaften von Uran. Eine Frau meldete sich zu Wort und sagte sinngemäß: Wenn sie »Blut« höre, denke sie sofort an Blut und Boden, an Naziherrschaft und Judenverfolgung – sie empfinde sich als Nachfolgegeneration des Nationalsozialismus. Eine Frau antwortete ihr darauf, sie sei nicht die »Nachfolgegeneration« des Hitlerfaschismus, sondern die Nachfolgegeneration jahrtausendalten Gynozids, der bis in die Gegenwart hinein Frauen mordet auf allen Ebenen. Die Juden werden immer dann in die Diskussion gebracht, wenn Frauen-Denken blockiert werden soll. – Was dann geschah, war »genau jene Atmosphäre von Irrationalität, Stigmatisierung und Hass, von der alle Frauen bedroht sind.«[96] Sie wurde wörtlich und in dieser Reihenfolge von einer anderen Frau als »faschistisch, rassistisch, biologistisch und sexistisch« (sic!) etikettiert, sie wurde in inquisatorischer Manier zum – wörtlich – »Widerrufen« aufgefordert, ihr wurde angetragen, »in ordentlichen Begriffen zu denken«.
Ich möchte folgende Fragen stellen: Wo bleibt die authentische (Selbst-)Wahrnehmung einer jungen Frau, die bei »Blut« den Gedanken an ihr eigenes Menstruieren nicht will, auch nicht an das durch Hexenstecher, Gynäkologen u. a. vergossene Frauenblut denken kann, sondern »sofort« an faschistische Ideologie, die angeblich durch Frauen vertreten werde? Ist es nicht in selbstbekennerischer Manier eine Übernahme von halbe-halbe-Verantwortung für die Gräueltaten des Holocausts? Und vor allem:

---
[95] Vortrag in der Frankfurter Frauenschule, 1987
[96] Mary Daly: Reine Lust, S. 89

Warum konnten diese Frauen an Judenmord denken, aber kein Wort über millionenfachen Frauenmord vertragen, der nach feministischer Deutung die Grund- und Vorlage jeglicher Gräueltaten bildet?[97]
Meine Antwort: Nach vollzogenem Abkappen der Eigen-/eigenen Wahrnehmung und Übernahme von Verantwortung für patriarchale Gräueltaten stempeln sie Frauen mittels Etikettierungen zu Sündenböcken und hasten zurück in die Pseudo-Welt der Universalismen, der Menschlichkeit an sich, die als die »reale Welt« den Frauen von den Mythen-Machern verkauft wird. Über diese »inauthentischen Formen des ›Dazugehörens‹«[98] wird gegen Ende der Arbeit noch die Rede sein.
Das soeben geschilderte Erlebnis (dort, wo Er »lebte«!) scheint mir symptomatisch zu sein für eine Tendenz in der Frauenbewegung hierzulande; die Sehnsucht nach Frauenstärke im Keim zu ersticken, indem sie denunziatorisch etikettiert wird als »faschistoid«. Ich meine damit Autorinnen aus der *EMMA*-Redaktion, die trotz empörter Leserinnenzuschriften nicht von Behauptungen ablassen wie: die »Dinnerparty«, das »Fest der 1000 Frauen« habe die Zeit des Nationalsozialismus ausgespart.[99]
Oder: Als Cover der *EMMA* 11/86 ist ein Photo von Hanne Horn zu sehen, das eine gerade vom Schwimmen gekommene, tropfnasse, lachend genießende Frau zeigt. Ingrid Strobl bemerkt dazu auf Seite 2 der Zeitung unter der Überschrift: »Freude durch Kraft«:

»Die neuen Vor-Bilder für Frauen sind stark. Gesund, sportlich, strahlend. Sieghaft. Das gab es schon einmal. Bei Leni Riefenstahl zum Beispiel. Wie kann es passieren, dass sich ein neues, selbstbewusstes Frauenbild faschistischer Ästhetik annähert?«

Auch diese gnaden-/grazien-lose Assoziation ist er-stickend er-füllt von dem Wunsch, Elementale Gefühle bei sich und anderen Frauen durch bösartige Labeling-Mechanismen zu etikettieren. Die feministische Rechtsan-

---

[97] »Die Judenverfolgung« wird im Schul- und Unidiskurs, aber auch in Frauendebatten auffällig geschlechtsneutral geführt und gerät damit für mein Empfinden oft zu Unwirklichem/Abstraktem. Jüdische Frauen und Mädchen wurden als Frauen und Mädchen vergewaltigt, misshandelt und gemordet, jüdische Männer und Jungen wurden in die »feminine Rolle« gepfercht von den phallischen Lust-Mördern.
[98] Ebd., S. 401
[99] Die »Dinnerparty«, ein Kunstwerk von Judy Chicago, in dem sie für Göttinnen und reale Frauen den deltaförmigen Tisch mit individuell gestalteten Tellern deckte, wurde 1987 in der Schirn in Frankfurt a. M. gezeigt. Ein Jahr zuvor veranstaltete Dagmar von Garnier in der Alten Oper in Frankfurt a. M. das »Fest der 1000 Frauen«, um auf das Kunstwerk aufmerksam zu machen und es nach Deutschland holen zu können.

wältin Barbelies Wiegmann (die auf dem »Fest der 1000 Frauen« Hildegard von Bingen sehr »real präsentierte«), schreibt dazu in einem Leserinnenbrief:

> »Ich denke, so geht es nicht weiter. Was und wie Ingrid Strobl über Frauen schreibt, wird immer schlimmer. Ich denke zum Beispiel an die Mütter nach Tschernobyl, an die 1000 Frauen der Dinner Party, und nun an die starken Frauen mit Kraft durch Freude in Emma Nr. 11. Konnte ich bisher meinen Zorn noch in geduldige Bahnen lenken, so bin ich nun hell empört: Das Foto der lachenden Frau von Hanne Horn mit Nazi-Frauen-Fotos so ohne Weiteres in einem Atemzug zu nennen, ist nur noch gemein. Ich persönlich freue mich mit ihr in diesem einen Moment, in dem sie sich und das Leben genießt. Wir verändern das Patriarchat nicht nur mit unserem Verstand, sondern auch mit unseren Gefühlen, mit unseren Körpern. Kostbar sind dabei die Augenblicke, in denen wir fühlen, wieviel Kraft in uns ist.«[100]

Ein Beispiel für »male-identification which is malidentification« (Männer-Identifikation ist Fehlidentifikation) zeigt Daly anhand Berichten über die UN-Frauenkonferenz in Kopenhagen Juli 1980. In einem Artikel im *Boston Globe* vom 1. August 1980 werden unter der Überschrift »Jenseits internationaler Schwesterlichkeit« die Ereignisse der Konferenz so beschrieben:

> »Sie (die Delegierten) diskutierten darüber, ob die Konferenz die Beschneidung von Frauen verurteilen solle. Einige fürchteten, eine solche Verurteilung werde jene afrikanischen und arabischen Länder, in denen der barbarische Brauch noch praktiziert wird, in ein ungünstiges Licht setzen. Einige meinten, so würde der Eindruck erweckt, dass die Industrienationen der Dritten Welt ihr Wertsystem aufdrängen wollten.
> Vielfach wurde Verwunderung darüber laut, dass eine Frauenkonferenz, besonders eine internationale Frauenkonferenz, in dieser Weise auf so vielen Ebenen auseinanderdividiert werden konnte ... Ganz sicher ist die UN-Konferenz eine Herausforderung für die naive Annahme, dass Frauen in einem politischen Vakuum existieren, wo

---

[100] Emma, Nr. 1, Jan. 1987, S. 62

eine gewisse internationale Schwesterlichkeit den Vorrang vor nationalem Eigeninteresse hat.«[101]

Phallische Flucht vor der Lust in transformierte Geilheit, im Namen des Sublimen, der Sublimierung und der Sublimation

»Unter den Definitionen für *sublime* (sublim) als Adjektiv finden wir ›erhaben in Konzeption oder Ausdruck‹ und ›mit der Tendenz, Ehrfurcht oder erhebende Gefühle zu erwecken‹.[102] Als Verbum hat *sublime* (sublimieren) eine für die Näx-gnostische Analyse besonders wichtige Bedeutung. Es heißt ›durch Erhitzen vom festen in den gasförmigen Zustand überführen und wieder zur Festigkeit erkalten lassen (viele Chemikalien ... werden sublimiert, um Unreinheiten auszusondern)‹.

Die Männer versuchen, ihre Unreinheiten auszusondern, indem sie sich in ›Gott‹ sublimieren, der ›sublim‹ ist und so erhaben/erhoben, dass er wirklich nirgendwo ist und mann deshalb von ihm behaupten kann, er sei überall. Die irdischen/überirdisch schauerlichen[103] Männer haben ihr Selbst-Bild verdampft und dann in das erhabene Erzeugnis Gott verfestigt/konkretisiert und benutzen nun dieses verfestigte und ›gereinigte‹ Produkt als Maske, um *Ehrfurcht* hervorzurufen. Die Maske des Sublimen, also des erhabenen ›himmlischen Vaters‹ wird immer dann vorgeführt, wenn Männer glauben, sie müssten sich als etwas ausgeben, was sie nicht sind. Bei den gegenwärtigen gesellschaftlichen Übereinkünften findet das eigentlich dauernd statt.«[104]

Das gewitzte Weib Virginia Woolf beobachtet:

»Der erste Eindruck kolossaler Größe und majestätischer Mauern zerfällt in Myriaden einzelner Punkte der Verwunderung. Eure Klei-

---

101 Zitiert nach Mary Daly: Reine Lust, S. 90. In diesem Zeitungsartikel wird vom Redakteur eine tatsächlich bestehende ernste Streitfrage zwischen Frauen montiert mit einer von seinem Wunsch getragenen Behauptung, internationale Schwesterlichkeit sei hinter nationales Eigen-(=Männer-)Interesse getreten. Dieser pauschalisierenden Schadenfreude sind die dort anwesenden Frauen entgegengetreten.
102 Mary Daly merkt hier an: »Wie ich bereits in der Einleitung erklärte, stammen alle Definitionen, soweit nicht anders gekennzeichnet, aus Webster's Third New International Dictionary of the English Language.« (Ebd., S. 95)
103 Erika Wisselinck merkt hier an: »Engl. *earthly/unearthly,* unearthly hat neben überirdisch/unirdisch noch die Bedeutung von schauerlich, unheimlich, unmöglich.« (Ebd., S. 96)
104 Mary Daly: Reine Lust, S. 95 f.

dung vor allem versetzt uns in sprachloses Erstaunen. Wie vielfältig, wie prächtig, wie außerordentlich reich verziert sie ist – die Kleidung, die der gebildete Mann in Ausübung seines öffentlichen Amtes trägt! Hier geht ihr in Violett; ein juwelenverziertes Kruzifix baumelt auf eurer Brust; hier sind die Schultern mit Spitze bedeckt; hier bepelzt mit Hermelin ... Nach der relativ einfachen Kleidung, die ihr zu Hause tragt, ist man vom Prunk eures öffentlichen Auftretens geblendet.«[105]
Und sie denkt assoziativ:

»Welcher Zusammenhang besteht zwischen der maßgeschneiderten Eleganz des gebildeten Mannes und der Photographie von Leichen und Häuserruinen? Die Verbindung zwischen Kostümierung und Krieg liegt auf der Hand; eure schönsten Sachen tragt ihr als Soldaten.«[106]

Es ist längst Wissen von Feministinnen, dass der »alltägliche Krieg gegen Frauen« im Patriarchat nicht »lediglich« durch Vergewaltiger, Prügler, Bohrer und Stecher läuft, sondern auch durch das Sublime, die erhabenen/erhobenen Männer in den schwarzen Roben und in den weißen Kitteln. Die Sado-Schlächtermentalität der »Götter in Weiß«, die ihre Geilheit durch Sublimierung transformieren, wissen, was sie tun, wenn sie vorschnell Mastektomien (operative Entfernung der Brust) durchführen und nach ihrem Geschmack Frauen neu »erschaffen« mit Silikon-Brüsten (die psychische Restauration übernehmen die Seelenklempner).

»Gott möge verhüten, dass meine Patientinnen erfahren, welchen Ego-Trip ich aus der Tatsache ziehe, dass ich ihnen helfe, denn zu genießen, dass eine Menge von Frauen von einem abhängig sind, hat doch etwas sehr Selbstsüchtiges ... Ich glaube, in diesem Fachgebiet gibt es einige, die Frauen gern bestrafen wollen. Einige Ärzte werden unbewusst davon stimuliert, wenn sie Frauen in den Wehen sehen. Es gibt Ärzte, die sehr sadistisch sind.«[107]

Oder wenn sie in Frauen ganz übertriebene Krebsangst er-zeugen, um Gebärmütter entfernen zu können. Hierzulande gilt für die Anerkennung

---

[105] Virginia Woolf: Drei Guineen, München 1977, S. 22
[106] Ebd., S. 24
[107] Lyssa Waters: »Why I became a Gynecologist – Four Men Tell All«, in: Ms., Febr. 1977, S. 54; zit. nach Mary Daly: Gyn/Ökologie, S. 279

zum/zur Frauenarzt/-ärztin, dass während der Assistenzzeit an die 40 (vierzig!) Hysterektomien[108] (operative Entfernung der Gebärmutter) durchzuführen sind. Das weiß ich aus meiner Berufstätigkeit im Krankenhaus, und das wurde mir auch von anderen informierten Frauen bestätigt. Für die Frauen in den USA gilt:

»Es wurde geschätzt, dass in naher Zukunft 50 % der Frauen der Nach-Menopausen-Altersstufe eine Hysterektomie gehabt haben werden und daher nicht länger dem Risiko dieser Krankheit ausgesetzt sind.«[109]

In der Masche/Verkleidung des Sublimen geschieht die Sado-Sublimierung.

»*Sublimation* (Sublimierung) wird definiert als ›Entladung instinktiver Energie ... in gesellschaftlich anerkannte Aktivitäten‹ ... Nuklearismus, chemische Vergiftung der Erde, programmierter Hunger, Folter politischer Gefangener, Folter bei Tierversuchen – das alles sind Entladungen männlicher instinktiver Energie in von Männern gesellschaftlich anerkannte Aktivitäten ... Es ist die Kultur der zu ›Fleisch‹ gemachten verzerrten Worte/Ideen – die Kultur der Sado-Sublimierung.«[110]

Christina Thürmer-Rohr:

»Als ob auch nur ein Funke von Vertrauen in die Qualität dieser ›menschlichen‹, ›natürlichen‹ Triebpotentiale gerechtfertigt wäre ... Man sehe sich die Kriegsberichte von Männern, wie z. B. Ernst Jünger, an, wo ihr Triebpotential entfesselt werden durfte in eine sexualisierte Mordlust.«[111]

»Das Adjektiv *subliminal* (unterbewusst, unterschwellig) bedeutet ›außerhalb des Bereichs der bewussten Wahrnehmung existieren oder funktionieren; Gedanken, Gefühle oder Verhalten auf eine vom persönlichen oder subjektiven Bewusstsein nicht wahrgenommene Weise beeinflussen‹. *Subliminal* bedeutet außerdem noch ›mit der Absicht geschaffen, das Bewusstsein auf anderen Ebenen als der der bewussten Wahrnehmung zu beeinflussen, speziell durch Ein-

---

[108] Mary Daly empfiehlt statt Hyster-ektomie die Mister-ektomie.
[109] Laman A. Gray: Estrogens and Endometrial Carcinoma, S. 388; zit. nach Mary Daly: Gyn/Ökologie, S. 290
[110] Mary Daly: Reine Lust, S. 98
[111] Christina Thürmer-Rohr: »Wendezeit – Wendedenken – Wegdenken«, in: beiträge, Nr. 12, 1984, S. 52

blendungen, die zu kurz sind, um bewusst wahrgenommen zu werden (unterschwellige Techniken in der Fernsehwerbung)‹. Die weitverbreitete Manipulation von Bewusstsein durch Techniken, die in diesem letzten Sinne *subliminal* sind, hat das Substantiv *Sublimination* hervorgebracht, es bedeutet ›Gebrauch von subliminalen Techniken (z. B. in der Werbung)‹.«[112]

»Die größte Flasche des Jahrhunderts – 100 Jahre Coca-Cola«, unter diesem Titel strahlte die ARD am 15. April 1987 ein Feature der Autoren Christian Berg und Cord Schnibben aus, das mit den Schlüsselwörtern Reklame und Krieg den Siegeszug der Flasche zum Mythos der US-Kultur verfolgte. Das Feature bietet einiges Material zur Identifizierung subliminaler Techniken und zeigt fatale Auswirkungen ihrer Zerstörungsmacht im Bewusstsein von Frauen.
Coca-Cola is it! Die Autoren: »Coca-Cola ist eben überall – selbst da, wo es nicht ist« und: »Täglich rennen wir an 40 Coca-Cola-Werbeschildern vorbei, hat einer mal ausgerechnet«. Eine interviewte Amerikanerin, leidenschaftliche Sammlerin jeglicher Coke-Werbung: »Coca-Cola weckt bei Amerikanern die Erinnerung – an die Kindheit, die erste Liebe … Coca-Cola war schon immer da – immer. Ich weiß auch nicht, wie …« Mit der Erinnerung ist das so eine Sache. Etwa der Fernseh-Spot mit dem nachdenklichen US-Soldaten im Vordergrund – im Hintergrund sehen und hören wir Krieg in Vietnam – Überschrift: »memories«, und der Wortlaut sinngemäß: Manchmal kommen dem jungen Soldaten Erinnerungen. Wir müssen ihm etwas aus der Heimat schicken: COKE! – Vietnam hin, Vietnam her: John F. Kennedy machte Werbung für Coke, Nixon dafür für Pepsi. Und an allen Kriegsfronten, wo US-Soldaten eingesetzt waren, wurden schätzungsweise 10 Milliarden Flaschen Coke getrunken. Eisenhower allein bestellte für seine Jungs in Afrika einige Millionen davon. Und nach dem Zweiten Weltkrieg verteilten die sogenannten Coca-Cola-Colonels (sie hießen wirklich so) die Flaschen in der US-Besatzungszone an deutsche Kinder. Der deutsche Erfinder des Slogans »Mach mal Pause – trink Coca-Cola«: »Das Erlebnis von Coca-Cola ist sehr flüchtig, und die

---
112 Mary Daly: Reine Lust, S. 98 f.

Erfrischung ist auch sehr flüchtig – also wird ›Pause‹ mit ›Coca-Cola‹ assoziiert«. – Weiter im Jargon der Vernichtung. Robert Beeby, Pepsi-Präsident: »Seit 87 Jahren ist Pepsi der Hauptfeind von Coca-Cola.« Und Januar 1985 verkündeten die amerikanischen Fernsehnachrichten, dass der »Limonadenkrieg« ausgebrochen sei: Coca-Cola-Magnaten änderten die Rezeptur, um an Pepsi verlorene Käuferschichten zurückzuerobern: das neue Coke, »The New Real Thing«, kam auf den Markt. »Trauer – Wut – Empörung – die idiotischste Protestbewegung der Welt«, so die Feature-Autoren, brach an. Eine protestierende Frau: »Meine Tochter lernte als erstes Wort ›Coke‹, als zweites ›Mammi‹!« Eine Frau (wieso sind den Autoren hier keine Männer zitierungswürdig gewesen?) schrieb an die Company: »In meinem Leben gab es nur zwei Größen: Gott und Coke. Eine haben sie mir genommen.« Auf diese »fatale« Situation musste der Coke-Boss aus Atlanta sofort reagieren: Er verkündete übers Fernsehen: »Endlich kann Amerika wirklich wählen: die alte Coke Classic – »The Real Thing« – und die Neue Coke – »The New Real Thing«.

Mary Daly nennt als Beispiel für Sublimation die »Heiden«-Bekehrung in Europa: Da die Kelten nicht daran gewöhnt waren, auf weibliche Gottheiten zu verzichten, wurden ihnen Christus und Maria als »Doppelpack« serviert, um sie in die christliche Männerkirche zu (ver-)führen.
Ein weiteres markantes Beispiel für subliminale Manipulationen sind die phallo-logischen Interpretationsmuster Freud'scher Psychoanalyse über weibliche Sexualität. Ich denke, nicht nur eine Frau, die sich jahrelang intensiv damit befasst hat, sondern auch Frauen, die »nur am Rande« oder eigentlich überhaupt nicht »bewusst« auf die Freud'schen symbol- und mythosbeladenen Er-Kenntnisse gehört haben, sind unterschwellig injiziert worden in ihren Wahrnehmungen; z. B. dass sie »Defizite« zu haben haben – ganz allgemein und unterschwellig; denn das Defizit-Gefühl des Fehlens des »real thing« wurde genauso subliminal an Frauen verkauft wie »die größte Flasche des Jahrhunderts«.

Jenseits des Sado-Sublimen:
Archetypen exorzieren, Arche-Bilder wecken

Begriffserklärung »Archteyp«

Daly entwickelt entlang der Etymologie von »Archetyp« ihre Deutung des Begriffs:

> »Es leitet sich vom griechischen *archetypos* her, was bedeutet ›zunächst als Modell geformt/als Muster gestaltet‹. Dies Wort setzt sich wiederum zusammen aus *arche* – Ursprung und *typos* – Siegel, Abdruck (Guss)form, Kopie. Wenn wir uns eine Kopie vorstellen sollen, die zugleich Original ist, so merken wir, wie uns der Verstand stehen bleibt. Dennoch wird mit der gängigen Definition von *Archetyp* der Versuch unternommen, diese gegensätzlichen Bedeutungen zusammenzuschweißen. So etwa mit Auslegungen wie ›ursprüngliches Muster, Modell, ursprüngliche Form, nach der etwas gemacht wird oder aus der sich etwas entwickelt‹. Dies mag auf den ersten Blick einleuchtend erscheinen, Tatsache ist jedoch, dass Dinge, die wirklich ursprünglich sind, nicht auf ein Modell, ein Muster oder eine Form reduziert werden können, ohne dabei ernsten Schaden zu erleiden. Denn wer *ursprünglich* ist, ist ein Verbum, ständig sei-end und sich verändernd. Es liegt in der Natur der Archetypen, dass sie diese biophile Lust am Sei-en zermalmen.
> Der Schrecken dieser Leben-zermalmenden Funktion der Archetypen zeigt sich in der Etymologie des zweiten Teils des Wortes: *Type* ist vom griechischen *typtein* hergeleitet, was ›zuschlagen, schlagen‹ bedeutet, und ist mit dem lateinischen *stuprum* – ›Entehrung, Schändung‹ und mit den Sanskri-Wörtern *tupati, tumpati* – ›er verletzt‹ verwandt. Die sublimierten Archetypen sind dazu bestimmt, die ursprünglichen weiblichen elementalen Kräfte, die Urkräfte lustvoller Frauen zu zerschlagen, zu schänden, zu entehren und zu verletzen.«[113]

In einer breit angelegten Untersuchung des Archetyps der Mutter Maria verfolgt Mary Daly ihre These, dass »Arche-Bilder« (der Begriff wird im

---
113 Ebd., S. 103

Folgenden erklärt) im patriarchalen Kontext zu Archetypen »ent-zaubert« wurden. Ihr weiteres Interesse gilt der Frage, inwieweit hinter der christianisierten Madonna die elementalen Kräfte der parthenogenetischen Göttin in ihren drei Aspekten vorscheint. Diese Untersuchung soll hier nicht diskutiert werden; stattdessen werde ich im Folgenden zur Frage Archetyp und Arche-Bild im Daly'schen Sinne eine Untersuchung anhand der keltischen Mythologie vornehmen.

Mythologieforschung wird aus sehr unterschiedlichen Beweggründen betrieben; immer haftet ihr jedoch seitens der universitären Wissenschaft das Stigma der Unwissenschaftlichkeit an. Dessenungeachtet haben im Zusammenhang der Entstehung der Neuen Frauenbewegung eine beträchtliche Anzahl von Forscherinnen – mehr in außeruniversitären Forschungsprojekten als in universitären – die Mythologie aus ihrem Schattendasein ins Zentrum ihres Erkenntnisinteresses gerückt. Schlägt frau beispielsweise das Literaturverzeichnis von Barbara G. Walkers Buch *Die weise Alte* auf, so zeigt sich, dass inzwischen eine breite Anzahl an neuer sowie alter, teilweise ausgegrabener Literatur unter verschiedensten Fragestellungen existiert.

Innerhalb der vorliegenden Arbeit sind meine Fragestellungen bzw. Thesen folgende:
1. Welche Aufschlüsse lassen Mythen zu, die die Handlungen göttlicher und/oder männlich-menschlicher Heroen beschreiben, speziell gegenüber Frauen und/oder Göttinnen?
2. Die Darstellung meiner These: »Die Göttin und ihr Heros« bzw. »Die Große Mutter-und-Geliebte« ist ein von-Männern-gemachter Archetyp zur Verhinderung ursprünglicher weiblicher elementaler Kräfte, die ich mit Daly als Elementale Frau bezeichne und die mythologisch in der Göttin in ihren drei Aspekten (also ihrer Autonomie) metaphorisch verkörpert ist.

Wenn ich von der »Logik der patriarchalen Unlogik« spreche, so meine ich damit den bias (Voreingenommenheit in einer wissenschaftlichen Arbeit) der hetero-bezogenen Weltsicht als ausschließlich Möglicher besonders in Mythen, in denen die von männlichen Mythenschreibern unterstellte Hetero-Bezogenheit der Frauen/Göttinnen m. E. sehr unglaubwürdig erscheinen.

3. Die vorgenannten Fragen können aktuelle Bedeutung gewinnen für heutige Lebensentwürfe. Der Goldmann Verlag, der Jean Markales Werk *Die keltische Frau* wiederaufgelegt hat, schreibt über das Buch:
»Jean Markale geht es darum, ... das wahre Gesicht der keltischen Frau in allen ihren – zum Teil atemberaubend modernen – Aspekten zu rekonstruieren. Und da diese mythologische und soziale Studie nicht zuletzt auch für all jene geschrieben ist, die sich um neue, lebbare Gleichgewichte innerhalb der Paarbeziehung bemühen, münden Markales Untersuchungen in überraschende Einsichten und Theorien, die den Mythos für die Realität der aktuellen gesellschaftlichen Probleme dienstbar machen.«[114]

Selbstredend sind mit Paarbeziehungen Hetero-Beziehungen gemeint. Mich interessieren allerdings Lebensentwürfe, die nicht hetero-bezogen ausfallen. Ich spüre deshalb der Göttin nach, die, untrennbar eins mit den Elementen, ihre ursprünglichen Potentiale verwirklicht im autonomen, aus sich selbst heraus sei-enden (weißen) Aspekt, im schaffenden und kämpfenden (roten) Aspekt, im wissenden, zu sich zurücknehmenden, verwandelnden (schwarzen) Aspekt. Mir gilt die Göttin nicht als Objekt einer wie auch immer motivierten religiösen Verehrung, auch nicht als Standbild oder Vehikel von Ritualen; mich interessiert die Göttin als Metapher, als Verb, wie Daly sagt, insofern als sie m. E. die Potentiale versinnbildlicht, die für die Philosophie frauenbezogener Lebensentwürfe stehen.

Die hetero-bezogene Weltsicht, die Mythologen/Mythologinnen wie Markale, von Ranke-Graves, Göttner-Abendroth, Weiler u. a. leitet, ist genauso »biologistisch« oder »nicht-biologistisch« wie die frauenbezogene Weltsicht, die Forscherinnen wie Gould-Davis, Sir Galahad, Wahnbaeck, Daly u. a. leiten – Definitionen sind eine Machtfrage. Würden zumindest feministische Forscherinnen bereit sein, auf den Biologismus-Vorwurf zu verzichten und stattdessen die frauenbezogene Sicht ebenso wie die hetero-bezogene als Ausdruck einer philosophischen Weltbetrachtung und ihrer daraus resultierenden Lebensplanung interpretieren, wäre auf weitergehendere und deshalb fruchtbarere Diskussionen zu hoffen.

---

[114] Jean Markales: Die keltische Frau, 1986, S. 1

Die sich anschließende Untersuchung soll meine Thesen beleuchten. Werfen wir einen Blick auf die von-Männern-(zurecht-)gemachten Mythologien – und nur diese sind uns schriftlich überliefert –, so können wir dank feministischer Forscherinnen Einblicke gewinnen, warum und wie sich der erdweite patriarchale Er-oberungsfeldzug (Er nach oben) gestaltet hat. Verschwiegen werden soll hier nicht, dass die genannten Forscherinnen entsprechend ihren Sehnsüchten (wissenschaftlich ausgedrückt: ihrem Erkenntnisinteresse oder ihren Lebensentwürfen) zu sehr unterschiedlichen Interpretationen gelangen. Während etwa Gerda Weiler sich und andere Frauen mit dem Mythos der Heiligen Hochzeit zwischen der Göttin und dem Heros-König beschäftigen, verwerfen z. B. Elizabeth Gould Davis und Mary Daly dieses Bild als archetypisch auferlegte Starre und suchen nach der parthenogenetischen Göttin, der Amazone, der Selbst. (Salopp formuliert in Magliane Samasows Geschichte *Die Göttin und ihre Lesbe*).

Strukturen patriarchaler Er-oberung

Zurück zum patriarchalen ER-oberungsfeldzug. Am ergiebigsten durchforstet ist die griechische Mythologie. Ich ziehe sie daher für ein kurzes strukturelles Begreifen dessen, was die Mechanismen patriarchalen Auftrumpfens sind, heran.

1. *Kannibalismus:* Zeus verschlingt die parthenogenetische Göttin Metis, die mit Athene schwanger ist.
2. *Vergewaltigung und Entführung:* Hades vergewaltigt Persephone (Kore) und entführt sie in die Unterwelt.
3. *Diebstahl weiblichen Wissens:* Orpheus beschleicht und belauscht die heiligen Frauen und plaudert deren Wissen an die Männer aus.
4. *Auslöschung weiblicher Bewegung/Kunst und Pressur in starre patriarchale Formen:* Apollo entführt die Musen vom Berg Helikon nach Delphi und wird ihr Vortänzer in seinen feierlichen und strengen Formen.
5. *Täuschung:* Zeus verwandelt sich mann-igfach zumeist in Tiergestalten, um die ihm ablehnend gegenüberstehenden Frauen zum Beischlaf zu verführen.
6. *Fabrikation der Alibi-Frau:* Zeus »gebiert« Athene aus seinem Kopf; fortan ist sie eine Vater-Tochter.

Diese Aufzählung ist selbstverständlich nicht vollständig und darüber hinaus mit sehr vielen Beispielen illustrierbar, soll aber im Zusammenhang der Identifizierung der »Kulturbringer«, »Helden«, »Heroen« genügen.
Ich möchte im Folgenden im Bereich der keltischen Mythologie »Archetypen knacken« anhand des Buches von Jean Markale *Die keltische Frau – Mythos, Geschichte und soziale Stellung*[115], und zwar aus folgenden Gründen:
Markale legt eine sehr umfangreiche Sammlung keltischer Mythen, Sagen, Lieder, Epen vor. Diese sind interessant als Amalgamisierung von
– Durchschimmern von Arche-Bildern,
– Archetypisierung und die damit verbundene typische patriarchale Un-Logik der Mythenmacher,
– Zurecht-Hämmerung nach dem Gusto der Kirche und des Zeitgeschmacks vom Liebesideal der Minne in der höfischen Dichtung des 12. und 13. Jahrhunderts, die von Dichtern wie Chretien de Troyes (im wörtlichen Sinne) nieder-geschrieben wurde.
Außerdem ist die schlussendliche Aufbereitung durch Jean Markale bemerkenswert: Er wendet sich voller Abscheu weg vom Entwurf des »patriarchalen Mannes« und sucht in der Gestalt des Heroen, des alternativen Helden die Große-Mutter-und-Geliebte. Insofern ist Markale ein markanter Heroe und Kulturbringer des New Age (lies: »New«/Old Patriarchal Age) und demzufolge sicherlich mit voller Berechtigung in der »New Age«-Reihe des Verlages erschienen.
Das Durchschimmern von Arche-Bildern soll sichtbar gemacht werden in der Suche nach Symbolismen und symbolischen Verbindungen zwischen der Frau/Göttin und den Elementen.

»Frau und Natur«

Marilyn French schreibt:
»Euripides, der einzige griechische Dramatiker, dem Sympathie für die Frauen nachgesagt wird, schrieb: ›Die Frau ist schrecklicher als

---

[115] Originalausgabe »La feinme celte«, Paris 1972, deutsche Erstausgabe: München 1984; die hier verwendete Taschenbuchausgabe des Goldmann Verlages erschien 1986 interessanterweise in der Reihe »New Age – Modelle für Morgen«.

die Gewalt des tosenden Meeres, als die Kraft der Wildbäche, als der verheerende Brodem des Feuers‹.«[116]

Diese Er-kenntnis hallt durch Jahrtausende patriarchaler Frauenunterdrückung und markiert als Schlachtruf einerseits die Angst vor allem, was Männer als »weiblich« imaginieren, und andererseits die Politik, die auf allen Ebenen des Überbaus und der materiellen Produktionsverhältnisse die Frauen in ihrer Realpräsenz, in ihrem authentischen Handeln auslöschen, sie verkürzen und dem männlichen Bedarf affirmieren.

Die Angst des Euripides wurde durch seine Nachfolger in mann-igfacher Form in das Format »Frau und Natur« gehämmert: die »schlechte Natur« der Frau als Häresie, als Hure, Hexe, als männerverschlingende Maschine in der Industriellen Revolution, dargestellt in Allegorien, die »gute Natur« (= die »wahre Bestimmung«) der Frau als Mutter des Mannes und der Kinder und – grotesk – die multipler Orgasmen fähige er-/vollge-füllte »emanzipierte« Frau der »sexuellen Revolution« der 60er-Jahre. Bis heute wird mit »Frau und Natur« durch die Allegorien-Er-finder eine Verbindung von Frau und Natur unterstellt, die Stasis[117] suggeriert, deren »Passivität«, »Unbewusstheit«, »Immanenz« (Simone de Beauvoir) er-oberungs-würdig ist.

In der feministischen Diskussion wurde und wird der Archetyp »Frau und Natur« als frauenunterdrückerisch entlarvt und bekämpft. Ich bin jedoch der Meinung, dass diese Diskussion zu kurz gegriffen hat. Was sich hinter dem statischen Archetypos »Frau und Natur« nämlich herauskristallisiert, ist die Angst der Männer vor der Frau als authentisch, aus sich selbst heraus Handelnde, die Angst vor der »Göttin als Verb«, würde Mary Daly sagen. Die Stasis der »Frau und Natur« ist die Beruhigungspille des patriarchalen Mannes – wobei er real die Beruhigungs- und Verhütungspillen unter die Frauen bringt, um den patriarchalen Staat/Zustand aufrecht/erigiert erhalten zu können. Wenn wir die Botschaften/Pillen nicht mehr schlucken, können wir »Frau und Natur« als patriarchale Hirnausschwitzung zur Unterdrückung der Frau ad acta legen. Mir ist, wie gesagt, dies zu verkürzt, es lässt die Frage nach der »realen« Frau, die mittels »Frau und Natur« archetypisiert wurde, offen. Aus diesem Grunde habe ich aus Tausenden misogyner Zitate das von Euripides gewählt, weil hier m. E. eine

---

[116] Marilyn French: Jenseits der Macht, 1985, S. 157
[117] Stasis: Unbeweglichkeit, Ziellosigkeit

wahre Angst des patriarchalen Mannes seinen Ausdruck findet. Die »Gewalt des tosenden Meeres«, »die Kraft der Wildbäche« und »der Brodem des Feuers« imaginieren keineswegs Passivität, Er-duldung (IHN dulden), Instrumentalisierung. Sie markieren vielmehr Kraft, Gewalt und Atem elementaler Wirkungsmöglichkeit, und diese sind unaufhaltbar, aus sich heraus kreierend, ganz authentisch, zu real, um verzerrt zu werden in der Spiegelwelt der Archetypen. Wenn Euripides diese Eigenschaften der Elemente Frauen zuschreibt, so heißt das, dass seine Angst zusammenfassbar ist als Angst vor elemental-authentisch HANDELNDEN Frauen. Und diese gab es ja ganz real während der sog. »griechischen Antike«; wenn auch kaum im patriarchalen Athen. Diese gibt es auch heute – und die Angst des Euripides ist auch die Angst des heutigen patriarchalen Mannes.

Begriffsklärung »Arche-Bild«

In Abgrenzung zum Archetyp nennt Mary Daly diese elementalen Kräfte Archimage, das Arche-Bild. Wenn das Wort Archetyp, wie schon dargestellt, in eine Form gehämmert und fixiert bedeutet, so strahlt das Wort Archimage das Ursprüngliche, nicht festgelegte, nicht in patriarchale Façon gebrachte, frei beweglich Handelnde aus. Mary Daly zitiert nach dem American Heritage Dictionary: das griechische *archi-*, verwandt mit *arche-*, ist eine Vorsilbe in der Bedeutung von »hauptsächlich, ursprünglich original«, und magos stammt aus der indo-europäischen Wurzel *magh-*, was bedeutet »fähig sein, Kraft/Macht haben.« Die Archimage ist die »Erzmagierin, Urhexe«. Sie bebildert die Kraft des Sei-ens in Frauen und allen biophilen (das Leben liebenden) Geschöpfen, sie ist die aktive Kraft der Häxen, wirklich anwesend/realpräsent, metaphorisch dargestellt als die Dreifache Göttin oder in den Bildern der Nornen, Musen, Grazien, Parzen, die den Faden des Lebens spinnen.[118] Metaphorische Wörter/Bilder haben Verwandlungs- und Bewegungskraft.

»Denn Worte sind Waffen, sind Labrys in Händen archimagischer Amazonen. Frauen, die an den biophilen Kräften der Urhexe teilhaben, transvertieren Archetypen im veralteten Sinne des Wortes

---
118 Vgl. Mary Daly: Reine Lust, S. 112 f.

transverse, wir ›verändern, transformieren‹, *indem wir im Prozess der Entzauberung der Archetypen unser Leben verändern*«.[119] (Hervorhebung von Eveline Ratzel)
»Dazu gehört die Befreiung von Wörtern aus den Gefängnissen der allgegenwärtigen Schriften des Vater-Landes, wo sich alle in der Rolle Texte-rezitierender Schauspieler bewegen und keinerlei Beziehungen zu den Bedeutungen der Wörter, die sie sprechen, mehr haben.«[120]

Der Archetyp »Die Göttin und ihr Heros«

Mit dieser Sichtweise und auf der Suche nach Frauen, die elemental handeln, finde ich in der Mythologie andere Arche-Bilder als die Forscherinnen, die »heterorelational« (Jan Raymond) denken. In einem Leserinnenbrief an die *Frankfurter Rundschau* schreibt Gerda Weiler anlässlich der Entlassung von Elga Sorge aus der Lehrtätigkeit der evangelischen Kirche:
»Einst lag Erlösung in der Vollmacht des Weiblichen. Tapfer schritten die Göttinnen in die Unterwelt, um ihre Geliebten vom Tode zu erwecken, Ischtar den Tammuz, Anat den Baal, Astarte den Adonis.«[121]
Weiler drückt hier ihre Hetero-Bezogenheit aus, verfestigt im Archetypos der Großen-Mutter-und-Geliebten, die keine Mühen scheut für ihren Heros, deren Handlungsmacht in Bezogenheit auf diesen fassbar ist und die diesen gar noch erlösen will aus seinem ohnmächtigen Dasein.

Barbara G. Walker schreibt:
»In gewisser Weise können Frauen wiederum patriarchalen Interessen zuarbeiten, wenn sie diese konventionelle Religion (die christliche) hinter sich lassen und anfangen, die älteren matriarchalen Vorstellungen zu studieren … Die meisten Verehrerinnen der Göttin betonen Merkmale wie menschliche Wärme, Liebe, Sensibilität, Großzügigkeit und eine Akzeptanz, die nicht richtet. Im Großen und Ganzen wurden genau diese Züge auch den christlichen Frauen aufgedrängt.«[122]

---

[119] Ebd., S. 117
[120] Ebd., S. 118
[121] Gerda Weiler in: Frankfurter Rundschau vom 21.4.1987
[122] Barbara G. Walker: Die Weise Alte, München 1986, S. 9

Es gibt jede Menge Mythen über die »Macht-der-Mutter-und-Geliebten«, und die modernen Mythenmacher Jung'scher und Freud'scher Prägung gesellen die ihren hinzu. Devot kredenzen sie die Behauptung, der Schoß der Großen Mutter sei das »Ur-Meer«, in das sich der Sohnemann zurücksehne – das sei die Macht der Mutter. Sardonisch heucheln sie Angst vor der *Vagina dentata,* um der »Geliebten« ein unwirkliches Machtgefälle zu ihren Gunsten einzureden. In realiter jedoch warfen Männer schwangere Frauen in die brennenden Scheiterhaufen und Söhne schlitzten schwangeren Frauen in My Lai die Bäuche auf[123] Offensichtlich fürchtet sich auch aus der Schar der Vergewaltiger, die Legion sind, keiner vor der *vagina dentata.* Die »Macht-der-Mutter-und-Geliebten« ist ein archetypischer Mythos des Knilchtums, angesiedelt auf der Vordergrund-Ebene, in knilchiger Art und Weise Frauen angetragen.

Wenn »die Göttin als Verb«, als authentisch und elemental Handelnde, in den Mythen gesucht wird, so kann es sich also kaum um die Göttin handeln, die ihren Heros hegt und pflegt – um auf diesen fixiert zu bleiben. Einen wesentlichen Aspekt benennt Walker, die »die weise Alte«, die »Crone«, in der Mythologie aufspürt:

»Die gefürchtetste Macht der Frauen über Männer ist die Macht, nein zu sagen. Die Weigerung, für Männer zu sorgen. Die Weigerung, ihnen sexuell zu Diensten zu sein. Die Weigerung, ihre Produkte zu kaufen. Die Weigerung, ihren Gott zu verehren. Die Weigerung, sie zu lieben ... Männer mögen selbstgefällig von ihrer Überzeugung sprechen, dass Gott sie liebt, im Alltag aber brauchen sie die Liebe der Frauen. Wird sie verweigert, fühlen sich die meisten Männer irgendwie unvollständig. Aus diesem Grund zielen fast alle patriarchalen Regeln für feminines Verhalten darauf ab, jede Frau im Dienst eines Mannes *unbeweglich* (Hervorhebung von Eveline Ratzel) zu halten und ihr die ökonomische, sexuelle oder intellektuelle Freiheit zu nehmen, nein zu sagen ... Als zur Zeit der sogenannten Aufklärung im 18. Jahrhundert der blinde Glaube verfiel, ersetzte die neue von Männern beherrschte Pseudowissenschaft der Psychologie Gott durch ein neues Evangelium vom weiblichen Masochismus, von der weib-

---

[123] In My Lai verübte die US-Army ein solches Massaker, dass der Name dieses Dorfes zu einem Symbol für die Grausamkeit der USA im Vietnamkrieg wurde.

lichen Passivität und Instabilität, mit dem Ziel, Frauen erneut von ihrer ›natürlichen‹ Abhängigkeit vom Mann zu überzeugen.«[124]

In einer strukturellen Deutung auf der Suche nach der Widerspiegelung patriarchaler Eroberung auf der Symbolebene der griechischen Mythologie sowie der Verdeutlichung des Unterschiedes zwischen Archetyp und Arche-Bild habe ich dargelegt, unter welcher Perspektive ich die keltische Mythologie betrachten werde.
Die »Göttin und ihr Heros«-Mythologie beweist m. E.
1. die typische patriarchale Un-Logik,
2. eine als unauflöslich behauptete biologisch-naturhafte Bezogenheit der Göttin/Frau auf den Menschen/Mann. Markale »begründet« diese so: Da Vater und Mutter die Vagina des kleinen Mädchens bei der Geburt nicht anerkennen, sucht es diese Anerkennung und findet sie eines Tages, »und zwar durch den Mann. Somit braucht die Frau den Mann, um sich selbst zu bestätigen, um sich dessen bewusst zu werden, was sie ist, und vor allem dessen, was sie zu leisten vermag. Auf diese Weise sind beide Geschlechter, die die Menschheit ausmachen, unausweichlich aufeinander angewiesen. Der Mann braucht die Frau, die Frau braucht den Mann. In die Sprache der Mythologie übersetzt bedeutet das: der Mensch braucht eine Göttin, aber die Göttin braucht auch einen Menschen.« (S. 194)[125]
Ganz selbstverständlich ist für Markale Mensch = Mann.
3. Die Göttin/Frau wird fixiert auf ein Einverständnis und sogar auf aktive Bemühungen um die Handlungen des Menschen-Mannes-Helden, die da sind Vergewaltigung, Machtraub, Täuschung, Alibisierung usw. (s.o.: Die Strukturen patriarchaler Er-oberung).

Um meine Thesen zu belegen, werde ich im Folgenden keltische Mythen darstellen:
(Bretagne) Guengualc'h wird vom Hl. Tugdal gerettet, nachdem er seiner Behauptung nach von Meerfrauen entführt worden war hinunter zu den Felsabgründen unter dem Meer. Guengualc'h legt nach seiner Errettung die

---
[124] Ebd., S. 16
[125] Alle im Text genannten Seitenzahlen beziehen sich auf Jean Markale: Die keltische Frau, München 1986.

Beichte ab und empfängt die Kommunion (Parallelen zu den bekannteren Melusinen-Geschichten, als Zugeständnis an die Christianisierung). (S. 57)
(Irland) Condlé der Rote sagt, ihm sei eine bezaubernde Frau erschienen, die ihn aufgefordert habe, ihr zu folgen in das »Land der Verheißung, wo nur Frauen wohnen.« (S. 57)
(Irland) Die Meerfahrt des Bran, Sohn des Fébal. Auch Bran behauptet, ihm sei eine rätselhafte Frau erschienen, die ihm den Zweig eines Apfelbaumes reichte und ihn einlud nach Emain, der Insel der Frauen.
Drei Beispiele – die keltische Mythologie bietet sehr viele – mögen genügen, um die patriarchale Un-Logik zu demonstrieren: Das Frauen-Land, z. B. die Insel Avalon, wird assoziiert mit dem Paradies, dem Goldenen Zeitalter: Die Insel der Apfelbäume, wo es keinen Mangel gibt, der Ort des ewigen Jungseins, der Unsterblichkeit. Die Frauen dort haben – folgt frau den Erzählungen – kein anderes Ansinnen als das eine: den Menschen/Mann dorthin zu verführen. (Selbstredend ist mir keine Erzählung bekannt, dass eine Frau dorthin gelockt wurde.) Jegliche Logik ist ausgeblendet bei der Vorstellung, dass bei den vielen selbsternannten Männer-Heroen die Insel der Frauen nun doch schon längst mit Männern übervölkert sein müsste. Soweit zum Frauen-Land, das im Hirn der Mythen-Macher zu einer riesenhaften Männer-Herberge verkommt (was sollten auch schon Frauen auf der paradiesischen Insel ohne Männer?).

Im Weiteren stelle ich Vergewaltigungsmythen vor, die als »Göttin und ihr Heros« firmieren:
(Bretagne) Die Geschichte von Prinzessin Marcassa und Luduenn. Luduenn muss drei Höfe passieren. Der erste wird bewacht von giftigen Reptilien, der zweite von tobenden Tigern, der dritte von einer Horde von Riesen. An dieser Stelle ist wichtig zu wissen, was Markale nicht weiß oder im Interesse seiner Umkehrungsinterpretationen verschweigt, dass Reptilien (Schlangen, Echsen, Drachen), Tiger (oder Löwen) sowie die Riesen matriarchale Machtsymbole sind.[126] Luduenn dringt dort ein, passiert diese kampflos, da alles schläft, trifft auf die schlafende Marcassa »und liebte die Prinzessin, ohne dass sie dabei erwachte.« (S. 64) Was Markale als »Liebe«

---
126 Vgl dazu u. a. Silke Schilling: Die Schlangenfrau, Frankfurt am Main 1984; Yann Daniel: Das Nebelpferd, München 1980; Marie E.P. König: Unsere Vergangenheit ist älter, Frankfurt am Main 1980

bezeichnet, ist Machtaneignung und Vergewaltigung; der Akt des Eindringens/der In-Besitz-Name ohne Wunsch und Einwilligung der Marcassa. Bemerkenswert in dieser und vielen anderen Geschichten ist, dass die Vergewaltigung und Er-oberung der Frauen nur gelingt, wenn das, was weibliche Macht symbolisiert, von den Heroen entweder getäuscht oder gemordet wird. Dies gelingt ihnen meist nur mit Hilfe einer mächtigen Fee-Frau. So täuschen und morden in langer Reihenfolge z. B. Peredur den Addanc, einen Riesen-Biber (Wales) mit Hilfe einer wunderschönen Frau, die für die Hilfe Peredurs Liebe verlangt (S. 78); Tristan den Drachen (Irland/Cornwall), dafür er-ringt er Iseult (S. 79); Lancelot (Artusepik) die Löwen, um Zutritt zur Kammer des Heiligen Gral zu er-reichen (S. 80).

Der Gral ist mythologisch der schäumende Kessel der schöpferischen Göttin (Walker, 1986). Perfide ist bei vielen dieser Eroberungsmythen, dass die Frauen entweder die Vergewaltigungen wegen der folgenden Schwangerschaft nachträglich akzeptieren oder gar den Helden zum Töten der Ungeheuer (= der weiblichen Machtattribute) anstiften, was Voraussetzung ihrer Selbstaufgabe ist; das Phänomen der athenischen Frau.

Markale stellt einige Mythen über die Hirschgöttin vor, die seiner Analyse nach richtigerweise mit der Sonnengöttin synonym ist. Und schon beginnt die patriarchale Jagd: (Höfische Epik): Guigemar sieht die Hirschkuh und schießt mit einem Pfeil auf sie (S. 127); (Chretien de Troyes): König Artus will den weißen Hirsch jagen; nach dem Brauch wird derjenige, der den Hirsch tötet, die schönste Frau des Königshofes küssen (S. 130); der eifersüchtige Merlin reißt dem Hirsch, auf dem er reitet, das Geweih aus, mit dem er den Schädel des Liebhabers seiner Gemahlin einschlägt (S. 130). Markales patriarchale Logik:

»Die Jagd auf den weißen Hirsch scheint ursprünglich ein magisch-religiöses Ritual zur *Verehrung* (Hervorhebung von Eveline Ratzel) einer Frau gewesen zu sein ...« (S. 131).

Auch die Mythen über die Vogelgöttinnen, ebenfalls versehen mit den Attributen der Sonnengöttin, zeigen den patriarchalen way of life/death. (Irland) Derbforgaille, eine Königstochter, verwandelt sich mit ihrer Dienerin in zwei Schwäne, die durch eine Goldkette (Symbol der Sonnengöt-

tin) aneinandergebunden waren. Der Held Cuchulainn schießt mit einer Steinschleuder und trifft Derbforgaille, die sich in ihre Frauengestalt zurückverwandelt. Cuchulainn saugt ihr – Vampirismus – den Stein aus der Wunde und gibt sie – nachdem er sie abgeschossen/abgesaugt hat und sie demzufolge in seiner Macht ist – seinem Bruder. (S. 144).
(Irland) In einer anderen Geschichte sind es wieder Frauen, die den Cuchulainn bitten, Vögel, die über dem See fliegen, zu fangen.

»Cuchulainn nimmt seine Steinschleuder und schießt nach den Vögeln, aber zum ersten Mal in seinem Leben schießt er daneben. Er schleudert seinen Speer nach ihnen und durchsticht einem der Vögel den Flügel, worauf sich beide unter die Wasseroberfläche flüchten. Cuchulainn überfällt starker Schwindel. Er lehnt sich gegen eine Steinsäule und schläft ein. Da hat er einen grässlichen Traum, in dem ihm zwei junge Frauen erscheinen und ihn verprügeln. Das wirft ihn ein ganzes Jahr lang krank zu Bett.« (S. 145)

Cuchulainn erfährt eine Niederlage, die ihn dermaßen umhaut, dass er ein Jahr braucht, um in seinen Träumen mit seiner Angst vor zurückschlagenden Frauen fertig zu werden. Selbstverständlich kann diese Geschichte dem patriarchalen Timbre gemäß so nicht enden; sie findet ein Happy/heavy End: Nach dem unrühmlichen Jahr hat er wieder einen Traum, wo eine Frau ihm mitteilt, dass eine Königin des Feen-Landes ihn liebt und hofft, er werde zu ihr ins Frauen-Land kommen. (S. 145)
Hier offenbart sich ein weiteres Mal die Un-Logik der patriarchalen Logik: Frauen lieben den schießenden/vergewaltigenden/aussaugenden Mann. Cuchulainn beweist also, was zu beweisen war: »Frauen wollen das.«

List und Täuschung wendet in einer Geschichte aus der Bretagne der junge Schäfer Pipi Menou an, der Vögel beobachtet, die sich bei Berührung mit der Erde in schöne nackte Mädchen verwandeln; sie baden im See und tummeln sich in der Sonne. Wasser, Feuer und Luft sind hier die Attribute der gestaltwandlerischen Frauen. Er, der nichts weiß, fragt seine Großmutter um Rat. Die Großmutter ist hier mythologisch die Weise Alte,[127] allerdings eingebaut in den patriarchalen Kontext, der sie umfunk-

---

127 Vgl. Barbara G. Walker: Die Weise Alte, 1986.

tioniert und sie dem Enkel-Mann gegenüber das Geheimnis lüften lässt: Die drei Schwanenfrauen sind drei Töchter eines Zauberers, die in einem herrlichen Palast aus Gold (= Sonne) wohnen, der an vier Goldketten über dem Meer aufgehängt ist. Mit Hilfe einer List (die Geschichte oder Markale verraten uns nicht welche) bringt er die drei Vogel-Frauen dazu, ihn in den Palast zu führen, vergnügt sich Abend für Abend mit einer Tochter und flieht dann, nachdem er eine Menge Edelsteine hat mitgehen lassen, auf dem Rücken des Vogel-Mädchens durch die Luft (S. 145).
Während Markale bei der Interpretation der Hirschgöttin-Mythen nach dem »Umkehrungstrick« (Mary Daly) verfährt: Vergewaltigung/Abschießen = Verehrung, versucht sich seine Deutung der Vogelfrauen-Mythen im »Prinzip Hoffnung« auf die »Alibi-Folterknechtschaft« von Müttern (Mary Daly). Ihm

> »stellt sich nämlich die Frage, ob die Vogel-Göttin nicht im Grunde die Hoffnung symbolisiert, das heißt klar ausgedrückt: die *Versuchung!* Schließlich ist es die Großmutter, die den Schäfer Pipi Menou darüber aufklärt, wer die Schwanen-Frauen sind und wie man zu dem an vier goldenen Ketten über dem Meer hängenden Palast gelangt. Immer ist es die Mutter oder eines ihrer Substitute, die dem Mann den richtigen Weg weist, immer ist es die Mutter, die das Kind erzieht, die ihm, ob es will oder nicht (sic!), seine erotischen Triebe und folglich alles, was seine Manneskraft ausmachen wird, entwickelt. Dies ist der Sinn aller Mythen, die von der rätselhaften, verwandelnden Kraft der Frau handeln –« (S. 147).

Folgt frau meiner Argumentation, so kann sie paraphrasieren: Dies – die Alibisierung von Frauen als auf den Mann Bezogene – ist der Sinn aller patriarchalen Mythen zur Auslöschung der ihre Selbst verwandelnden Kraft der Frau.

(Wales) In einer anderen Geschichte, die der Blodeuwedd (= das Blütenmädchen), gelingt Markale die Deutung einer durch die Männergesellschaft künstlich geschaffenen Frau. Während Zeus in der griechischen Mythologie immerhin noch die auf parthenogenetischem Wege schwanger gewordene Göttin Metis verschlingen muss, um aus seinem Hirn Athene, die Vater-Tochter, »gebären« zu können, verhält es sich hier noch künstlicher: Arianrod hat zwei Söhne geboren, Dylan und Lleu, die sie jedoch nicht anerkennt. Warum, verrät der Text wohlweislich nicht, das wird zu eruieren sein. Dylan begeht daraufhin Selbstmord, Lleu wird von seinem Onkel Gwyddon, dem Bruder der Arianrod, aufgezogen. Da es wohl kein Zufall ist, dass der Bruder sich seines verstoßenen Neffen annimmt, enthält die Geschichte implizit einen Verweis auf die Matrilinearität (der Bruder der Mutter übernimmt statt des biologischen Vaters die Vaterrolle) und könnte somit der Grund sein, weshalb Arianrod die Söhne nicht anerkennt. Arianrod reagiert auf die Erziehung von Lleu durch ihren Bruder mit einem Fluch – dem keltischen *geis*:[128] Lleu werde keine Frau von der Rasse der Menschen haben. Im Kontext der Matrilinearität gesehen wirkt die Interpretation Markales absurd und offenbart seine phallologischen Wünsche: Arianrod belegt Lleu mit dem Fluch aus Eifersucht; sie gönnt den Sohn keiner anderen Frau und will ihn als Liebhaber (S. 213). Markale folgend stellt sich die Frage: Warum hat Arianrod den Lleu dann überhaupt verstoßen? Ich denke, ich bleibe bei meiner Interpretation – bei der von Markale bleibt mir der Verstand stehen.

Zurück zum *geis* der Arianrod. Weil ein *geis* nicht aufhebbar ist, kommt Onkel Gwyddon mit Hilfe wiederum seines Onkels Math (ein drei-Generationen-patrilinearer Schulterschluss) auf die Idee, eine Frau künstlich herzustellen (herr-zu-stellen): Die Onkel mischen Blüten von Eiche, Ginster und Wiesenkönigin, formen daraus die angeblich schönste und vollkommenste Jungfrau der Welt und nennen sie die »Blütengeborene« (S. 212). Markale:

»Von diesem Zeitpunkt an hat der Vater über die Mutter gesiegt: er hat sich seine Tochter nach seinen eigenen Wünschen geschaffen.

---

128 Meine Studie über die keltische Mythologie enthält keine Perspektive der rechtlichen Grundlagen der keltischen Gesellschaft. Ich verweise hier auf Markales Bemerkung, dass die keltische Gesellschaft im Unterschied zur römischen keine sicheren rechtlichen Grundlagen hat und das Akzeptieren der Macht ein großes Problem darstellt (S. 319). Der *geis* »ist eine Art Verbot, das infolge gewisser Umstände gegen ein Individuum ausgesprochen wird und welches dieses Individuum für immer zeichnet. Den geis zu überschreiten, hieße, sich großen Schwierigkeiten und sogar einem nicht nur schmerzhaften, sondern abscheulichen und schmachvollen Tod auszusetzen, denn auch hier bewirkt die moralische und soziale Bedeutung des Verbots, dass jeder zuwider Handelnde sich auf fatale Weise der Schande aussetzt und von der etablierten gesellschaftlichen Ordnung verstoßen wird.« (S. 320). Eine wichtige Erklärung des *geis* ist, dass er »in einem sozialen Kontext zu sehen (ist), der auf eine alte Kultur mit gynäkokratischen Tendenzen zurückgeht.« (S. 321) Ein vielleicht wichtiger Hinweis für Forscherinnen, die sich über mögliche Rechtsausübung durch Frauen in matriarchalen Zeiten Gedanken machen.

Von nun an wird die Frau ein Kunstprodukt sein, welches der Mann für sich herstellen und seinen eigenen Wünschen entsprechend verwenden kann.« (S. 214)

Der Fortgang der Geschichte, nämlich dass die beiden Onkel (Mary Daly würde sagen »die männlichen Mütter«) das Blütenmädchen dem Lleu »zur Frau geben« (eine aufschlussreiche Redewendung) und den beiden ein Stück Land, stützt m. E. nochmals meine Interpretation des patriarchalen Kampfes gegen die matrilineare Erbfolge im Clan. Die künstliche, vom Mann geschaffene Frau wird sich wohl bei der Durchsetzung einer patrilinearen Erbfolge weniger widersetzen als die reale Frau Arianrod, mit der Macht des geis ausgestattet zur Verteidigung ihrer Rechte.

Die Tatsache, dass die Mythenmacher der Arianrod immerhin einige Handlungsmacht zubilligen, ließ mehr vermuten und mich nach der Arianrod fahnden. Nach Ranke-Graves ist Arianrod (= »Silberrad«) die alte matriarchalische Göttin in ihren drei Aspekten, und Blodeuwedd, das Blütenmädchen, ihr jungfräulicher Aspekt.[129]

Ranke-Graves bezeichnet solche patriarchalen Fälschungen alter Mythen als »Ikonotropie« und erklärt sie

»als eine Technik der absichtlich falschen Darstellung, durch welche die Bedeutung alter ritueller Ikonen verzerrt wird, um eine tiefgreifende Veränderung des bestehenden Religionssystems – meist einen Übergang vom Matriarchat zum Patriarchat – festzuschreiben und die neuen Bedeutungen in den Mythos einzugliedern.«[130]

Aus einem breiten Angebot keltischer Mythen habe ich einige dargestellt, um zu demonstrieren, dass Kräfte und Handlungsmacht der Frau/Göttin phallologisch kanalisiert und archetypisch fixiert werden in der »Großen-Mutter-und-Geliebten«; der Sieger ist selbstredend der Heroe, DER MANN. Mit welchen Methoden – die bis heute höchst aktuell geblieben sind, sonst wäre mir die Untersuchung nicht wichtig – dies geschah und weiterhin geschieht, ist ebenfalls deutlich gemacht worden. Die Göttin und ihr Heros – eine entmutigend fatale Persiflage auf die elemental-authentisch handelnde Frau/Göttin.

---

129 Vgl. Robert von Ranke-Graves: Die Weiße Göttin – Sprache des Mythos, Hamburg 1985, bes. S. 61, 114, 163
130 Ebd., S. 257

Vor dem Versuch, Arche-Bilder, die hinter den Archetypen schimmern/präsent sind, sichtbar zu machen, noch einige Bemerkungen zum New Age-Mann Jean Markale.
Ich habe im Text bereits versucht, einige seiner patriarchalen Deutungsmuster zu zeigen. Den roten Faden seiner Interpretationen besorgt ihm die Freud'sche Psychoanalyse, deren Misogynität durchweg in seinem Buch fröhliche Urständ feiert. Mir geht es darum zu zeigen, wie ein aktueller New Age-Vertreter längst entlarvte patriarchale Figuren als »Schwarzen Mann« entlarvt, um unter dieser Tarnkappe umso ver-Heer-ender/ver-Herr-ender als Sado-Ideologe die Sado-Gesellschaft der Gegenwart zu legitimieren. Die Zitate sprechen – so meine ich – für sich und bedürfen keines langen Kommentierens.
Markale weiß:
>»In der Tat ist Odysseus ein Bandit, ein Betrüger, jemand, der sich stets listig aus der Schlinge zu ziehen weiß: er verkörpert das Musterbild des Mannes der mediterranen patriarchalischen Gesellschaften, die eine besondere Geschicklichkeit im Ersinnen von zweideutigen Gesetzen und Formen der Ehrerbietung gegenüber der Frau entwickelt haben, die nur dazu dienen, sie von der realen Macht auszuschließen.« (S. 63)

Und weiter:
>»Odysseus ist wahrhaftig der Mann der Verweigerung in rationalistisch-patriarchalischer Form, der Mensch, der Angst hat vor allem, was sich in den Tiefen des Unbewussten abspielt, der Mann, der Angst hat vor der Frau …« (S. 63)

Nun seine Identifikationsfigur, der keltische Held (alle New Age-beeinflussten Frauen, hört gut zu!):
>»Der keltische Held geht entschieden weniger vorsichtig vor. Er zögert nicht lange, selbst auf die Gefahr hin, dass er nach dem Genuss seiner Abenteuer bitten muss, wieder Abschied nehmen zu dürfen, oder einen Fluchtversuch unternimmt. Er hat keinerlei Furcht, von der Frau ›entmannt‹ zu werden. Selbst der christianisierte keltische Held schreckt vor diesem Abenteuer, bei dem für ihn die Aussicht besteht, ›unterzugehen‹, nicht zurück. Im Gegenteil: er sucht es gerade … nach dem unerbittlichen göttlichen Gesetz muss

man erst durch den Tod gehen, bevor man in das wahre Paradies gelangt. Hieran kann man den Mentalitätsunterschied ermessen, der die Griechen ... von den Kelten trennt.« (S. 63)
Und noch ein weiteres Beispiel des frauenfeindlichen Denkens von Markale. Er stellt fest, Männer hätten Angst vor Menstruations- und Deflorationsblut, und führt weiter aus:

»Hieraus resultieren übrigens die während des Deflorationsaktes gelegentlich auftretenden Schwierigkeiten, sei es aufgrund einer mangelhaften Erektion des Mannes oder aufgrund des zu engen oder fehlentwickelten weiblichen Organs. Deshalb wurde in manchen Ländern die Defloration mit Hilfe eines scharfen Gegenstandes, eines Stockes oder eines Steines, vorgenommen. Vor allem aber erklärt das genannte Phänomen jenen kuriosen Brauch des ius primae noctis, eines Rechts, das keineswegs ein dem Herrscher gewährtes (oder von diesem beanspruchtes) tyrannisches Privileg war. Ganz im Gegenteil: da, wie angedeutet, die Defloration aufgrund der möglichen Schwierigkeiten, aber auch aufgrund des dabei auftretenden unglückbringenden Blutes eine nicht ganz ungefährliche Angelegenheit ist, bedarf es dazu einer physisch und vor allem geistig gefestigten, ›mächtigen‹ Persönlichkeit, – und das war eben der Geistliche, der König oder der Landesfürst ganz allgemein, denn nur eine solche Person hat die Macht, den Fluch abzuwenden, der sonst in voller Stärke auf den unglücklichen Ehemann niedergehen würde. Der Beweis dafür ist die Tatsache, dass diejenigen, denen es gelingt, in die Höhle einzudringen, stets außergewöhnliche Naturen mit einer nicht alltäglichen physischen und *geistigen* (Hervorhebung von Eveline Ratzel) Potenz sind ... Somit hat er eine *sakrale* Mission (Hervorhebung von Eveline Ratzel)«. (S. 78)

Diese »Analyse« ist die Legitimierung an Frauen begangener sado-ritueller Gräueltaten im Namen des Erhabenen/Sublimen.

Mit einem dritten Beispiel lasse ich es bewenden:
»Wie Otto Rank aufgezeigt hat, werden Städte erstaunlicherweise wie Frauen ›genommen‹ und Frauen gelegentlich wie Städte ›eingenommen‹ und ›erobert‹: beide müssen erobert werden, und beim Stu-

dium der Geschichte stößt man immer wieder auf Vorfälle, wo nach der Einnahme einer Stadt die Vergewaltigung ihrer Frauen nicht ein Akt barbarischer Brutalität, sondern ein Akt von eminent symbolischer Bedeutung war, ein Erinnern an Rituale aus weit zurückliegenden Zeiten.« (S. 82)

Dass Vergewaltigungen von Frauen im Kontext kriegerischer Er-oberungen von Städten stehen, ist wahrlich allseits bekannt und keineswegs »erstaunlich«; seit Jahrtausenden ER-lebten Frauen das, und heutzutage gibt es genügend Länder, wo diese Gräuel den Alltag von Frauen zeichnen. Auch die »eminent symbolische Bedeutung« steht dem in keinster Weise entgegen, legitimiert sie doch geradezu die patriarchale Sado-Gesellschaft. Dass die Vergewaltigung von Frauen allerdings kein Akt barbarischer Grausamkeit darstellt, ist die Botschaft des Sado-Ideologen Markale an Frauen: Glaubt der sakralen/sackokratischen Mission der Männer-Krieger, uminterpretiert eure realen Vergewaltigungserfahrungen als euren Beitrag, um *dazuzugehören,* dann seid ihr des Schutzes eurer Vergewaltiger/Eroberer/Erlöser gewiss.

Nach Darstellung der Markale'schen Sichtweise verwundert nicht, dass dieser Kenner der keltischen Mythologie ausgerechnet den aus Irland stammenden keltischen Mythos der »Macha Rothaar«[131] nicht in sein Buch aufgenommen hat; einen Mythos, der das elementale Ur-Bild der aus ihrem Selbst heraus Handelnden Frau/Hexe aufscheinen lässt und damit so ganz und gar nicht in die archetypische Fixierung der Frau auf den Mann passt. Diesen wesentlichen Hinweis verdanke ich Christa Wahnbaeck, die 1986 in einem Mythologie-Seminar auf Macha Rothaar (die Kämpfende mit der Rotmähne) aufmerksam machte.

Löpelmann merkt an:

> »Macha Mongruadh (= Rotmähne) ist eine dunkle Erinnerung an altes Amazonenwesen in Irland, an Mutterrecht und Frauenherrschaft in der Vorzeit.«[132]

Der Mythos lautet, grob skizziert, so:

---

[131] ERINN-Keltische Sagen aus Irland, hg. u. übersetzt von Martin Löpelmann, Düsseldorf/Köln, 3. Aufl. 1981, S. 94-110; Quelle: Annalen des Tigernach († 1088)
[132] Ebd., S. 436

Die Königstochter Macha Rothaar stellt den rechtmäßigen Anspruch auf die Königinnenschaft über Erinn (= Irland). Dieser wird ihr, da sie eine Frau ist, von den fünf Söhnen des Königs Ditorba streitig gemacht.
Löpelmann:
>»Es entbrennt ein Kampf, der deutlich den Streit um Vaterrecht oder Mutterrecht spiegelt.«[133]
Macha besiegt jeden der fünf Söhne im Waffenkampf und schickt sie, da jene ihr trotz Niederlage keine Lehensgefolgschaft leisten wollen, in die Verbannung. Die Söhne des Königs Ditorba (= der Nutzlose) heißen: Baeth (»einfältig, blöde«), Bras (»groß, dick, ungeschlacht«), Betach (»Übel, Schaden«), Mallack (»der Stolze, Übermütige«), Borbcass (»gelockter Dummkopf«).[134] In der Verbannung hecken die fünf Brüder Listen aus, wie sie die Bevölkerung zum Waffenkampf gegen die Königin Macha aufwiegeln könnten. Macha Rothaar sieht dies voraus und begibt sich in Gestalt eines alten aussätzigen Bettelweibes zu den Verschwörern. – Das alte hässliche Weib ist die in keltischen Sagen immer wieder auftauchende Kundrie la Sorciere (die Hexe), eine Verkörperung der Weisen Alten, die Vernichtung und Gestaltwandel symbolisiert. – Obwohl die Brüder feststellen, das Bettelweib sei hässlich wie die Morrigu (Morrigu ist die Hexe, die dem Männerkampf Unheil verkündet und bringt) oder gar die Bodb selbst (Bodb ist eine Kriegsgöttin, meist in der Gestalt der Krähe), versuchen sie, die Frau zu vergewaltigen und zu töten. Einer nach dem anderen zwingt sie, mit ihm in den Wald zu gehen. Macha überwältigt alle fünf und fesselt sie an Bäume. Das geschieht in der Nacht, die die Weise Alte ist.

»Als am nächsten Morgen das Licht der Sonne über die Höhen emporflammte …«, sprach das Bettelweib zu ihnen: »Mann für Mann habe ich euch gestern in der Nacht und ehrlich und kunstgerecht besiegt … Ein jeder von euch hat nach meinem Leibe gegiert, als er allein mit mir war, der eine, um ihn zu schänden, die andern, um ihn zu vernichten … Keinem von euch habe ich mich ergeben … Doch nun sollt ihr auch wissen, wer euch besiegt hat.«[135]

---

[133] Ebd., S. 437
[134] Vgl. ebd., S. 437
[135] Ebd., S. 107 f.

Macha springt im Sonnenlicht des Morgens in einen strudelnden Bach. In der Verbindung mit dem Element Wasser wandelt sie die Gestalt der Weisen Alten in die Gestalt der starken Fee-Frau, mit der elementalen Feuerkraft, die tätige, handlungsmächtige Frau. – Macha bereitet dem Wutgeschrei der Brüder ein Ende, indem sie einen hinter den anderen fesselt und sie in ihr Fürstentum treibt. Mit ihrer goldenen Haarnadel – die ihre Verbindung mit der Sonne symbolisiert – steckt sie die Grenzen ihrer als Wohnsitz geplanten Burg ab, lässt den fünf Brüdern, die sie begnadigt hat, den Kopf kahl scheren und sie an die Arbeit zum Burgbau treiben.

Elementale Arche-Bilder

Um hinter den Archetypen die Arche-Bilder besser vorscheinen zu sehen, die, wie Mary Daly sagt, elemental sind, habe ich Juni 1987 ein Gespräch mit Christa Wahnbaeck geführt.[136]
Ich stellte Christa Wahnbaeck Fragen nach der Archetyp-mäßigen Bezogenheit der Frau/Göttin auf den Mann innerhalb der keltischen Mythologie und nach elementalen Symbolismen, Ur-Bildern. Hier, mit meinen Worten, ihre Überlegungen:
»Du hast ein Zitat von Euripides ausgewählt. Natürlich ist es ein Witz, Euripides Frauenfreundlichkeit nachzusagen. Euripides war ein Frauenhasser und hat als solcher Frauen sehr ernstgenommen, da er starke Frauen kannte. Vergleiche seine Aussagen mit denen des Aristophanes; der macht sich in seiner *Lysistrata* doch nur noch lustig über Frauen. Er lebte in einer schwulen Kultur, und die ›Drohung‹ der Frauen, sich sexuell zu verweigern, war keine, wurde von Aristophanes nur verhöhnt.
Alle keltischen Mythen sind angesiedelt im Patriarchat; viele wurden erst im 13. Jahrhundert niedergeschrieben.
Du hast in deinem Text schon bewiesen, dass es Verbindungen zwischen der Frau/Göttin und den Elementen gibt. Und es ist richtig, dass in der Sage von Macha Rothaar die elementale Göttin sichtbar wird. Im Bereich der Märchen ist die *Frau Holle* ein gutes Beispiel, denn in

---

[136] Christa Wahnbaeck beschäftigt sich seit vielen Jahren mit Mythologien aus aller Welt. In Wilhelmshaven bietet sie Mythologie-Seminare für Frauen an.

der keltischen Mythologie sind alle Wasserplätze heilig. Das Mädchen springt in einen Brunnen und gelangt zur Frau Holle, der keltischen Unterweltgöttin Hel, wo sie ihre Lehrzeit absolviert und Priesterin der Göttin wird. Oder nimm die Geschichte von der schlafenden Regentrude (nacherzählt von Theodor Storm), die nur von einem Mädchen gesucht und geweckt werden kann. Das zum Wasser. – Die Kelten gelten als das Volk, das nur christianisiert werden konnte, weil es die Maria identifiziert hat mit der keltischen Göttin Dana, Morgana. Fee Morgane – daher der Ausdruck Fata Morgana. Dort, wo Frauen-Land war, schimmert in der Luftspiegelung die Morgana durch. Im Gilgamesch-Epos ist es die Göttin Ischthar, die in ihrem Zorn – das Element Feuer – alles verdorren lässt. In der Dreiheit Demeter-Hekate-Kore symbolisiert sich das Werden, Gedeihen und Verdorren der Erde. Die Göttin Nut in Ägypten – ihr Körper ist gewölbt als Firmament. Sie schluckt am Abend die Sonne und symbolisiert so den Kosmos und den Tag- und Nacht-Rhythmus. Wollen wir aber zum Elementalen kommen, müssen wir noch viel weiter zurückgehen. Frazer zeigt in seinem Buch *The Golden Bow*, dass z. B. Flüsse, Gebirge, Seen, Bäume die Göttin AN SICH waren. Jedes Element war SIE, und damit war sie auch jede Form der Kreativität, der Weisheit. Denke an die Römer mit ihrem Spruch »divide et impera« und stelle dir vor:
Wenn du das Element Wasser, das SIE war, teilst, indem du es bewohnst mit einer Nixe und das Wasser so zur Wohnstatt degradierst, so liegt hierin schon der patriarchale Bruch: Das Wasser als Wohnstatt wird für die Männer okkupierbar, jeder kann hineinspucken. Das gleiche gilt für die nun in der Nixe personifizierten Göttin, die so für den Mann eroberbar wird. An alten keltischen Funden zeigt sich, dass die Göttin nicht so sehr als Person dargestellt wurde, sondern in Symbolen wie Dreiecken, Spiralen. Je mehr stilisiert wurde, umso alltäglicher war die Göttin im Leben integriert. Wenn du dir das Buch der Höhlenforscherin Marie König[137] ansiehst – sie zeigt und analysiert die Symbolsprache der keltischen Münzen; z. B. das Linienkreuz, das magische Quadrat: die 4 Elemente, die 4 Himmelsrichtungen, die 4 Mond-

---

[137] Marie König: Unsere Vergangenheit ist älter, Frankfurt am Main 1980

phasen, die 4 Jahreszeiten, umspannt vom Kreis des Weltalls. Innerhalb der Viertelungen die heiligen Dreiecke. Marie König schreibt:
›Es war ein langer Weg, bis man von dem, was man am Himmel beobachtete, zu der Vorstellung von der Sonne als menschliche Gestalt kam, und die Kelten sollen gelacht haben, als sie in Rom menschliche Figuren fanden, die als Götter verehrt wurden.‹[138]
Nach der römischen Okkupation zwangen dann die christlichen Eroberer über den Trick der Maria den Kelten die männlich personifizierte Triade auf.«[139]

Das zweite Reich – Pyrosphären

Ausgehend von der These, dass Ausführende in Religion, Wissenschaft, Unterhaltung, akademischen Berufen, besonders therapeutischen, Leidenschaften und Tugenden zum Verstummen gebracht und in künstliche Produkte umgewandelt haben – analog der Herr-stellung künstlicher Erinnerung durch die Mythenmacher im ersten Reich –, sieht sich Mary Daly nach einer Arbeitshilfe zum Be-Zeichnen Elementarer Leidenschaften im Gegensatz zu künstlichen Leidenschaften um. Sie wählt die mittelalterliche scholastische Philosophie der elf Leidenschaften des Thomas von Aquin.
Sechs Leidenschaften werden dem *begehrenden* Streben zugerechnet: *Liebe, Sehnsucht, Freude* sind Bewegungen, die sich auf das für den Organismus als gut Gesehene richten; sie haben als jeweiligen Gegensatz die Leidenschaften *Hass, Abscheu, Trauer,* die sich auf die Abkehr von Üblem richten. Also: Liebe ist die Bewegung der Hinkehr zum Guten und Hass die Bewegung der Abkehr vom Übel. Das gleiche gilt für die Bewegungen Sehnsucht-Abscheu sowie Freude-Trauer.
Fünf Leidenschaften werden dem *überwindenden* Streben zugerechnet; sie richten sich einerseits auf das schwierig zu erlangende Gute durch Hinkehr zur *Hoffnung* und Zurückweichen vor *Verzweiflung,* andererseits auf das mühevoll zu vermeidende Übel durch Vermeidung von *Furcht* und

---

[138] Ebd., S. 126
[139] An dieser Stelle danke ich Christa Wahnbaeck für den Zu-Neigenden Frauenkontext, in dem unser Gespräch verlief und besonders für die metamorphosierende Kenntnis, dass »unsere Vergangenheit viel älter ist« und im ungeteilten elementalen SIE bestand/besteht.

Zugehen auf *Kühnheit*. Demnach sind Hoffnung und Verzweiflung Leidenschaften, die in Gegensatz zueinander stehen, ebenso Furcht und Kühnheit. Die elfte Leidenschaft, der *Zorn*, richtet sich auf das bereits vorhandene Übel, ihm ist gemäß dem Gegensatz von Hinkehr und Abkehr keine Leidenschaft entgegengesetzt.

Gemäß der oben genannten These geht es hier Mary Daly nicht um eine werkimmanente Betrachtung der systematischen Philosophie Thomas von Aquins und auch nicht um deren gesellschaftspolitische Implikationen[140]. Sie wählt diese Philosophie der Leidenschaften als Sprungbrett und führt hierfür als Gründe an:

– Die genannten Leidenschaften haben benennbare Ursachen, die ihnen innewohnende Logik machten das Benennen von Verursachern/Verursacherinnen und Objekten möglich, verlangten die Be-Zeichnung: z. B.: *Ich liebe* meine *Freundin, weil* ..., und: *Ich hasse* den *Vergewaltiger, weil* ... oder: *Ich sehne* mich nach einer *nicht (v)er-seuchten Umwelt, weil* ..., und: *Ich verabscheue* die *Nuklearstrategen, weil* ... (Mary Daly spricht von ihrer Abscheu vor dem Mangel an Abscheu in Frauen).

– Die aufgezählten Leidenschaften sind bewegende Emotionen, e-motion als *a motion*, d.h., sie machen Handlungen und Veränderungen möglich dadurch, dass sie sich auf etwas richten bzw. von etwas abkehren.

– Ihre Benennungen sind »klar, direkt und auf komplexe Weise einfach – und dies alles fehlt dem zeitgenössischen Psychogeschwafel.«[141] Sie bieten die Möglichkeit

»für einen Sprung hinter und/oder vor den Sumpf des vermanschten therapeutischen Jargons, in dem fast alle zeitgenossischen Diskussionen von ›Gefühlen‹ unterzugehen scheinen.«[142]

Im Gegensatz zu diesen bewegenden Leidenschaften, so Dalys These, gibt es Pseudoleidenschaften, die Produkte einer patriarchalen Produktion sind und Frauen lähmen, zähmen, dämpfen. Sie entdeckt zwei Arten: die »Plastik-Leidenschaften« und die »Bonsai-Leidenschaften«.

---

140 Vgl. Carolyn Merchant: Der Tod der Natur, Kap. 3, bes. S. 85 f.
141 Mary Daly: Reine Lust, S. 247
142 Ebd., S. 250

Vordergrund der Pyrosphären

Plastik-Leidenschaften

Mary Daly nennt die Plastik-Leidenschaften »Schleimpfropfen« und kennzeichnet sie folgendermaßen. Sie sind:
– »frei flottierende Gefühle, die zu immer größerer Beziehungslosigkeit und Zersplitterung führen«[143],
– »endlos«, führen zu Stillstand,
– restaurierte, verdinglichte Leidenschaften. »Da sie keine wahrnehmbaren auslösenden Ursachen haben, dienen sie dem ›Das-Opfer-ist-schuld‹-Mechanismus.«[144]
– Sie werden als namenlos erfahren (siehe Friedans Buch *Der Weiblichkeitswahn*, wo sie »das Problem ohne Namen« behandelt).

»Genau wie es zum Be-Zeichnen der Leidenschaften gehört, dass Handelnde und Objekte dieser Bewegung genannt werden, so gehört auch zu einem der Sache angemessenen Be-Zeichnen von Feminismus, dass sowohl die Stopper als auch die Richtung dieser Bewegung be-zeichnet werden. Alles andere ist Therapie, Psychogeschwafel, Therapie, Selbsthass, Therapie, Sinn- und Nutzlosigkeit.«[145]

»Diese unbewegenden, lähmenden Gefühle sind unter anderem: *Schuldgefühle, Angstgefühle, Depressionen, Feindseligkeit, Bitterkeit, Ressentiment, Frustration, Langeweile, Resignation,* ›Erfüllung‹. Natürlich existieren diese Gefühle; Frauen verspüren sie wirklich, und in diesem Sinne können sie als ›real‹ bezeichnet werden. Auch Plastikgegenstände existieren ja, und wir können sie anfassen.«[146]

Mary Daly beschreibt einige dieser Plastik-Leidenschaften; z. B. die ERfüllung:

»›Erfüllung‹ ist die therapeutisierte Perversion der Leidenschaft der Freude. Eine erfüllte Frau ist eine vollgefüllte Frau. Sie ist ein Gefäß, ein vollgestopfter Container; ihre Situation ist der eines wilden Tieres vergleichbar, das abgeschossen und ausgestopft wurde. Fulfill-

---
143 Ebd., S. 252
144 Ebd.
145 Ebd., S. 258 f.
146 Ebd., S. 252

ment (Erfüllung) wird definiert als ›die Handlung oder der Prozess des Erfüllens: AUSFÜHREN, EXEKUTION‹. Es bedeutet auch ›die Qualität oder der Zustand des Erfüllens: FERTIGSTELLUNG, ABSCHLUSS‹. Eine erfüllte Frau wurde exekutiert und fertiggemacht; mit ihr ist es aus. Nachdem sie ihr Leben in den Mädchenpensionaten der Fixer/Wichser/Schlitzer zugebracht hat, kann sie nirgends mehr hingehen/hinwachsen. Das Bild der erfüllten, fertiggemachten Frau ist die Endlösung der Fixokratie für die wanderlustigen Webweiber, die ihren letzten Grund, ihr eigenes, tiefes Ziel verfolgen.

Die voll-gefüllte/er-füllte Frau kann die E-motion der Freude nicht leben, denn das bedeutet Bewegung. Doch ist sie auch kein klarer Fall von Trauer, denn diese ist auch Bewegung – Abkehr vom gegenwärtigen Übel. Sie ist vielmehr tatsächlich deprimiert/niedergeschlagen – niedergedrückt vom Gewicht dessen, das sie vollfüllt und schließlich killt. Eine Frau schilderte es einmal so: Eine deprimierte Frau ist ein perfektes Werkzeug für das Patriarchat. Aus Frustration und geringem Selbstgefühl verzehrt sie sich nach romantischer Liebe und Ehe, Religion, professioneller Hilfe, Alkohol und Pillen und nach tausenden von Menschen/Männern-gemachten Dingen. Ihr fehlt die Energie, zurückzuschlagen oder voranzuschreiten, und sie hat ein unstillbares Bedürfnis nach männlicher Anerkennung. Sie ist psychisch impotent.«[147]

Bonsai-Leidenschaften (»potted passions«)

»Wie der dreißig Zentimeter hohe eingetopfte Bonsai-Baum, der 24 Meter hoch hätte wachsen können[148], sind diese Leidenschaften verkrüppelt; ihre Wurzeln reichen nicht in die Tiefe. Und da sie verzogen und verformt sind, krümmen sie sich in unnatürliche Richtungen, lassen sich auf die falschen Objekte ein.

Bonsai-Leidenschaften sind also Gefühle, die die Psyche zersplittern und verformen und damit wahre Leidenschaften verschleiern und pyrognostische Lust unbegreiflich machen. Auf diese Weise werden

---

[147] Ebd., S. 256 f.
[148] Mary Daly merkt hier ebd., S. 535 an: »Vgl. Marge Piercy's Gedicht ›A work of artifice‹«, in: To be of use, Garden City, N.Y., S. 3

Frauen im bockokratischen Staat eingeschüchtert und darauf eingespurt und dressiert, dass sie die falschen Dinge lieben und ersehnen und sich an den falschen Dingen erfreuen, dass sie die falschen Dinge hassen und verabscheuen und über die falschen Dinge trauern, dass sie auf die falschen Dinge hoffen und über die falschen Dinge verzweifeln, die falschen Dinge fürchten, die falschen Dinge wagen, sich über die falschen Dinge ärgern. Diese Leidenschaften sind in einer Weise ›real‹ (wie der Bonsai-Baum oder der Orangensaft in der Dose), doch sie bleiben hinter dem, was sie sein sollten, zurück und sind daher dysfunktional und potenziell tödlich (wie ein extrem niedriger Blutdruck oder die Unterfunktion der Schilddrüse).«[149]

Mary Daly verdeutlicht ihre Darstellung durch einige Beispiele und Analysen, die ich hier nicht alle nachvollziehen kann. Das Arsenal an injizierten Plastik- und Bonsai-Leidenschaften findet sich z. B. in ihrer Analyse des Filmes »Tootsie«,[150] die sinnvollerweise nachgelesen werden sollte. Plastik- und Bonsai-Wünsche und -Taten sind in einem Bogen angesiedelt, deren beide Enden markiert sind durch das Phänomen der athenischen Frau sowie das masochistische Modell.

Das Phänomen der Athenischen Frauen

Mit dem Phänomen der Athenischen Frauen[151] meint Daly Frauen,
»die Frauen und Natur mit Groll und Hass betrachten. In dieser Perversion ist Phyllis Schlafly[152] einsame Spitze. Sie ist das Stereotyp der wiedergeborenen Athene, die für Männer kämpft, und ganz offensichtlich Frauen hasst, und daher ist es nicht verwunderlich, dass ›während die Frauenfragen ihr Ruhm einbrachten, ihr Herz für (militärische, AdÜ) Verteidigungsfragen schlägt‹.[153] Die ›Frauenfra-

---

[149] Ebd., S. 259 f.
[150] Vgl. ebd., S. 260-263
[151] Benannt nach der Zeus'schen »Kopfgeburt« Athene.
[152] Phyllis Schlafly ist eine konservative US-amerikanische Politikerin und Publizistin, die in den 1960er-Jahren gegen Rüstungskontrollabkommen mit der Sowjetunion kämpfte. Außerdem gelten ihre Aktivitäten in den 1970er-Jahren als ausschlaggebend dafür, dass der Verfassungszusatz, der die Gleichberechtigung der Geschlechter festschreibt, zehn Jahre lang nicht von den einzelnen Bundesstaaten ratifiziert wurde. Noch heute ist sie die Präsidentin einer konservativen Pro-Familien-Organisation.
[153] Susan Page: That Schlafly Touch, S. 2; zit. nach Mary Daly: Reine Lust, S. 535

gen‹, die sie vertritt, unterminieren natürlich ganz grundlegend weibliche Unabhängigkeit und Hoffnung. Wie Andrea Dworkin meint, ›scheint (sie) in der Lage zu sein, die Ängste von Frauen zu manipulieren, ohne sie selbst erlebt zu haben‹.[154] Die ›Verteidigungsfragen‹ sind natürlich die Weitergabe nuklearer Waffen und der Bereich der Rüstungsindustrie. Vor Jahren schon gab Schlafly bekannt, dass sie gern Verteidigungsminister werden würde, und sie soll gesagt haben, die Bombe sei ›ein wunderbares Geschenk, das unser Land von einem weisen Gott erhalten hat‹.[155] Wie eine Art weiblicher Doktor Strangelove ist Schlafly das Bild einer wandelnden Pathologie, in der sich maschinenartige Gefühllosigkeit gegenüber Frauen mit der gleichen Art von Indifferenz gegenüber aller elementaler Natur und allem Leben, außer in fötaler Form, verbindet.«[156]

Diese Athenische Frau hat, denke ich, ein westdeutsches Pendant: Rita Süßmuth. Feministinnen, die sie auf Veranstaltungen gehört hatten, fiel vor allem ärgerlich auf, dass Süßmuth Anleihen aus der Begrifflichkeit der Frauenbewegung nimmt, in einen frauenfeindlichen Kontext stellt und besonders gern den Satz bringt: »Dies sage ich als Frau!« Ich hörte diesen Satz in einem makabren Zusammenhang: Während eines Interviews vor einigen Monaten[157] in der Tagesschau gab sie anlässlich des Aids-Erlasses der bayrischen Landesregierung ihren Lieblingssatz zum Besten. Was Süßmuth zum Thema Aids »als Frau« – als Athenische Frau – sagt und tut, ist bestens/schlechtestens durch ihre breit angelegten Plakat-, Schul- usw. Kampagnen bekannt; was sie als Frau nicht sagt, ebenfalls. Sie lässt in ihren Schulkampagnen – ALLE, Schülerinnen und Schüler, Eltern, Lehrerinnen und Lehrer, Gesundheitsamt, Aids-Hilfe, Staat, Süßmuth and so on, ALLE gemeinsam, ernsthaft optimistisch-funktionalistisch (am besten monogam) gegen den UNS gemeinsamen Feind Aids – Schülerinnen vermitteln, »wie Frau mit Aids Kondom geht«.[158] Selbstverständ-

---

154 Andrea Dworkin: Right-Wing Women, New York 1983, S. 30; zit. nach Mary Daly, ebd.
155 Susan Page: That Schlafly Touch, S. 2; zit. nach Mary Daly, ebd.
156 Mary Daly: Reine Lust, S. 266
157 Bezieht sich auf das Jahr 1987.
158 Gabriele Broetz, Brigitte Kroll: »Die politische Krankheit Aids: Eine neue Abtreibung der Frauenfrage?«, in: beiträge, Nr. 20, S. 67. Das Frankfurter Kabarett »Die Maininger« drückt es so aus: »Süßmuth ist nicht konservativ, sondern präservativ.«

lich wird auch von Süßmuth das große Tabu »Du Frau sollst keine Frau berühren« nicht gebrochen; lesbische Liebe unter Schülerinnen muss auch unter dem Thema Aids TABU bleiben. Kein Wunder also, dass Süßmuth sich ihren Künstlerinnennamen »lovely Rita« nicht nur bei ihren Sponsoren (v)er-dient hat, sondern auch bei von ihr beeindruckten Frauen mit Bonsai-Sehnsüchten.

Das masochistische Modell

Das masochistische Modell ist am anderen Ende des Plastik- und Bonsai-Spektrums zu finden.

»Wenn Gestalten wie Mutter Teresa von den Medien hochgejubelt werden, so gibt das den eingepflanzten Schuld- und Selbsthassgefühlen von Frauen, die spüren, dass sie solchen Maßstäben von Selbst-Aufopferung nie gerecht werden können, neue Nahrung. Diese Förderung/Einimpfung von Pathologie ist aus dem Schwall selbst-geißelnder Leserinnenbriefe zu ersehen, der jedem Artikel über Mutter Teresa und ihren Ansichten folgt. Als sie im Dezember 1979 den Friedens-Nobelpreis bekam, wurde berichtet, sie habe Abtreibung als ›die große Zerstörerin der Menschen in der heutigen Welt‹ verdammt.«[159]

Mary Daly zitiert aus einer Titelgeschichte im *Boston Globe* mit der Überschrift »Für sie besteht das Glück in 11 behinderten Kindern«:

»Dort wird eine Mutter von vierzehn Kindern, von denen elf behindert sind, zitiert, die sagt, obgleich sie ständig müde sei, sei sie doch so glücklich, ›dass ich manchmal deswegen Schuldgefühle habe‹.[160] Ja, in der paternal verkrüppelten Welt kann wahrlich keine Selbst-Aufopferung groß genug sein, um weibliche ›Schuld‹ auszulösen. Die Gleichung lautet vielmehr folgendermaßen: je mehr Selbst-Aufopferung, desto mehr ›Glück‹ und daher desto mehr ›Schuld‹. Das Ausmaß der emotionalen Verkrüppelung von Frauen durch die unablässige Propaganda der Nadelstiche ist unermesslich.«[161]

---
[159] Mary Daly: Reine Lust, S. 268
[160] Boston Globe, 19. Mai 1980, S. 1; zit. nach Mary Daly: Reine Lust, S. 269
[161] Mary Daly: Reine Lust, S. 269

Plastik- und Bonsai-Tugenden

Mary Daly verwendet als »Sprungbrett für die Be-Zeichnung elementaler pyromantischer Tugenden« ebenfalls die aristotelische/mittelalterliche Nomenklatur und Analyse der Tugenden.[162] Darin werden als sittliche Tugenden die vier Kardinaltugenden *Gerechtigkeit, Tapferkeit, Mäßigkeit* und *Klugheit* genannt. Mary Daly analysiert das Plastik- und Bonsai-Spektrum dieser Tugenden – hier soll lediglich am Beispiel der Tugend Tapferkeit ihre Analyse vorgestellt werden.

»Plastik-›Mut‹, auch ›Tapferkeit‹ genannt, ist im Lande der Knilche allgegenwärtig. Es ist eine gedankenzündende Ent-deckung, dass in der klassischen christlichen Theologie das Märtyrertum als eine der entscheidenden Handlungen der Tapferkeit angesehen wurde.[163] Dies ist ja wahrlich die entscheidende Handlung, die den Frauen abverlangt wird.«[164]

»Der Plastik-Mut, der sich in masochistischen Handlungen des Martyriums kundtut, fixiert Frauen auf einen statischen Zustand, welcher der Status des Martyriums ist. Innerhalb dieses Status/Zustands bekommen Frauen verschiedene Selbstmord-Modelle angeboten – am populärsten sind die langsamen, passiven Formen eines langen Leidens. Es gilt auch eine Form von Plastik-Mut, die ich die ›athenische‹ nennen möchte, es ist die Darstellung des anderen Extrems von Masochismus/Martyrium. Die wiedergeborene Athene, welche die Kämpfe der Väter und Söhne ausficht, besitzt keine Loyalität zu ihren Schwestern. In ihrer Rolle praktiziert sie modellhaft masochistischen ›Mut‹, denn sie verleugnet und vereitelt ihr wahres Eigeninteresse, – häufig in dem illusionistischen Glauben, sie handele aus ›aufgeklärtem Eigeninteresse‹. In Wirklichkeit handelt sie im Interesse der fiktiven Vordergrund-Selbst und gibt damit dieser Fiktion neue Nahrung. Als fiktive Kämpferin und Abklatsch einer Amazone er-(ent-)mutigt sie Frauen zum masochistischen Martyrium in Knechtschaft zum Sado-Staat. Noch irreführender als die sich offen

---

162 Ebd., S. 272-275
163 Thomas von Aquin: Summa Theologica II-II, q 124, a, 2; Anm. in Mary Daly: Reine Lust, S. 535
164 Mary Daly: Reine Lust, S. 279

selbst-aufopfernden Frauen praktiziert diese ›Athene‹ die ›Tugend‹ des Sadosoldaten: sie akzeptiert bereitwillig den Tod ihrer Selbst in einem Kampf, der nicht für ihre Sache geführt wird, sie dient freiwillig in einer Armee, die die Zerstörung ihrer Selbst plant, denn für den Staat der Geilheit ist jenes Selbst der Erbfeind.
Neben diesen Plastik-Simulationen von Mut gibt es auch noch Bonsai-Abarten dieser Tugend. So kann der Mut, einen akademischen Grad zu erringen, eine gute Sportlerin zu werden, in einem Job Erfolg zu haben, sich sogar einer ›Autorität‹ entgegenzustellen, in allen Fällen bewunderungswürdig und wichtig sein. Geschehen solche mutigen Handlungen jedoch nicht im Kontext, das heißt, geschehen sie im Glauben, solche Scharmützel reichten aus oder es genüge, bis dahin und nicht weiter zu gehen, so bleiben sie Handlungen von Bonsai-Mut, verkümmert, abgekapselt, von oberflächlicher Attraktion, Handlungen, die des Lobes der Väter sicher sein können. Eine Frau, die durch bestimmte, einige Kühnheit erfordernde Verdienste eine ›Ausnahme‹ ist, die jedoch das Establishment nicht bedroht, erweist den Betrügern gute Dienste.«[165]
Es fällt wohl schwer, unzweifelhaft und zutreffend eine Unterscheidung zwischen Plastik- und Bonsai-Mut zu finden. Sicher ist Süßmuths Mut Plastik-Mut – zumindest seit sie auf dem Ministerinstuhl sitzt – indem sie Frauen kondomisiert. (Oder tut sie das nur, um ihre Schwestern oder das fötale Leben vor Abtreibung zu schützen?) Was aber ist mit der Frankfurter Ärztin Prof. Dr. Eilke Brigitte Helm, die diesjährige[166] Empfängerin des Großen Bundesverdienstkreuzes für ihre Aids-Forschung und -Beratung? Unter den herr-schenden Bedingungen eine medizinische Karriere als Frau zu wagen und an patriarchal-exponierter Stelle zu forschen, bedarf sicher einer ganzen Bannbreite kühner Tugenden – doch wofür und für wen? Nehmen wir Mary Dalys oben zitierte Analyse des Bonsai-Mutes, so ist zutreffend, dass die Professorin Helm als Ausnahme-Frau per Verdienstkreuz geehrt wurde, dass sie den Betrügern des patriarchalen Establishments gute Dienste geleistet hat – wenn dies auch nicht seitens Frau Helm mit böser Absicht oder mit Verrat an Frauen zu tun haben muss.

---

165 Ebd., S. 280-281
166 1987

Offener Verrat an Frauen oder Bonsaisierung von Frauen – auch dies ist wohl nicht immer eindeutig entscheidbar, aber als zusätzliche Überlegung hilfreich.

Als Beispiel für Plastik-Mut, einhergehend mit offenem Verrat an Frauen, sei die Aktivität der Professorin Evelyn Hinz während eines D.H. Lawrence-Festivals genannt. Die *New York Times* berichtet:

> »Prof. Evelyn Hinz versuchte, Lawrences Werk vor dem Vorwurf des Misogynismus, von dem es in letzter Zeit heimgesucht wurde, in Schutz zu nehmen. Professor Hinz stellte in einem re-visionistischen Vortrag fest, dass Lawrence keineswegs die Frauen verachtete, sondern sie vielmehr verehrte. In der nachfolgenden Diskussion waren sich alle Seiten darin einig, dass die Tatsache, dass Lawrence seine Frau Frieda zu verprügeln pflegte, nichts mit der Sache zu tun habe, denn sie sei eine äußerst schwierige Frau gewesen.«[167]

Welche die misogynen Macho-Werke *Lady Chatterley*[168] oder *The Fox* von Lawrence gelesen hat, wird als Feministin sicherlich keine Schwierigkeiten haben, Hinz' Karriere als Plastik-Mut zu identifizieren. Bonsai-Mut akademischer Frauen liegt m. E. dann vor, wenn jene feministische Studien an den Universitäten betreiben, aber Studentinnen einspuren und ihre Sichtweisen verkürzen auf von-Männern-zugelassenen Gleisen und die von Männern nicht zugelassene (siehe den Separatismus-Vorwurf von Habermas oder das Marcuse-Diktum: Feminismus muss sozialistisch sein) radikal-feministische Theoriebildung verkürzen.

Als drittes Beispiel für eine Unterscheidung zwischen Plastik- und Bonsai-Mut auf literarischer Ebene seien die beiden Frauengestalten Melanie und Scarlett in Margaret Mitchells *Vom Winde verweht* genannt. Aus einem fiktiven Brief von Renate Stendhal an Margaret Mitchell beschreibt sie m. E. witzig und scharfsinnig, worum es geht: Melanie

> »erfüllt ein ständiges Übersoll an (madonnenhafter) ›Weiblichkeit‹, und daran lässt Du sie, wie zur Strafe für ihre unbelehrbare Aufopferung, zugrunde gehen, Scarlett ist ›androgyn‹ und immer im Zwei-

---

[167] Zit. nach ebd., S. 267
[168] Vgl. dazu auch Kate Milletts Analyse in: Sexus und Herrschaft. Die Tyrannei des Mannes in unserer Gesellschaft, München 1974, S. 311-383

fel, ob sie denken darf wie ein Mann oder ob sie aufhören muss zu denken, weil ein Mann Anstalten macht, sie zu küssen. Durch ihr unablässiges Nachdenken darüber, wie sie sein sollte und was wohl im nächsten Moment von ihr erwartet wird (das Drama des begabten Mädchens!), entgeht ihr immer wieder Realität – ihre eigene wie die der Männer, die ihr wichtig sind. Ihr nüchterner Verstand wird vom Weiblichkeitswahn der ›Southern Belle‹ eingeschnürt wie ihre Taille ... Natürlich plant Hollywood ein längst aktuelles Remake: Rhett als Greenpeacer, Scarlett als Karrierefeministin, Ashley als Sanjasin und Melanie in der Krebshilfe ...«[169]

Neben der Schwierigkeit der Unterscheidung zwischen Plastik- und Bonsai-Ausprägungen ist doch als wichtigste Unterscheidung die zu treffen zwischen der Pseudo-Tugend Mut und der vulkanischen Elementalen Tugend Mut. Diese Frage sei zunächst zurückgestellt zugunsten einer erst breiteren Beschäftigung mit den Tugenden des Hintergrundes.

Hintergrund der Pyrosphären – Vulkanische Tugenden

Mary Dalys These: In dem Ausmaß, in dem wir uns unserer Macht sowie der neuen/uralten Wahrnehmung elementaler Rhythmen im Leben bewusst werden, desto deutlicher spüren wir die Fälschungen und Disharmonie der künstlichen Welt der Väter als Entfremdungen in den Fasern unserer physischen und psychischen Substanz. Das Wahrnehmen der eingelagerten Muster ist demnach Bestandteil des die Ekstase der Pyrosphären begleitenden Exorzismus. Dies geschieht durch Aneignen neuer Tugenden – »nicht durch Wunschdenken, sondern vielmehr durch mühsame Praxis, durch immer neu vollzogenes Handeln.«[170]

Vor der Be-Zeichnung vulkanischer Tugenden versuche ich zunächst, das Wort Tugend zu exorzieren.

In der deutschen Übersetzung der Werke Aquins ist Tugend »ein gutes Tätigkeitsgehaben«, was im Gegensatz zum modernen Wort »Verhalten« den Aspekt des Handelns, des Tuns betont. Die thomistische Lehre des Mittelalters stützt sich auf die aristotelische Philosophie und ist unter dem

---

[169] Renate Stendhal in: Virginia, Nr. 1, Okt. 1986, S. 16 f.
[170] Mary Daly: Reine Lust, S. 330

Blickwinkel der Tugendlehre insofern interessant, als jegliches »gute Tätigkeitsgehaben« in organischer Verbundenheit miteinander und mit den Leidenschaften existiert. Beispielsweise ist die vernunftgerichtete Tätigkeit durch Klugheit geleitet, die wiederum mit sittlichen Tugenden wie Mut oder Gerechtigkeit verbunden ist (Klugheit ist ohne sittliche Tugenden nicht möglich), gespeist von der ganzen Konstellation der Leidenschaften. Auch wenn hier der Raum für deutlichere Ausführungen fehlt, klingt m. E. doch an, dass diese Sichtweise als Sprungbrett ganzheitlichere Betrachtungen möglich macht.

Wichtig zu merken ist mir, dass nach der thomistischen Philosophie keine Tugend gesondert existieren kann und dass der Aspekt des Handelns, der aktiven Bewegung dieser Lehre implizit ist.

Sehen wir dagegen die in den Lexika und pädagogischen Werken des 19. Jahrhunderts ausgemachten »weiblichen Tugenden«, die in dichotomischem und komplementärem Gegensatz zu den »männlichen Tugenden« stehen, so zeigt sich die inflationäre Verflachung des Begriffs Tugend, der jetzt, aus organischen Zusammenhängen herausgerissen, einzeln für sich dasteht, angeblich in der imaginierten weiblichen bzw. männlichen »Natur« verankert. Die den Frauen angedichteten Tugenden wie Passivität, Schwäche, Komplementarität u. a. können nach der thomistischen Lehre gar keine Tugenden sein. (Was nicht bedeutet, dass Thomas von Aquin ebenso wie Aristoteles nicht auch diskriminierende Vorstellungen über die »weibliche Natur« hatten.) In den heutigen westlichen Gesellenschaften wurde das Wort Tugend ersetzt durch »Verhalten« und damit zum endlos leeren und durch alles er-füllbare Wort. Verhalten ist handeln oder nicht handeln, urteilen oder nicht urteilen, ein Begriff ohne Wertung – aber immerzu ER-klärungs- und therapiebedürftig.

Natürlich/Un-natürlich wird der Gedanke, dass Tugend aktives, gerichtetes Handeln ist, männlich zugeordnet: Im »Kluge« findet sich fürs mittelhochdeutsche *tugent:* »(männl.) Tüchtigkeit, Kraft, gute Eigenschaft«.[171]
Die Philosophen der athenischen Klassik, Platon und Aristoteles, lassen keinen Zweifel daran, dass menschliche Tugenden männliche sind. Mary Daly schreibt:

---

[171] Vgl. Friedrich Kluge: Etymologisches Wörterbuch der deutschen Sprache, Berlin, New York 1975.

»Für viele wütende Furienfrauen ist es ein Problem – oder es ist ihnen gar zuwider – ein ›gutes Tätigkeitsgehaben‹ (Verhalten) als ›Tugend‹ zu bezeichnen. Allein schon dem in die Särge patriarchaler moralischer Ideologie eingesperrten Wort *Tugend* scheint Verwesungsgestank zu entströmen. Genau gesagt ist dieser Gestank das Aroma der Heuchelei. Wenn Viragos sich mühen, das Wort *Tugend* aus den Friedhöfen der phallischen Ethik zu exhumieren, stinkt es in der Tat zunächst einmal nach Umkehrungen.«[172]

Nach Brita Rang zeigt sich in der Renaissancebeschreibung der Natur der Frau/des Mannes eine vorherrschende dichotomische Zuordnungspraxis, die dem Weiblichen attribuiert:

»passiv, gehorchend, kalt, feucht, Stille, böse, schwach/feige, unbeständiger, schwacher Geist, Tugenden (Schamhaftigkeit/Keuschheit)«.[173]

Frauen des 19. Jahrhunderts setzten sich mit diesen patriarchalen Zuordnungen im Zuge der Frauenbewegung massiver und breiter auseinander als die Frauen der Jahrhunderte zuvor. Den Trick der Umkehrung haben manche begriffen und kritisiert; m. E. genial und am rigorosesten die österreichische Philosophin und Philologin Helene von Druskowitz (geb. 1858) in ihrer 1905 erschienenen Schrift *Pessimistische Kardinalsätze. Ein Vademekum für die freiesten Geister.* Dort betrachtet sie das Waffenarsenal der patriarchalen Imaginationen im Einzelnen; sie kommt zu dem Ergebnis, dass von-Männern-gemachte Zuordnungen an ihresgleichen sowie an Frauen umgekehrt polare euphemistische Schutzbehauptungen zur Bedeckung ihrer »geschlechtlichen Schmach« sind, die Frauen mittragen sollen.[174]

Eine moderne Version der »Kardinalsätze« sind Valerie Solanas Thesen in *S.C.U.M.*, aus denen Mary Daly zitiert, um den Umkehrungstrick deutlich zu machen. Dieser äußert sich nach Valerie Solanas darin, dass der Mann

---

[172] Mary Daly: Reine Lust, S. 330
[173] Brita Rang: »Zur Geschichte des dualistischen Denkens über Mann und Frau – Kritische Anmerkungen zu den Thesen von Karin Hausen zur Herausbildung der Geschlechtscharaktere im 18. und 19. Jahrhundert«, in: Dalhoff/Frey/Schöll: Frauenmacht in der Geschichte, Düsseldorf 1986
[174] Helene von Druskowitz: Pessimistische Kardinalsätze, in: Hanna Hacker: Eigensinn und Doppelsinn in frauenbezogenen und lesbischen literarischen Texten österreichischer Autorinnen 1900-1938, Kulturjahrbuch 2, Wien 1983
[175] Valerie Solanas: Manifest zur Vernichtung der Männer, SCUM, S. 29; zit. nach Mary Daly: Reine Lust, S. 330 f.

»alle weiblichen Charakteristika für sich selbst in Anspruch nimmt
… und indem er auf die Frau alle männlichen Züge projiziert …«[175]
Mary Daly stellt nun das Wort Tugend in einen anderen Kontext:

> »Virgos – also Frauen, die ›niemals gefangen genommen‹ wurden, die ›UNBEZWUNGEN/NICHT UNTERWORFEN‹ sind – werden damit fortfahren, unsere eigenen guten (das heißt lebensbejahenden) Qualitäten (Verhaltensweisen) zu be-Zeichnen. Wenn wir uns dabei für die Bezeichnung ›Tugenden‹ entscheiden, so hören wir dieses alte Wort auf neue Weise, und damit wird es zu einem Neuen Wort. Es steht für die Qualitäten unbezwungener/nicht unterworfener Frauen, also Virgos. Da wir wissen, dass das Wort *virgin* (Virgo, Jungfrau) mit dem lateinischen virga grünender Zweig (Pfropfreis, AdÜ) zusammenhängt, beanspruchen wir das Wort Tugend *(virtue)* ebenfalls als ein Pfropfreis, eine neue Be-Zeichnung am Baum der Worte. Wenn Virgos/Jungfrauen das Wort Tugend benutzen, um damit unsere Stärke zu be-Zeichnen, ist es ein jungfräuliches Wort. Unsere Tugenden sind jungfräuliche Tugenden *(virgin virtues)*.«[176]

Mit dieser Neube-Zeichnung definiert Mary Daly anhand der Begriffe Klugheit, Mut, Nemesis (statt Gerechtigkeit) und Mäßigkeit vulkanische Tugenden. Hier sollen Klugheit und Mut zur Darstellung kommen.

Klugheit

Nach der klassischen Ethik ist Klugheit (lat. *prudentia,* engl. *prudence*) eine Verstandestugend, die befähigen soll, ein Maß der Mitte zu finden und Extreme zu vermeiden. Insofern wird die Klugheit instrumentalisiert und funktionalistisch eingesetzt als Mittel zur Erreichung eines Zieles. Fragen nach dem Warum der Tugenden sind in der »virilen/virösen Klugheit« nicht vorgesehen.

> »Die Klugheit der Prüden betritt jungfräuliches/unentdecktes Territorium. Sie setzt nicht voraus, dass die Antworten auf die Fragen warum? oder was? bekannt sind. Jungfräuliche Tugend befasst sich nicht lediglich damit, die Mittel zu vorausbestehenden Zielen heraus-

---

[176] Mary Daly: Reine Lust, S. 331

zufinden (und abzuschätzen, wie diese zu erreichen sind), sondern auch damit, die Ziele und Zwecke in Frage zu stellen. Eine stolze Prüde fragt ihre eigenen Wilden Warums, und in deren Licht kann sie dann radikal andere Mittel und Wege in Betracht ziehen. Indem sie die Grundvoraussetzungen des Patriarchats an sich in Frage stellt, gibt ihr die pyrogenetische Leidenschaft die Kraft, genau jene als selbstverständlich betrachteten, seit frühester Kindheit in die Psyche von Frauen eingepflanzten Mittel/Zwecke zu hinterfragen.«[177]

Oder ich kann die näxische Frage stellen: Warum beschäftigen sich feministische (Sozialisations-)Forscherinnen ausgiebig »nur« mit der Frage nach den Mechanismen unserer frühkindlichen und lebenslänglich erzwungenen ZU-Richtung auf ein »Antwortverhalten« (Uta Enders) und nicht oder kaum angemessen mit den tiefen Fragen und dem ungläubigen Verwundertsein über eine Welt, die unserem Streben und Sehnen auf so unfassbare Weise entgegenstand/steht an Stationen unseres Lebens, an denen unsere Sehnsüchte nach Glücklichsein (im philosophischen Sinne) elemental und vordringlich waren/sind.

Welcher Art sind jene Fragen, welche »Wilden Warums« drängen Frauen, immer wieder Stürme aufzumischen gegen alle Catch 22-Situationen[178], gegen die doch so perfekt inszenierten Umkehrungen nach dem Orwell'schen Muster? Hier geht es nicht um eine Beweisführung des Anders-Seins, sondern um die Suche nach Fragen aus authentischer Wahrnehmung, die uns anwesend machen im Gegensatz zu den Meilensteinen sekundär vermittelter Erinnerungen.

Anregungen hierfür finden sich viele im Werk Virginia Woolfs. Ein Beispiel aus *Ein Zimmer für sich allein,* wo sie die zufriedene Stimmung der Dichter einer Luncheon-Party beschreibt, verwöhnt von exzellenten Speisen, Weinen, intellektuellem Austausch (wenn auch nicht scharfsinnig, wie sie bemerkt), einer guten Zigarette …:

»Wenn glücklicherweise ein Aschenbecher zur Hand gewesen wäre, wenn man nicht stattdessen die Asche aus dem Fenster geschnippt

---
[177] Ebd., S. 334
[178] Catch-22 ist ein Ausdruck aus dem Militärjargon des Zweiten Weltkrieges und der Titel eines berühmten Buches von Joseph Heller; der Ausdruck ist ein Symbol für die totale Absurdität von Vorschriften, Verfahren, Verhalten, welche jedoch gleichzeitig die Falle darstellen, in der alle gefangen sind.« Anmerkung von Erika Wisselink in Mary Daly: Gyn/Ökologie, S. 291

hätte, wenn die Dinge ein bisschen anders gelaufen wären, als sie es nun taten, dann hätte man wahrscheinlich nicht die Katze ohne Schwanz gesehen. Der Anblick dieses abrupt abbrechenden, verstümmelten Tieres, das auf sanften Pfoten über den Collegehof lief, ließ durch einen glücklichen Zufall der unbewussten Intelligenz auf einmal alles in einem anderen gefühlsmäßigen Licht erscheinen. Es war, als ob jemand über alles Schatten hätte fallen lassen. Vielleicht hatte der exzellente Rheinwein in seiner Wirkung nachgelassen. Zweifellos, während ich die Manx-Katze sich mitten auf dem Rasen niederlassen sah, als zweifle auch sie am Universum, schien etwas zu fehlen, schien etwas anders zu sein. Aber was fehlte denn, was war anders, fragte ich mich, während ich dem Gespräch folgte.«[179]
Interessant auch die Beobachtung des Sozialpsychologen McClelland, dass »seine« Studentinnen bereit waren, sich mit Virginia Woolfs Gedankengängen zu befassen, während die Studenten eher ungeduldig wurden und sich langweilten.[180] Diese Beobachtung gibt die virile Klugheit wieder, die es drängt, nach nur deutlich sichtbaren Zusammenhängen auf den Punkt zu kommen. Demzufolge ist Virginia Woolfs Klugheit geprägt von »charakteristischen Unklarheiten« sowie von dem unklugen/unwissenschaftlich-schlampigen Vorgehen, ganz unterschiedliche, wohl doch »willkürlich« zusammengeholte Dinge, die wohl nichts miteinander zu tun haben und für sich genommen so lapidar wirken, zusammenzusetzen.

Nach klassischer Auffassung soll die Klugheit acht »Ganzheitsteile« haben: Erinnerung, Verstand, Belehrbarkeit, Scharfsinn, Vernunft, Weitblick, Umsicht, Vorsicht.
Mary Daly versucht frauenidentifizierte Deutungen dieser Elemente, indem sie zur traditionellen aristotelisch/thomasischen Sicht Gegenthesen aufstellt.[181] Ich stelle einige dar:
a) Erinnerung
traditionell: Klugheit braucht Erfahrung; diese entsteht aus mehreren Erinnerungen.

---
179 Virginia Woolf: Ein Zimmer für sich allein, Frankfurt am Main 1981, S. 16-17
180 Vgl. David McClelland: Macht als Motiv, Stuttgart 1978
181 Mary Daly: Reine Lust, S. 335-347

Daly: Patriarchale Klugheit beruht auf restaurierten künstlichen Erinnerungen[182], die die Erfahrungen von Frauen umformen. Frauen können die Erinnerungen authentischer individueller und kollektiver Erfahrungen hervorrufen und die Bindeglieder zwischen diesen Erinnerungen mit pyrosophischer Klugheit entdecken, d.h. den Frauen-eigenen Kontext von Frauenerfahrung wieder weben.

b) Verstand, Einsicht
traditionell: ein rechtes Urteil über ein Einzelziel
Daly: Die von-Männern-verordneten Ziele und Zwecke innerhalb der künstlichen Abläufe werden durch die Einsicht vulkanischer Klugheit transzendiert durch Fragen nach dem letzten Grund (philosophische Sprache), dem eigenen Lebensziel einer Frau, das sie beim Prozess des Seiens bewegt.

c) Scharfsinn (engl. *shrewdness*)[183]
traditionell: Ohne langes Überlegen, die Bindeglieder in Situationen zu erfassen.
Daly: Der Scharfsinn derer, die patriarchale Klugheit besitzen, funktioniert gut innerhalb eines voraussagbaren Schemas von Umständen, die in dieser oder jener Form von patriarchaler Gesellschaft vorherrschen. Ein solcher Scharfsinn kann jedoch nach den Maßstäben gewitzter Weibsen höchst unscharfsinnig sein, denn gewitzte Weiber verhalten sich keineswegs berechenbar nach irgendwelchen phallischen Vorstellungsmustern, wie Frauen »normal« zu reagieren haben. In dem Ausmaß, in dem wir gewitzten Weiber die Normen »normalen Verhaltens« aus unseren Handlungen exorziert haben, entgehen wir dem Zugriff der Herren und lassen sie durch fehlende Bindeglieder verunsichert zurück. Unsere scharfsinnigen Mutmaßungen bewegen sich in einem anderen Kontext. Wenn wir gewitzten Weiber also abschätzen, welche Risiken wir eingehen wollen, stützen wir uns auf das tiefe Wissen über die Absichten der Patriarchen.

---

182 Vgl. Robert J. Liftons Konzept des »restaurationistischen Totalitarismus«, in der Abfolge: Vernichtung, Erneuerung, Umarmung und abhängige Verehrung, ebd., S. 166.

183 Erika Wisselinck übersetzt Dalys »Shrews« nicht mit »die Scharf-sinnigen«, sondern mit »gewitzte Weiber«; vgl. ebd., S. 338.

Die Tiefe dieses Wissens radikalisiert gewitzte Weiber in einem Ausmaß, das die Kapazität patriarchaler Vorstellungskraft übersteigt und damit vulkanische tugendhafte Handlungen für Patriarchen unberechenbar macht – während Sado-Verhalten weiterhin völlig berechenbar bleibt. Letztlich geht es jedoch um den Scharfsinn stolzer Prüden, die ihre Fähigkeit zu moralischer Empörung im Namen weiblichen Elementalen Sei-ens realisiert haben. Sie verschwenden ihre Kraft nicht mehr dazu, die Vordergrund-Herrscher/-Betrüger zu enträtseln. Wir stolzen Prüden konzentrieren vielmehr gewitzt unser Feuer/Begehren und fördern damit die Bewegung der biophilen Rasse.

d) Vorsicht

traditionell: Weil »wie Wahres mit Falschem so auch Schlechtes mit Gutem vermischt werden kann, und zwar wegen der Vielfalt solcher Handlungen, in deren Bereich das Gute meistens vom Schlechten behindert wird und das Schlechte den Anschein des Guten hat.«[184]

Daly: Frauen werden definitiv von der Wahrnehmung von Situationen genervt, in denen »das Schlechte den Anschein des Guten hat«, denn phallische Ethiker legitimieren unterdrückerische Bedingungen für Frauen als »gut«. Pyrosophische stolze Prüde sehen sich vor ganz anderen Manifestationen der Umkehrung, wenn nämlich gute, natürliche Handlungen und Situationen von den Meistern männlicher Moralität als »schlecht« bezeichnet werden.

»Die subtile Aufgabe ist nun festzustellen, was für Frauen gut/natürlich ist, und dieses unser Erbe zurückzufordern – ein Erbe, das im Patriarchat weltweit so verfälscht wurde, dass wir zunächst einmal kaum Worte finden können, unsere Wahrheit zu be-Zeichnen. Für eine solche Aufgabe brauchen wir aktive, kühne, kreative Vorsicht. Wir vermeiden oder bekämpfen das Übel, das allgemein als das Gute dargestellt wird (ganz gewiss keine kleine Aufgabe). Eine Frau muss jedoch mit all ihrem Mut und ihrer schöpferischen Kraft – mit ihrem Lebensprozess – das Gute wieder be-Zeichnen, das ihr im Verlaufe des Prozesses, mit dem es als das Böse stigmatisiert wurde, gestohlen worden ist.

---

[184] Thomas von Aquin: SUMMA THEOLOGICA II-II, q. 49, a. 8c; zit. nach Mary Daly: Reine Lust, S. 344

Diese kreative Vorsicht der Prüden, die Weigerung, uns durch Betrug von dem trennen zu lassen, was Ursprünglich gut ist, ist schlau/unheimlich (canny/uncanny).«[185]

Mut/Courage[186]

»Abgeleitet vom lateinischen *cor* Herz steht *Courage* für eine tief im Herzen empfundene, leidenschaftliche Stärke.«[187]
Dieser Mut ist notwendigerweise un-er-hört, empörend *(outrageous)*. Mary Daly zitiert Bedeutungen von *outrageous:*
»›die Grenzen dessen, was normal oder erträglich[188] ist, überschreitend‹ ... ›äußerst anstoßerregend; missachtet Anstand und guten Geschmack‹.«[189]
Sie sieht in solcher Missbilligung Anzeichen für Fortschritte im Umkehren der herrschenden Umkehrungen bei mutigen/beherzten Frauen, denen das Vordergrund-Etikett »geschmacklos« verpasst wird.

»Den Kern/das ›Herz‹ des Irrgartens der Umkehrungen, die von wütenden, unerhört empörten Frauen wieder umgekehrt werden müssen, bilden die Sado-Ideologie und der Sado-Symbolismus vom Herzen.«[190]
Die Dichotomie Herz/zentrale Weisheit des Gefühls/Frau und Kopfweisheit der Vernunft/Mann weist nach Daly auf die symbolische Abspaltung des Herzens vom intellektuellen Mut, weist auf die Absicht der Enthaupter, Frauen von ihrer aktiven Potenz abzuschneiden. Die Enthaupter lassen der kopflosen Frau eine gefühlsduselige Sentimentalität, die der Kontrolle durch seinen Kopf/Das Haupt bedarf.

»Nur wenn sie sich wieder ein Herz fasst, wenn sie mutig die Sünde[191] begeht, ihre Leidenschaft und ihren Intellekt wieder zu einer Einheit zu machen ...«[192],

---

[185] Mary Daly: Reine Lust, S. 345
[186] Erika Wisselinck merkt an: »Unübersetzbare Alliteration: *Outrageous, Contagious Courage.*« (Ebd., S. 354)
[187] Ebd.
[188] er-träglich – was Ihm zuträglich ist
[189] Ebd.
[190] Ebd.
[191] An anderer Stelle klärt Mary Daly ihren Gebrauch des Wortes Sünde: Etymologisch kommt Sündigen von *to sin*, was gleichzeitig die Bedeutung »sein« hat. Eine Frau, die IST im Sinne von Anwesend Sei-en, sündigt im patriarchalen Kontext. Also die Sünde des Sei-ens.
[192] Ebd., S. 355

wird der Mut realisationsfähig und so zum »Herzstück« der Frauenbewegung. Mary Daly zitiert Elizabeth Cady Stanton, die schrieb:

»Die Art und Weise, wie dem Mädchen aller Mut und alles Selbstvertrauen aberzogen wird, wie man ihr ihren Lebensweg voller überhaupt nicht existierender Gefahren und Schwierigkeiten ausmalt, stimmt zutiefst melancholisch. Es ist bei weitem besser, gelegentlich Kränkungen zu erleiden oder lieber gleich zu sterben, als das Leben eines *Feiglings* zu führen oder sich nie ohne Beschützer zu bewegen. Der beste Schutz jeder Frau, der ihr zu allen Zeiten und an allen Orten zur Verfügung steht, ist Mut; den muss sie selbst durch ihre Erfahrung gewinnen, und Erfahrung wiederum entsteht, wenn wir uns nicht verkriechen.«[193]

In Mary Dalys metaphorischer Sprache:

»Eine Frau, die Mut fasst und Mut gibt, bewegt sich auf den Kern/das Herz der Sache zu, sie umkreist ihre Selbst. Sie hat das Herzeleid angesichts der Zerstückelung ihrer Art erlebt und ermutigt nun ihre Selbst und ihre Schwestern. Ihr Herz-Fassen/Mut-Fassen ist der selbstgewebte Zauberteppich, der sie ins Metasein hineinträgt, jenem Ort, nach dem ihr Herz feurig verlangt. Beherzt bedient sie sich der Pyromachie, kämpft voll Feuer, mit der Fülle klarer, lichtvoller Intelligenz, mit den Strahlen Realisierender Vernunft. Ihre Worte und Handlungen sind unerhört, schon allein deshalb, weil sie sich jenseits der vorgeschriebenen Grenzen des vertrauten Plattlandes bewegen. Sie beurteilt und *handelt* nach pyrometrischen Maßstäben. Und dieses Sich-ein-Herz-Fassen ist das wesentliche Element, das sich auf eine andere Frau überträgt: sie wird dazu er-mutigt, ihr eigenes Herz/ihren eigenen Kopf wieder einzufordern. Ich will damit nicht sagen, eine unerhört empörende Frau handele in erster Linie mutig, um damit andere zu inspirieren. Vielmehr ist ihr Mut-Fassen zunächst für ihr eigenes Elementales Sei-en entscheidend. Das ist durchaus ansteckend, aber auf eine nicht immer sofort sichtbare Weise. Crones jedoch wissen, dass Mut die Elementale Rettungsleine[194] ist.«[195]

---

[193] Elizabeth Cady Stanton: »Brief an die Frauenrechts-Konvention 1851«, in: Geschichte der Frauenrechtsbewegung I, S. 816; zit. nach Mary Daly: Reine Lust, S. 355

[194] Erika Wisselinck merkt an: »Lifeline: Doppelbedeutung von Rettungsleine und Lebensader (im Sinne von Straßen, Zufahrtswegen, auch figurativ).« (Mary Daly: Reine Lust, S. 356)

[195] Ebd.

Im Folgenden entwickelt Mary Daly anhand der Reisebeschreibung von H.M. Tomlinson *Das Meer und der Dschungel* unter der Überschrift »Die wütend kämpfende Kuh und wie sie davonkam« eine analysierende Beschreibung empörten Mutes, die als »eindringliche Parabel für müde gewordene und entmutigte Feministinnen«[196] gelesen werden mag. Da diese Analyse nicht thesenartig wiedergegeben werden kann, sei hier zum Nachlesen verwiesen.[197]

Wenn ich nun auf die zuvor gestellte Frage nach der Unterscheidung zwischen Pseudo-Mut und vulkanischem Mut aus Daly'scher Sicht zurückkomme, so lassen sich m. E. folgende Kriterien entwickeln:
Pseudo Mut ist hetero-relational (Jan Raymond), d.h.: In der Plastik-Ausprägung fixiert er auf einen statischen Zustand des Martyriums, den Frauen erleiden (die Mutter von 14 Kindern) oder zu dem Frauen er-muntern (die Athenische Frau Süßmuth).
In der Bonsai-Ausprägung geschehen Handlungen, die mutig sind, lediglich im patriarchalen Kontext; z. B. die Bonsai-Sehnsucht, Karriere im Patriarchat zu machen, ohne dieses als Ursache des Gynozids zu bekämpfen. Hier entsteht das Problem, dass wirklich mutige Handlungen abgekapselt sind und verkümmern, da sie auf patriarchale Vorgaben in reaktiver Weise eingespurt sind. Deshalb das Lob der Väter und Söhne.
Vulkanische Courage ist frauenidentifiziert, d.h.: Sie fügt zusammen, was der Sado-Symbolismus geteilt hat: Kopf und Herz. Befreit aus dieser tödlichen Dichotomie wird vulkanische Courage zur Synthese leidenschaftlicher Stärke und feministischen Bewusstseins, die sich in un-er-hörten Handlungen äußert. Solcherart mutige Frauen handeln sich (wortwörtlich) stechokratische Verfolgung ein und demzufolge auch das gesamte Spektrum an Unverständnis bis offenen Verrat durch Plastik- und Bonsaimäßig eingespurte Frauen. So wird Mut zur Elementalen *lifeline* in der Doppelbedeutung von Rettungsleine und Lebensader.
Die ausgemachten Unterscheidungskriterien sind selbstverständlich keine Sache einer einmaligen Entscheidung; sie sind, so meine ich, hilfreich bei der immerfortwährenden Beurteilung eigener sowie der Handlungen ande-

---
196 Ebd., S. 358
197 Ebd., S. 357-369

rer Frauen. Diese Kriterien machen subtilere Analysen dort möglich, wo es darum geht, die Mittäterinnenschaft von Frauen mutig zu begreifen. Mutig in zweierlei Hinsicht: Einerseits den angesichts der wendemäßigen 80er-Jahre in arg zerschlissenem Zustand befindlichen Wintermantel feministischer Übereinkunft dort zu verlassen, wo jener pseudofeministisch repariert wird, damit Frauen wieder parieren (egal, ob Frauen oder Männer die Re-parierung ausführen im Namen patriarchaler Ver-Besserungsanstalten), um nicht zu Mittäterinnen zu werden. Andererseits aber auch den Mut zu haben, eine Unterscheidung zu treffen zwischen den patriarchalen Akteuren und den Handlungen der eingeschüchterten und besiegten Frauen im Kontext unserer jahrtausendealten Unterdrückungsgeschichte. Jene Courage ist meiner Erfahrung nach noch schwieriger, da schmerzhafter und hautnaher. Sie ist jedoch unumgänglich, um die These der Mittäterinnenschaft nicht als Feld für horizontale Gewaltakte zu missbrauchen, sondern im gewollten Sinne Christina Thürmer-Rohrs: Mittäterinnenschaft an den patriarchalen Gräueln zu beenden.

Für Frauen, die radikalfeministisch und frauenidentifiziert sind, ist der freudigste Aspekt, dass sündhafte/Sei-ende Courage un-ER-hört ist und damit inspirierend und anstreckend wird. Sie ist bewegendes Suchen nach Elementalen Frauenbündnissen, die jetzt, im Hier und Heute, im umfassendsten Sinne, die Sehnsucht nach frauenberührendem Leben möglich werden lassen.

Das dritte Reich – Metamorphosphären

Metamorphose ist nach dem *Oxford English Dictionary:*
>»die Handlung oder der Prozess von Form-, Gestalt- oder Substanzveränderung, besonders Verwandlung durch Zauberei oder Hexenkunst«[198];

in der Sprache Mary Dalys:
>»die metapatriarchale Metamorphose von gezähmten Frauen zu wilden Hexen«.[199]

---
[198] Zit. nach ebd., S. 400
[199] Ebd.

Bevor ich mich mit dem letzten Teil von *Reine Lust* beschäftige, muss ich eine Bemerkung vorausschicken. Im ersten Bereich der Archesphären habe ich versucht, in eher »epischer Breite« und ergänzend durch eigene Untersuchungen zu arbeiten. Im zweiten Bereich der Pyrosphären habe ich mich stärker strukturierend und beispielhaft mit Tugenden und Leidenschaften befasst. Im dritten Bereich der Metamorphosphären werde ich nun die wesentlichen Aussagen Mary Dalys zur Qualität der Metamorphose in meiner Arbeit nicht behandeln. Das bedarf einer Begründung.

Im Kapitel »Er-Sehnen: Die Lust auf Glück« z. B. setzt sich Mary Daly mit philosophischen und theologischen Überlegungen zum Glück auseinander; hier befasst sie sich wesentlich mit dem Problem der Erinnerung. Als Sprungbrett dienen ihr Gedanken von Thomas von Aquin, Sigmund Freud, Herbert Marcuse, Ernest Schachtel und David Bakan. Dann entwickelt Mary Daly ihre eigenen Gedanken zur telischen Zentrierung, zur Seele als Metapher der Quelle aller Lebensfunktionen und -aktivitäten, zur holographischen Kommunikation unter Frauen über patriarchale Blockaden hinaus sowie zur Darstellung abweichender Frauen als Meta-Erinnerung tragende Gruppe. Die kurze Inhaltsangabe dieses Kapitels soll auf zwei Probleme hinweisen. Einmal fordern die genannten »Sprungbretter« eine gewisse Erörterung, also die Darstellung der Orte, wo Er das Glück sucht. Zum anderen sind Mary Dalys Überlegungen zur Meta-Erinnerung, zu Makroevolutionen, die »Quantensprünge des Bewusstseins« fordern, zu umfangreich, um hier diskutiert werden zu können, ohne in Verflachung zu geraten. Ich habe daher folgende Lösung gewählt. Ich werde mich mit einigen Aspekten des »Vordergrundes« der Metamorphosphären beschäftigen sowie drei Schwerpunkte setzen: den Begriff »menschliche Spezies«, die Untersuchung phallischer Separatismus/radikalfeministischer Separatismus und Mary Dalys Antworten zur Frage »Was ist (Radikal-)Feminismus?« beleuchten. Daly diskutiert alle drei Schwerpunkte in den »Metamorphosphären«.

Vordergrund der Metamorphosphären

Dazugehören, Freunde haben, bezaubernd sein

Mary Daly entwickelt ihre Vorstellungen von Metamorphose in den Verb-Begriffen Er-sehnen (be-longing), Zu-neigen (be-friending) und Ver-zaubern (be-witching). Die Spiegelbilder im Vordergrund der verdinglichten Karikaturen jener Bewegungen sind:

»1. die inauthentischen Formen des ›Dazugehörens‹, wie sie den Frauen im Patriarchat gewährt werden; das heißt: die vorfabrizierten falschen kollektiven Identitäten, die Frauen als angeblich notwendig und wünschenswert angeboten und aufgezwungen werden;

2. die patronisierenden, betrügerischen und zerstörerischen Formen des ›Freunde-Habens‹, die jenen Frauen gewährt werden, deren Identität durch ›Dazugehören‹ zerstört wurde;

3. das Feminisieren der in dieser Weise als ›befreundet behandelten‹ Frauen, und der Diebstahl unserer spirituellen Kräfte durch falsche Bezeichnungen, wofür das auf eine ›verführerische‹ Frau angewendete Attribut ›bezaubernd‹ typisch ist.«[200]

Mary Daly zitiert Wortbedeutungen von *belong* und *befriend* wie »schicklich sein«, sich am »richtigen, rechtmäßigen Platz befinden«, »das Eigentum einer Person oder Sache sein«, z. B. in der Institution Ehe.

»Frauen leiden unter Bonsai-Sehnsüchten, an die von Männern befehligte Gesellschaft ›angeschlossen oder gebunden‹ zu sein, und werden von Bonsai-Wünschen gequält, ›in die richtige Kategorie eingeordnet zu werden‹.«[201]

Ihr Lohn sind scheinbarer Schutz und Schein-Sicherheit, die Frauen süchtig werden lassen nach einer patronisierenden Freundlichkeit, die ihnen gewährt wird, wenn sie Hilflosigkeit signalisieren.

Brodelnde Wut und helle Empörung regen sich in mir bei diesen Zeilen, wenn ich an mein Leben als Patientin und als jahrelange Mitarbeiterin in Arztpraxen und im Krankenhaus denke, wo Ärzte »ihre« hilflos gemachten Patientinnen restaurieren mit ihre Selbst zerstörenden »Therapien«, mit

---

[200] Ebd., S. 401
[201] Ebd., S. 402

dem Niederspritzen (so der Jargon) »psychisch auffälliger Frauen« und in kannibalistischer Manier mit dem Skalpell schädigen. Sollte sich eine Feministin in den »Umkehrungs-80ern« durch das vordergründige Etikett »Männerhasserin« entmutigt oder verunsichert fühlen, so könnte sie beispielsweise einen Job im Krankenhaus annehmen, wo sie bei der Erstellung von OP-Plänen zugegen ist, wo Sein Plan eine bestimmte Anzahl von Operationen an Gebärmüttern oder Brüsten oder Kaiserschnitten vorschreibt und nun nach geeignetem »Patientinnengut« Ausschau gehalten wird. Eine Gebärmutter, die von den säuberlichen Standards Seiner Lehrbücher abweicht, wird als pathologisch definiert und landet unterm Messer, wie die hohe Anzahl radikaler Mastektomien zeigt, nach denen Frauen meist – wie Langzeitbeobachtungen ausweisen – keine besseren Überlebensquoten haben. Der Umkehrungstrick dieser gynoziden Zunft funktioniert eben auch über den Mechanismus, dass zur Hilflosigkeit Er-zogene Frauen sich nach barmherziger Freundlichkeit und Beschützertum verzehren und so »zu einem widerstandslosen Objekt phallischer Lust reduziert«[202] werden. Frauen, eingespurt aufs Dazugehören zu »unserem Computer-Unternehmen«, sich verzehrend nach Freundlichkeit des Chefs, bemühen sich, »bezaubernd« zu sein.

Ich habe einige Wortdefinitionen nachgelesen. Bezaubernd heißt im Französischen charmant. Die *charmeuse* ist ein »Seiden- oder Kunstseidenstoff mit glänzender Ober- und stumpfer Rückseite«.[203] Die eingedeutschte Scharmante ist die Geliebte[204]. Sehen wir uns den Film »Charade« (Rätsel!) an, wo die charmante Audrey Hepburn ihre »glänzende Oberseite« bemüht, um eine Scharmante zu werden, wird die unterschwellige Botschaft an Frauen klar: Glänze mit der Oberfläche, verstecke all das, was in dir ist – es ist eh nur stumpfe Rückseite –, dann hast du es geschafft, seine Scharmante zu werden. Ob im Büro, im Film – die Zu-Richtung von Frauen verläuft gnadenlos und pausenlos und überall. »Feminisierte Fembots[205] – hochgepriesen, weil sie das Dummchen spielen – sind die Lieblingsspielzeuge der Knilche.«[206]

---

202 Ebd., S. 403
203 A.M. Textor: Auf deutsch, 1985
204 Friedrich Kluge: Etymologisches Wörterbuch der deutschen Sprache, 1975
205 Feminisierte Roboter fasst Mary Daly zu Fembots zusammen.
206 Mary Daly: Reine Lust, S. 403

Was eine qualifizierte Sekretärin über sich er-gehen lassen muss (wie Er über sie geht), lässt sie die »stumpfe Rückseite« ihres Verstandes und ihrer Urteilskraft glänzen, zeigt eindringlich der frauenidentifizierte Film »Die Stille um Christine M.«

Strategien zur Durchsetzung

Mary Daly analysiert vier Strategien, mittels derer die Knilche Frauen ins Dazugehören, ins Freunde-Haben und ins Bezauberndsein hineinpferchen: Geringschätzung, Reduktion auf Einzelaspekte (Partikularisierung), Verallgemeinerung und Vergeistigung.[207] Ich stelle die ersten drei Strategien dar:

Geringschätzung

Die Geringschätzung – egal ob von Frauen oder Männern angewendet – zielt zum einen auf eine Bagatellisierung des Gynozids (»Kommst du schon wieder mit diesem Frauenthema, wo es so viele wichtige Probleme gibt – Krieg, Rassismus, Umweltverscbmutzung?«[208]) und auf die Leugnung der Tatsache, »dass Phallokratie die den verschiedenen Formen der Unterdrückung zugrunde liegenden entscheidende Struktur ist.«[209] Diese Bagatellisierung zeigt sich in schrecklicher Weise z. B. in Prozessen gegen Vergewaltiger. Ich hörte im Karlsruher Amtsgericht einen Richter den Angeklagten fragen: »Hat Ihnen des Mädle gfalle? War sie schön?« Der Vergewaltiger: »Jawoll, Herr Richter!« Der Angeklagte, schon zum zweitenmal wegen dieser »Sache« vor Gericht, bekam zwei Jahre auf Bewährung sowie väterliche Ermahnungen.[210] Zum anderen zielt die Geringschätzung auf die Unterminierung des weiblichen Intellekts.

> »Da zur *Intellektualität* im umfassenden Sinne auch gehört, das eigene Denken und Wollen zu kennen, beeinträchtigt die Geringschätzung ihrer Intellektualität alle Lebensbereiche einer Frau, lässt ihre psychische und emotionale Energie zusammenschrumpfen, engt ihren Horizont ein ..., um sie bei der Stange zu halten.«[211]

---

[207] Eine Analyse, die Mary Daly in Jenseits von Gottvater, Sohn & Co geschaffen und in Reine Lust weiterentwickelt hat.
[208] Mary Daly: Reine Lust, S. 404
[209] Ebd.
[210] Prozess wegen versuchter Vergewaltigung in Tateinheit mit Körperverletzung vor dem Karlsruher Amtsgericht (Richter Frank), 1985
[211] Ebd., S. 405

Partikularisierung

Die Partikularisierung hat nach Mary Daly zwei Muster: zum einen die Einengung auf ein Anliegen (z. B. § 218, Quotenregelungen u. a.) unter Ausblendung des gesamten Kontextes phallokratischer Gräuel und zum anderen:

> »Wenn das patriarchal *Vorgegebene* alle Aufmerksamkeit und Energie absorbiert und von dem Vorsatz, unsere Transzendenz hier und jetzt zu leben, ablenkt, dann wird die Gynergie von der Sado-Gesellschaft in Fesseln gelegt und in einfache re-agierende Verhaltensmuster umgewandelt, die nach Sado-Vorstellungen voraussehbar und absorbierbar sind.«[212]

Ich habe während der Zeit meiner Mitarbeit in einem Notruf für vergewaltigte Frauen schädigende Aspekte der Partikularisierung beobachten können, wie Erschöpfungszustände und ein Ausgebranntsein bei aktiven Frauen, die »erschlagen« wurden vom Kontext patriarchaler Gräuel, den sie sich zu sehen entschlossen hatten. Frauen, die sich keine frauenidentifizierte Lebenszusammenhänge schaffen und nicht an der metamorphischen Bewegung des gemeinsamen Spinnens teilnehmen, haben »unterschwellige Lecks, durch die Gynergie aussickert.«[213] Diese mutigen feministischen Aktivistinnen sind, fehlt ihnen der zu-neigende Background von Frauen, fertig. Die dritte Strategie der Verallgemeinerung im Vordergrund des Stoppens metamorphosierender Bewegungen von Frauen führt direkt zum ersten Schwerpunkt.

»Menschliche Spezies«, Separatismus, Feminismus

Der Begriff »menschliche Spezies«

Die Strategie der Verallgemeinerung wird durch alle patriarchalen Sprach-Rohre geröhrt, um Frauen in ihrer Analyse der patriarchalen Gesellschaften als frauenunterdrückerisch zu behindern.

> »Aber geht es denn nicht eigentlich um die Befreiung der *Menschheit*?«[214]

---
[212] Ebd., S. 408
[213] Ebd.
[214] Fragt Mary Daly rhetorisch, die patriarchalen Mechanismen spiegelnd; ebd., S. 409

So lautet der Satz, der sardonisch in der Frageform er-scheint, tatsächlich aber ein Gebot ist, die Frage nach der Frauenbefreiung nicht zu stellen.

»*Verallgemeinerung* als Trugschluss, eingepflanzt in das Denken von be-freundeten/be-endeten Frauen *(befriended/ended women)*, findet auf vielfältige Weise ihren Ausdruck. Eine davon ist die Vorstellung, Frauen müssten die Verantwortung für die Rettung der ›menschlichen Rasse‹ übernehmen. Dies ist nun wirklich eine sehr alte patriarchale Leier, und dahinter verbirgt sich stets ein Programm, demzufolge Frauen die männliche Führerschaft (auf ›mystischem‹, moralischem, politischen Gebiet) zu akzeptieren haben. Zu dieser Ideologie gehört auch die Auffassung, Frauen seien ›in gleicher Weise‹ (was heißt: in erster Linie) für jeden von Männern verübten Horror verantwortlich.«[215]
Ein Beispiel hierfür lieferte die Podiumsdiskussion der diesjährigen Frankfurter Frauenbörse.[216] Die Hälfte der Diskussionsbeiträge der Frauen er-klärte in der für die 80er-Jahre typischen selbstbekennenden Manier die Unterdrückung von Frauen durch Männer als Ergebnis der falschen Erziehung der Söhne durch die Mütter. Kein Wort fiel zur Unterdrückung der Mütter und der Töchter. Frau konnte den Eindruck gewinnen, dass Frauen nicht als Frauen zur Befreiung ihres Geschlechtes gefragt sind, sondern lediglich die Minderheit an Söhne-Müttern, die sich selbst als Schuldige ausmachten nach dem Motto: Solange wir Söhne-Mütter diese nicht anders erziehen, solange werden diese als Männer die bestehenden Verhältnisse perpetuieren – die niederschmetternde Botschaft des märtyrerinnenhaften circulosus vitiosus: Frauen haben mal wieder und immer noch bei der Befreiung der Menschheit versagt. Folgerichtig sagte eine maßgebliche Organisateurin der Börse zu einer Vertreterin der Lesbengruppe, womit sie auf deren öffentlichen Diskussionsbeitrag Bezug nahm: »Ihr habt euch unmöglich benommen – ihr kämpft doch nur für eure Interessen!«

»Eine weitere Form, wie irreführende Verallgemeinerung ihren Ausdruck findet, sind die Variationen zum Thema ›solange noch irgendjemand (oder irgendeine Frau) unterdrückt ist, sind alle (oder alle Frauen) unterdrückt‹. Solche Feststellungen enthalten natürlich einen Kern Wahrheit, nämlich die Tatsache des Gemeinsamen, das

---
215 Ebd.
216 Frankfurter Frauenbörse im »Römer«, Juni 1987

alle Frauen verbindet. Erst diese Gemeinsamkeit macht die feministische moralische Empörung im Namen anderer Frauen und die Lust nach einer Frauenrevolution möglich. Der Trugschluss liegt/lügt in den häufig aus dieser Verallgemeinerung gezogenen Schlussfolgerungen, so zum Beispiel in dem Gedanken, dass es irgendwie falsch oder selbstsüchtig ist, fröhlich, gesund, produktiv und kreativ zu sein, so lange noch ›irgendeine Frau‹ unterdrückt ist. Ein derartiges politisches Dogma läuft auf eine verbissene und schlimmer als puritanische Ethik der Freudlosigkeit hinaus, die zur Selbst-Verleugnung und zum Hass auf das Spinnen auffordert.«[217]

»Dann kann alles, was für die Erfahrung und das Genie von Frauen typisch ist, unter einen Schutthaufen von Pseudo-Gattungsbegriffen gekehrt werden. (Unsere Leistungen werden als ›menschlich‹ bezeichnet und als Produkte von ›Leuten‹ an gewissen Punkten der ›Menschheitsgeschichte‹ gepriesen/herabgesetzt.) Benebelt von falschen Verallgemeinerungen glauben Frauen, sie seien ›erst einmal Menschen, und nicht nur Frauen‹, und sehnen sich danach, zu der stoßenden Menge *(thrusting throng)* zu gehören, die darauf aus ist, weibliches Sei-en zu entstellen, auszulöschen, zu ersetzen.«[218]

Zur philosophischen Vorstellung der »menschlichen Spezies« schreibt Mary Daly in einer Anmerkung, dass nach Aristoteles und Aquin Frauen mängelhafte und fehlgezeugte Männer seien; dies jedoch nur, was ihre »individuelle Natur« beträfe. In ihrer »allgemeinen menschlichen Natur« seien Frauen nicht fehlgezeugt, sondern im Plan der Natur für die Fortpflanzungsarbeit vorgesehen.[219]

Diese Trennung zwischen individueller Natur und allgemeinmenschlicher Natur ist m. E. der große Trick und bis auf die heutigen Tage höchst aktuell. All die Lobpreisungen der weiblichen Qualitäten durch Männer, denen »Weiblichkeit als Putz- und Entseuchungsmittel«[220] dienen soll, ja die sich

---

[217] Mary Daly: Reine Lust, S. 409 f.
[218] Ebd., S. 411
[219] Vgl. ebd., S. 541, Anm. 21
[220] Christina Thürmer-Rohr: »Feminisierung der Gesellschaft – Weiblichkeit als Putz- und Entseuchungsmittel«, in: beitrage, Nr. 18, 1987, S. 9

zu Lobhudeleien aufrichten, Frauen seien gar die eigentlich Menschlicheren, all dies sind »attraktive Möglichkeiten für den männlichen Erwerb.«[221] Beispiele wie dieses sind durch die Jahrhunderte Legion und in vielen feministischen Analysen dokumentiert: Menschlichkeit ist im patriarchalen Plan immer dann für Frauen vorgesehen, wenn sie »dem männlichen Erwerb« dient. Ganz und gar nicht dann, wenn Frauen nicht »vorgesehen« sein wollen (sei es für die Fortpflanzung oder als Entseuchungsmittel oder, oder …), sondern sich selbst vorsehen für ihre Lebenspläne. Die Frau in ihrer »individuellen Natur« ist als Mensch nicht vorgesehen. »Das Ewig Weibliche zieht uns (sic!) hinan« (Schiller); bei der individuellen Frau zeigt der patriarchale Daumen nach unten.

In diesem Sinne betrachtet Aristoteles den Geschlechtsunterschied für die »menschliche Spezies« als »akzidentiell«.

»Mit anderen Worten: Frauen wurden als ›menschlich‹ betrachtet – in der abstrakten Theorie, nicht jedoch in der durch Aristoteles sanktionierten tatsächlichen Gesellschaftsordnung. Man sagte also, dass Frauen der unveränderlichen Spezies, MENSCH genannt, angehörten.«[222]

Im Folgenden zitiere ich Mary Daly ausführlicher:

»Metamorphosierende Frauen fühlen sich dadurch keineswegs geschmeichelt, sie sind vielmehr entsetzt über ein solches Dazugehören *(belonging)*. Außerdem hat eine solche Frau die Erfahrung gemacht, dass sie eben gerade nicht ›dazugehört‹. Wesentlicher Bestandteil ihres Erratizismus ist es, die Gussformen der unveränderlichen Spezies zu zerbrechen. Sie braucht für ihr psychisches/physisches Lebendigsein eine Makroevolution.

Makroevolution wird definiert als ›evolutionäre Veränderung, die in relativ großen und komplexen Schritten erfolgt (wie etwa der Wandel von einer Spezies zu einer anderen)‹. Heute streben viele Crones – mit unterschiedlicher Deutlichkeit – eine solche Evolution an. Als unaussprechlich akzidentiell erleben metapatriarchale Frauen unsere Verbindung mit jener Spezies, die alle Schrecklichkeiten erdachte und aus/durchführte: Hexenverbrennungen, Todeslager, Sklaverei, Folter,

---

[221] Ebd., S. 10
[222] Mary Daly: Reine Lust, S. 441

Rassismus in allen Ausprägungen, Welthunger, chemische Vergiftung, Tierversuche, das nukleare Wettrüsten. Diese Differenzierung wird durch eine Reihe bewusster Entscheidungen bestätigt.

Wir uns metapatriarchal bewegende Frauen erleben jetzt nicht nur unsere Verschiedenheit von denen, die bewusst und absichtlich die Schrecklichkeiten durchführen, wir wollen diese Verschiedenheit auch weiterentwickeln. Wir erkennen, dass diese Verschiedenheit nicht lediglich akzidentiell/zufällig, sondern vielmehr *essentiell*/wesenhaft ist. Das herkömmliche Konzept der ›Spezies‹, besonders der ›menschlichen Spezies‹ reicht nicht aus, um die angeblich damit erfassten, so unterschiedlich orientierten Leben abzudecken. Ich meine hier vor allem die groteske Verwischung der Unterschiede zwischen denen, deren Intention und Verhalten radikal biophil ist, und denen, in deren entsinnlichter/dezentralisierter/seelenloser und berserkerhafter (Des)Orientierung sich eine ›auffällige Unfähigkeit zu kommunizieren‹ und eine fundamentale Feindlichkeit dem Leben gegenüber manifestiert.«[223]

Es folgt Mary Dalys Anmerkung:

»Weise Leserinnen erkennen, dass es sich bei dieser Form der Unterscheidung nicht um eine simple Zweiteilung aufgrund von Geschlechtsunterschieden handelt. Das Patriarchat wird hier als Krankheit aufgefasst, die den Kern des Bewusstseins sowohl bei Frauen als auch bei Männern angreift.«[224]

Mary Daly zitiert aus einer Rede, die Alice Walker auf einer Anti-Atomwaffen-Demonstration gehalten hat:

»Und vielleicht wäre es wirklich gut, dieser Spezies endlich ein Ende zu machen, statt weiterhin zuzulassen, dass weiße Männer sie unterwerfen und ihre Lust, nicht nur unseren Planeten, sondern auch den Rest des Universums zu beherrschen, auszubeuten und zu plündern, frönen – das ist ihre klare und häufig erklärte Absicht. Und dabei wollen sie ihre Arroganz und ihren Müll nicht nur auf dem Mond, sondern auf allem, was sie nur erreichen können, ablagern.«[225]

---
[223] Ebd., S. 441 f.
[224] Ebd., S. 442
[225] Alice Walker: »Nuclear Exorcism«, in: MOTHER JONES, Sept/Okt 1982, S. 21; zit. nach Mary Daly: Reine Lust, S. 442

Daraus folgt Mary Daly:

»Die Entscheidung, den Atom-Wahnsinnigen nicht zu erlauben, ›dieser Spezies ein Ende zu machen‹, impliziert, so meine ich, logisch, die Vorstellung von einer ›menschlichen Spezies‹ zurückzuweisen. Die gynoziden, genoziden, bioziden Aggressoren, denen es nach Zerstörung gelüstet, entscheiden in eine Richtung. Es ist möglich, in Andere Richtungen zu entscheiden, und zwar durch die bewusst gewollte und dauernde Bejahung Weiterandauernden Lebens, das Reine Lust ist. Diese gelebte Entscheidung, die in allen alltäglichen Vorgängen zum Tragen kommt, ist nicht nur mehr als eine akzidentielle Unterscheidung, sie ist auch weit folgenreicher als eine spezifische Unterscheidung. *Sie macht die alte philosophische Vorstellung von ›Spezies‹ überflüssig,* speziell als Instrument, um das Sei-en biophiler Geschöpfe zu konzipieren und zu be-Zeichnen.«[226]

Mary Daly argumentiert, wie ich eingangs meiner Arbeit versucht habe darzustellen,

»in einer Wissenschaftstradition, die mit der Annahme arbeitet, das Lebendige und das Nichtlebendige stellten zwei grundlegende Kategorien der Realität dar.«[227]

Mary Daly nennt diese Kategorien »Biophilie« und »Nekrophilie«; wobei der Begriff der Nekrophilie über die Kategorie des Nichtlebendigen hinausgeht und eine bewusste und aktive lebenshasserische Verhaltensweise meint – eben die patriarchale. Feminismus ist die biophile Bewegung der Frauen zu ihrer (und der Erde) Befreiung aus dem lebenshasserischen, zerstörenden Klammergriff des Patriarchats mit allen Sehnsüchten, die Frauen *Jenseits von Gottvater, Sohn & Co.* wahrmachen wollen.[228]

Keinesfalls – und das unterscheidet sie von den Sozio- und Psycho-Biologisten – argumentiert Mary Daly auf einer Vor-Annahme einer »guten/schlechten weiblichen Natur« bzw. einer »guten/schlechten männlichen Natur«. Wenn sie beispielsweise zeigt, dass Archetypen von-Männern-gemachte Mythen sind, die Selbst-bestimmtes Leben von Frauen abwürgen und sie als Zubringerinnen für das parasitäre patriarchale Establishment

---

[226] Mary Daly: Reine Lust, S. 443
[227] Carolyn Merchant: Der Tod der Natur, S. 252 f.
[228] Zu Mary Dalys Analyse von Nekrophilie siehe meine Darstellung der drei Ebenen des Vordergrundes.

funktionalisieren, so nicht auf der Folie irgendwelcher Spekulationen über eine wie auch immer geartete »männliche Natur«, sondern konsequent und rigoros auf der Ebene von Tatsachen. Besonders deutlich wird Dalys tatsachenbezogene Auseinandersetzung in der zweiten Passage von *Gyn/Ökologie*, wo sie eine strukturelle Analyse des »Sado-Ritual-Syndroms« entwickelt durch vergleichende Untersuchungen über Hexenverbrennungen, das chinesische Füßeeinbinden, das indische Sati, afrikanische Klitorisbeschneidungen, amerikanische Gynäkologie und Psychotherapie sowie Nazi-Medizin.[229] All diese Tatsachen machen auf schreckliche Weise klar, dass die patriarchale Zerstörung von-Männern-gemacht ist unter Zuhilfenahme von Komplizinnen. Wer/Welche hier von Biologismus redet, weigert sich schlicht und einfach, Tatsachen ins Auge zu sehen, und hindert Frauen daran, Wege zu suchen gegen alle Muster der Z-er-störung. Dass Frauen mit »Menschsein« innerhalb patriarchaler Gesellschaften nie mitgemeint waren, wissen Frauen und vor allem Feministinnen nur allzu gut, seien sie auch noch so unterschiedlicher Auffassung in vielen Fragen. Mary Daly ist eine radikalfeministische, frauenidentifizierte lesbische Philosophin. Demzufolge – und hier trennen sich die Geistinnen – legt sie absolut keinen Wert darauf »dazuzugehören«. (Zur weiteren Argumentation sei hier verwiesen auf das nächste Kapitel über Separatismus.)

Die Philosophin Seyla Benhabib (Harward Universität) vertritt einen anderen Standpunkt.[230] Benhabib kritisiert »formaluniversalistische Moraltheorien« als

> »›Stellvertretertheorien‹ in dem Sinn, dass der von ihnen vertretene Universalismus durch Identifikation der Erfahrungen einer bestimmten Gruppe von Subjekten mit dem schlechthin Menschlichen gewonnen wird.
>
> Diese Subjekte sind ausnahmslos weiße, männliche Erwachsene, die Besitz oder zumindest einen Beruf haben.«[231]

Vom »stellvertretenden Universalismus« unterscheidet Benhabib den »interaktiven Universalismus«:

---

229 Vgl. Mary Daly: Gyn/Ökologie, S. 129-328
230 Vgl. Seyla Benhabib: »Ansätze zu einer feministischen Moraltheorie – unter Berücksichtigung der Arbeit Caroll Gilligans«, in: Feminismus als Kritik, hg. von H. Struder u. E. List, Frankfurt am Main 1987
231 unveröffentlichtes Manuskript

»Obwohl er auch annimmt, dass normative Konflikte rational gelöst werden können und dass Fairness, Reziprozität und ein Verfahren der Universalisierbarkeit Bestandteile, d.h. notwendige Bedingungen des moralischen Standpunkts sind, betrachtet der interaktive Universalismus Andersartigkeit als einen Ausgangspunkt für Reflexion und Handeln. In diesem Sinn ist ›Universalität‹ ein regulatives Ideal, das nicht unsere körperliche und beziehungsbestimmte Identität negiert, sondern bestrebt ist, moralische Einstellungen zu entwickeln und politische Veränderungen zu fördern, die zu einem für alle akzeptablen Standpunkt führen können.«[232]

Benhabib lehnt sich an Habermas' »Ethik der Bedürfnisinterpretation«[233] an und beschreibt Gilligans »Ethik der Fürsorge und Verantwortung« gegen Kohlbergs »Ethik der Gerechtigkeit«[234] als passend für den von ihr gewollten »interaktiven Universalismus.«

Zweifellos gäbe es zu Benhabibs Moraltheorie aus radikalfeministischer Sicht eine Menge einzuwenden. Worauf ich hier aber hinaus will: Daly und Benhabib sehen beide, dass alles schöne Gerede von Menschlichkeit und Universalismus Frauen nie mitgemeint hat. Der Unterschied zwischen Daly und Benhabib: Mary Daly will nicht dazugehören, Seyla Benhabib will.

Meiner »Moralphilosophie« nach sollten Wissenschaftlerinnen wie Benhabib diese tief trennenden Unterschiede zwischen ihrem Wollen und dem der frauenidentifizierten Feministinnen zur Kenntnis nehmen und im Fall einer Auseinandersetzung die denk- und entwicklungsstoppenden Etikettierungen denjenigen überlassen, die sie zur Aufrecht-Er-Haltung ihrer parasitären Privilegien brauchen.

Zum Ende des Kapitels über die »menschliche Spezies« und das Biologismus-Etikett zitiere ich aus dem 13. Un-Kapitel »Kat(z)egorischer Anhang« von *Reine Lust* aus einem Interview. Interviewer ist Prof. YesSir vom Fachbereich Ologie am College of Knowledge, die Interviewten sind zwei Katzen, Ms. Wild Cat (Dalys Vertraute) und ihre Freundin, Ms. Wild Eyes. Hier ein Auszug:

---

232 Skript, S. 9
233 Vgl. Skript, S. 31
234 Vgl. Skript, S. 2

»Prof. Y. (nölt weiter): Zweitens behauptet sie, eine eigene Spezies zu sein. Deshalb klagen wir sie wegen biologischem Determinismus an.
W.E.: Was für eine knilchige Umkehrung! Ganz im Gegenteil! Sie vertritt doch die ganz klare Position: keine biophile Person kann gezwungen werden, innerhalb der Grenzen einer nekrophilen Spezies zu bleiben. Eine Näxe folgt ihrer Liebe zum Leben, das heißt ihrer Reinen Lust, und bricht so mit dem biologischen Determinismus. Meine Schwester und ich teilen diese Auffassung.
W.C.: Allerdings. Natürlich sind wir sehr bio-logisch und sehr zum Ausbrechen entschlossen.
Prof. Y.: Dann wollen die Damen also behaupten, dass Doktor Daly und Sie beide der gleichen Spezies angehören?
W.E. (wirft ihrer Schwester einen wissenden Blick zu): Ganz und gar nicht. Wir gehören jede zu einer eigenen Spezies. Speziell meine Schwester und ich sind, wie es so schön heißt, so verschieden wie Nacht und Tag. Dennoch gehören wir beide zum Chor des Sei-ens.
Prof. Y.: Was Sie zum Anklagepunkt biologischer Determinismus gesagt haben, passt in keine der Kategorien der Inquisition. Ich muss das daher als eine Un-Antwort festhalten – das heißt, ein Sünden-Bekenntnis.
W.C. (gähnt): Unsere kat(z)egorische Antwort übersteigt einfach die unaussprechliche Beschränktheit Ihrer säuberlichen ›Kategorien‹. Ihre Bemerkung zur ›Sünde‹ jedoch ist richtig. Nach Doktor Dalys merk-würdiger Ansicht ...
Prof. Y. (unterbricht sie): Dann geben Sie also zu, dass sie zur Sünde auffordert? Das ist der dritte Anklagepunkt.
W.E. (jagt W.C. durchs Zimmer): Da können Sie Ihren Hintern drauf verwetten ...«[235]

Separatismus

Bezeichnend ist, dass Mary Daly ihre Analyse des Begriffs »Separatismus« unter die Kapitelüberschrift stellt: »Zu-Neigen: Die Lust, Glück zu teilen«.[236] Daraus lassen sich ihre Thesen schon vermuten.

---
235 Mary Daly: Reine Lust, S. 518
236 Ebd., S. 455

Frauen leben im Staat/Zustand von Trennung (Separation) von ihren Selbst und von anderen Frauen, der biophile Kommunikation unter ihnen blockiert.[237] Die Trennung, die Frauen von den Zertrennern/Blockierern vornehmen, geschieht aus radikalem Engagement für biophile/ontologische Kommunikation.

Mary Daly wendet auf die phallokratische Gesellschaft die Krebs-Analogien an. Sie greift auf Bakans Beschreibung von Krebszellen[238] zurück, die durch eine »auffällige Unfähigkeit zur Kommunikation«[239] auffallen.

> »Crones haben entdeckt, dass tief im Kern patriarchalen Bewusstseins eine Störung steckt und dass dieses Bewusstsein durch phallozentrische Mythen, Ideologien und Institutionen hervorgebracht wird und diese zugleich hervorbringt – in einem endlosen nekrophilen Kreislauf von Trennung und Wiederkehr. Wenn es bei all diesen Phänomenen einen ›roten Faden‹ oder eine Gemeinsamkeit gibt, dann ist es ihre Abkoppelung von jeder biophilen Zielsetzung.«[240]

Zu-Neigende, biophile Kommunikation macht es zunächst notwendig, den Horror der Wirkungsweise des phallischen Separatismus zu verstehen, den Mary Daly definiert als »die programmierte Trennung aller lebendigen Geschöpfe vom Prinzip telischer Konzentration des Sei-ens«.[241]

Diese Definition zeigt m. E., dass nicht ausschließlich Frauen die Zielscheibe von Trennungen sind. Frau vergleiche nur die Aktivitäten der Separierer im Häuser- und Städtebau sowie deren Tierhaltung in Laboren, Legebatterien, im Zoo.

Adrienne Rich drückt in ihrem Gedicht »THE LIONESS« den Horror innerer und äußerer Separation von biophiler Kommunikation aus. Hier ein Auszug daraus:

> The lioness pauses
> in her back-and-forth pacing of three yards square
> and looks at me. Her eyes
> are truthful. They mirror rivers,

---

237 Die Mechanismen der Trennung wurden im Vordergrund der drei Sphären benannt.
238 Vgl. May Daly: Reine Lust, S. 438 f.
239 Vgl. ebd.
240 Ebd., S. 458
241 Ebd., S. 460

seacoasts, volcanoes, the warmth
of moon-bathed promontories.
Under her haunches' golden hide
flows an innate, half-abnegated power.
Her walk
is bounded. Three square yards
encompass where she goes.

Die Löwin hält inne
in ihrem Auf- und Abschreiten von drei Metern im Quadrat
und blickt mich an. Ihre Augen
sind wahrhaftig. Sie spiegeln Flüsse
Meeresküsten, Vulkane, die Warme
mondgetränkter Vorgebirge.
Unter ihrer Lende goldenem Fell
fließt eine angeborene, halb aufgegebene Kraft.
Ihr Gang
ist gebunden. Drei Meter im Quadrat
umschließen, wo sie geht.[242]

Das Etikett »Separatistin« ist Ausdruck der Strategie der Umkehrung, denn die Trennung ist bereits geschehen. Es soll Frauen weiterhin am Zu-Neigen hindern.
Das Wort »Separatistin« haben radikalfeministische Frauen nicht geprägt; es ist Er-funden, ebenso wie »Männerhasserin« und eine Menge anderer Titulierungen. Mary Daly nennt es ein Wort »zweiter Ordnung«, da es lediglich unter den Bedingungen des Patriarchats eine Voraussetzung für biophile Kommunikation darstellt; ihre Worte für Zu-Neigende Frauen sind beispielsweise »Spinnweib, Webweib, Brauweib, Parze, Muse.«[243]
Das Wort »Separatistin« zu ignorieren würde bedeuten, dass frau die Macht der Worte in labeling-Prozessen nicht einzuschätzen weiß. Widerlegung jedoch wäre unnötiger Energieaufwand, denn:

---
[242] Adrienne Rich: Der Traum einer gemeinsamen Sprache, München 1982, S. 29 und 31
[243] Mary Daly: Reine Lust, S. 458

»Fröhliche Schlampen wissen, dass dies vergebliche Liebesmüh wäre, und selbst als Gorgonen und Amazonen ist uns klar, dass eine Festlegung auf Widerlegung letztendlich Wieder-Vereinigung mit denen bedeutet, die uns die Energie abzapfen/absaugen.«[244]

Als »metaphorische Lösung«[245] benutzt Mary Daly den Terminus Separatismus als Labrys zur Be-Zeichnung des *phallischen Separatismus* als Blocker der Sehnsucht nach ontologischer Kommunikation sowie des *radikalfeministischen Separatismus* als Entscheidung von Frauen,

»aus dem künstlichen Kontext des phallischen Separatismus auszubrechen, um unsere radikale Verbundenheit im biophilen Sei-en zu bekräftigen und zu leben.«[246]

Nach der Kennzeichnung des phallischen Separatismus sollen im Folgenden seine Auswirkungen auf Frauen beleuchtet werden.

»Eines der denkbar entmutigendsten Erlebnisse für Feministinnen ist es, bei einer Frau auf die offensichtliche Unfähigkeit zu treffen, angesichts der gegen ihr Geschlecht begangenen Gräueltaten moralische Empörung zu empfinden. Das kann nicht an einer Unwissenheit gegenüber den Fakten liegen, denn diese präsentieren sich ständig klar und zwingend. Das Rätsel ist unaussprechlich verwirrend: Da haben wir eine Frau, und sie scheint dennoch unfähig zu sein, sich mit der Unterdrückung von Frauen zu identifizieren – obgleich sie diese Erfahrung auf vielen Ebenen gemacht haben muss. Sie mag sogar bei fast jeder anderen Gruppe sensibel gegenüber zugefügtem Unrecht sein und empfindet doch zugleich gar nichts angesichts des gemeinsamen Loses aller Frauen, nämlich dem Gynozid.«[247]

Die Journalistin, Schriftstellerin und Übersetzerin Erika Wisselinck beschreibt in ihrem Buch *Hexen,* das sie auch die »Analyse einer Verdrängung« nennt, unter der Überschrift »Wie oft werden die Hexen noch verbrannt?«, wie boulevardmäßig und sensationslüstern Presse, Rund-

---
[244] Ebd., S. 457
[245] Ebd.
[246] Ebd.
[247] Ebd., S. 462

funk und Fernsehen auf ihre stets als erste vollbelegten Volkshochschulkurse über die Geschichte der Hexen reagieren. Sie folgert:
> »Ich erzähle das alles so detailliert, weil es mir zunehmend Angst macht ... Bei dem Wort *Hexen* kommen bei den Medienleuten alle von den Verfolgern in die Welt gesetzten Assoziationen hoch: Satanskult und Zauberei, Okkultismus, Hellsehen, Magie, Geistheilen, Spiritismus, Kartenlegen, Astrologie, Orgien – alles zu einem wüsten Gruselbrei verquirlt. Nur die eine Assoziation kommt nicht: der von Obrigkeiten verordnete Tod von Millionen unschuldiger Menschen. Die sind vergessen und werden weiterhin verschwiegen, nur der Name, den man ihnen damals verpasste, geilt heute noch zur Sensationslust auf. Und zwar erschreckenderweise zunehmend mehr ...
> Sollen wir aufgeben? NEIN!
> Wir haben uns ein Stück unserer ungeschriebenen Geschichte zurückerobert, ehe sie gänzlich im Nebel des Vergessens und der Fehlinterpretation verschwindet. Wir lernen aus dieser Geschichte, dass frauenfeindliche Sprüche nicht nur dummes Gerede sind, sondern ein Klima schaffen, in dem zum einen Mord und Folter millionenfach zur Selbstverständlichkeit werden und zum anderen spätere Generationen das Unrecht noch nicht einmal beim Namen nennen. Wir erkennen, welche Folgen das hat. Barbara Pade-Theisen beschreibt diese in einem Brief an Judy Chicago so:
> ›Mit den Scheiterhaufen-Feuern, auf denen unsere Vorfahrinnen verbrannten, haben die Mörder allen Frauen bis in unsere heutige Zeit die Angst vor einem Aufbegehren gegen die vorHERRschaft in unsere Gehirne gebrannt. Gleichzeitig wurde unser Geist in einer perfiden Weise besetzt, so dass die meisten von uns noch heute an Amnesie leiden, d.h. wir er-innern uns gar nicht mehr an unsere einstige Ganzheit, und wir sehen, hören, merken nicht, wenn unsere Menschenwürde als Frauen verletzt wird.‹«[248]

Viele Autorinnen neben Daly und Wisselinck zeigen, wie sehr die Strukturen der Hexenverfolgung den heutigen Strukturen der individuell und

---

[248] Erika Wisselinck: Hexen, München 1986, S. 126 und 128; vgl. die Reklameschilder vor Imbissstuben, wo die »Heiße Hexe« angeboten wird, vgl. die Dentagard-Werbung, die geheimnisvolle Rituale verspricht, vgl. den Film »Die Hexen von Eastwick«

kollektiv an Frauen begangenen Massakern gleichen. Silvia Bovenschen schreibt zum Thema:

> »Die Vergangenheit kann so nah nur rücken, weil sich die Strukturen der geschlechtsspezifischen Unterdrückung so gleich geblieben zu sein scheinen.«[249]

Die Amnesie bei vielen Frauen, von der Pade-Theisen spricht, ist m. E. eine Folgeerscheinung des phallischen Separatismus, dessen Strategie einerseits auf der Trennung der Frauen von ihrer realen Geschichte beruht und andererseits auf einer Restauration geschichtlicher Tatsachen durch Fehlinterpretation. Damit meine ich, dass die Geschichte der Verfolgung von Frauen als Hexen kein Thema ist: Schulbücher und Lehrpläne schweigen, im »Großen Ploetz«, dem Standard-Nachschlagewerk für Geschichte, kein Wort über Hexen.[250] Die Restauration durch Falschinterpretation über Hexen feiert zurzeit[251] Hochkonjunktur in den meisten Zeitschriften von *Stern* bis *Hör Zu,* entsprechend mit männermordenden Frauen bebildert.

Um den unfassbaren Mangel an Zorn in Frauen gegen gynozide Gräuel näher zu analysieren, befasst sich Mary Daly in diesem Kontext nochmals mit der elften Leidenschaft der mittelalterlichen Analyse, nämlich dem Zorn als Bewegung des Angriffs auf ein vorhandenes Übel. Wie schon erwähnt, hat der Zorn keine Gegenbewegung wie die anderen Leidenschaften, da aufgrund des Vorhandenseins des Übels eine Rückzugsbewegung nicht möglich ist.

> »In dieser mittelalterlichen Analyse steckt eine gewisse Logik, die nicht übersehen werden sollte. Natürlich wissen wir Häxen, dass Zorn in Plastik-Leidenschaften wie Depression, Feindseligkeit, Angst umgewandelt werden kann. Auch andere Leidenschaften können in Pseudo-Emotionen verwandelt werden. Übrig bleibt die nervende Frage: Was ist denn nun beim Zorn so anders? Gibt es tatsächlich keine Gegenbewegung? Wohin geht dann der Ärger?«[252]

---
249 Becker, Bovenschen, Brackert u. a.: Aus der Zeit der Verzweiflung, Frankfurt am Main 1977
250 Vgl. Erika Wisselinck: Hexen, 1986, S. 9. Äußerst aufschlussreich ist das Interview mit Johannes Junisch (Direktor des Historischen Seminars der Universität Köln, für die Epoche Frühe Neuzeit im »Großen Ploetz« verantwortlich), S. 46-53.
251 Gemeint sind die 80er-Jahre.
252 Mary Daly: Reine Lust, S. 463

Zur Beantwortung dieser Frage beschäftigt sich Mary Daly mit dem Syndrom der multiplen Persönlichkeitsspaltung. Sie bezieht sich auf eine amerikanische Studie, wonach 85 Prozent der »Multiples« Frauen sind, von denen über 90 Prozent in ihrer Kindheit über längere Zeiträume sexueller und anderer körperlicher Gewalt ausgesetzt waren.[253] Auffällig waren verblüffende Unterschiede bei den Hirnströmen der verschiedenen Persönlichkeiten von Patienten/Patientinnen, ein abnorm umfangreicher Stimmbereich sowie eine außergewöhnliche Fähigkeit, Sprachmuster zu ändern. Vermutet wird, dass jede dieser Persönlichkeiten ihre eigene Erinnerung haben könnte.

Da es – so die Studie – in Gefahrensituationen zwei Möglichkeiten gibt: zurückschlagen oder weglaufen und ein Kind beides nicht tun kann, geschieht Bewusstseinsspaltung als symbolische Flucht.[254] Mary Daly vermutet,

> »dass eine gewisse Form multipler Persönlichkeit niedrigen Grades unter Frauen im Patriarchat weit verbreitet ist. Ich meine sogar, dass dies die normale/fehlgezeugte Situation der im Phallischen Zustand/Staat der Trennung eingesperrten Frauen ist.«[255]

> »Um zur oben gestellten Frage, den Zorn betreffend, zurückzukehren, bin ich also der Meinung, dass Gewitzte Weibsen, die diesem Gedankengang folgen, in der Vorstellung eines unter Frauen weitverbreiteten multiple-Persönlichkeits-Syndroms niedrigen Grades ziemlich deutliche Hinweise zur Antwort auf unsere Frage finden: Was geschieht mit dem frauen-identifizierten, das heißt, Selbst-identifizierten Zorn von unter der Herrschaft des Patriarchats lebenden Frauen? Da als Kinder missbrauchte Frauen nicht zurückschlagen oder weglaufen konnten, ist Bewusstseinsspaltung die logische Konsequenz. Ich meine also, dass Bewusstseinsspaltung der ›fehlende Gegensatz‹ zur Leidenschaft des Zorns ist. Zorn muss in dieser Hinsicht als sich von den anderen Leidenschaften unterscheidend angesehen werden, denn wenn er blockiert wird, zersplittert seine

---

[253] Mary Daly merkt ebd., S. 542 an: »Diese Übersicht, von Dr. Frank W. Putnam Jr., einem Psychiater und Psychologen am National Institute of Mental Health in Bethesda, Md., erstellt, wurde von Ellen Hale in ihrem Artikel: ›Inside the Divided Mind‹, in: The New York Times Magazine vom 17. April 1983, S. 102, behandelt.«
[254] Vgl. ebd., S. 463 f.
[255] bd., S. 464

Bewegung oder Energie in viele Einzelteilchen innerhalb der Psyche. Zorn ist demnach als eine konvertible Energieform zu betrachten. Im Staat der Trennung wird diese Energie in Frauen häufig in die Produktion abgespaltener ›anderer Selbst‹ umgewandelt.

Wenn diese Analyse stimmt, dann kann der Schlüssel zur Flucht aus dem Staat der Trennung in einer präzisen Frage bezüglich patriarchal besetzter Frauen gefunden werden – bezüglich Frauen, die zu moralischer Empörung in eigener Sache und der Sache anderer Frauen unfähig sind. Die Frage lautet ganz einfach: Wovon ist denn eine patriarchale Frau abgespalten? Und die einer metapatriarchalen Denkerin am naheliegendsten erscheinende Antwort ist: Es ist die Abspaltung von ihrer eigentlichen Identität als Frau – nicht, wie die Sadogesellschaft ›Frau‹ definiert, sondern als archaische, Elementale Frau, die Jan Raymond als ›eine ursprüngliche Frau‹ be-Zeichnet.[256] Diese Antwort führt uns zum Thema des radikalen feministischen Separatismus.«[257]

Der radikalfeministische Separatismus ist

»ein wesentlicher Aspekt gynophiler Kommunikation, denn er trennt eine Frau von den Ursachen der Zersplitterung – den inneren und äußeren Hindernissen –, die sie vom Fluss der Integrität in ihrer Selbst trennen.«[258]

Die integritätszerstörende sexuelle Gewalt verhindert insofern gynophile Kommunikation, als das Mädchen oder die Frau nicht in der Lage sind, mit der Leidenschaft des Zornes auf das »vorhandene Übel« zurückzuschlagen. Daran hindert sie vor allem auch, dass die phallokratische Gesellschaft es dem kleinen Mädchen unmöglich und der Frau sehr schwer macht, den Angreifer als solchen zu be-Zeichnen und die Integrität ihrer Selbst von den »Motiven« des angreifenden sexuellen Gewalttäters zu unterscheiden. In dem Ausmaß, in dem ihr diese Unterscheidung/Trennung nicht gelingt, trennt/zersplittert das Mädchen/die Frau in ihrer Selbst. Mary Daly formuliert:

»Die phallische Anwesenheit von Abwesenheit wird in der Psyche der angegriffenen/zum Opfer gemachten Frau zu einer internalisierten

---

[256] Mary Daly zit. hier Janice Raymond: »A Genealogy of Female Friendship«, in: TRIVIA: A JOURNAL OF IDEAS, 1 (Herbst 1982), S. 7.
[257] Mary Daly: Reine Lust, S. 465
[258] Ebd., S. 466
[259] Ebd.

Anwesenheit von Abwesenheit in der Selbst der Frau umgesetzt.«[259]
»Die heilende Antwort auf diesen Zustand ist, einen *Kontext* herzustellen, in dem genau das, wovon Frauen unter dem Patriarchat getrennt worden sind, nämlich ihre Selbst-Identifikation als Wilde, Ursprüngliche Frauen, gestärkt wird. Feministischer Separatismus ist demnach ein gemeinsamer Prozess, mit dem der Fluss des Verbundenseins im Inneren jeder einzelnen Frau – ihre Anwesenheit von Anwesenheit – bestätigt wird.«[260]
Diesen Kontext be-Zeichnet Mary Daly als Kontext der Zu-Neigung, den Frauen weben, die durch das Wissen »um das weibliche Potential inspiriert«[261] sind.

Frauen, die solche Kontexte weben, wissen, dass es sowohl schwerwiegende innere als auch manifeste äußere und materielle Hindernisse gibt.
»Die Geschichte des Kampfes der Frauen, verschiedene Formen von ›Frauen-Freiraum‹ herzustellen und aufrechtzuerhalten, ist ein lebendiger Beweis für die Tatsache, dass Männer dies als einen entscheidenden Punkt im Krieg um die Kontrolle des Bewusstseins von Frauen erkennen.«[262]
Dass rechtskonservative Regierungen wie die jetzige in Hessen[263] alles ihnen Mögliche unternehmen, um von Frauen geschaffene Freiräume, meist auf Projektbasis, zu schmälern, wenn sie sie nicht ganz vernichten können, ist bekannt. Ich verweise auf die hessische Frauenbeauftragte der CDU, Otti Geschka, die das Hessische Aktionsprogramm für Frauen, das bisher autonome Frauenprojekte notdürftig bezuschusste, als randgruppenorientiert bezeichnete und stornierte. Das ist ein offen geführter materieller Angriff gegen die Autonomie.
Zur theoretisch-soziologischen Untermauerung des Kampfes gegen Frauen-Freiräume geben sich allerdings keineswegs nur regierungstreue Konservative her. Ein kurzer Blick auf Autoren, die ein fortschrittlich-kritisches, »linkes« Image haben wie z. B. Habermas oder Marcuse lehren uns, was wir als Frauen von deren »Fortschrittlichkeit« haben.

---
260 Ebd., S. 467
261 Ebd., S. 469
262 Ebd., S. 467
263 Bezieht sich auf die CDU-Landesregierung unter Walter Wallmann, die 1987 in Hessen die Wahlen gewann.

Barbara Riedmüller schreibt:

>»Auch gilt die Frauenbewegung als besonders abschreckendes Beispiel für eine nicht ›universalistische‹, ›partikulare‹ bis ›irrationale‹ politische Öffentlichkeit ... Am pointiertesten wurde diese Kritik an der Frauenbewegung bei *Kraushaar* formuliert, *auf den sich Habermas beruft* ... Er meint, dass diese *Politik in erster Person nur eine autistische Reaktion auf fehlende gesellschaftliche Veränderungschancen sei.*«[264]

Als »autistisch« bezeichnet er nach Riedmüller u. a. die Ich-Ideologie, die Natürlichkeit, die Erfahrungshypostasierungen, die kulturelle Gegenwelt, die Phantasie.[265] Ich möchte hier festhalten, dass alle Ideologien, die »Universalisierbarkeit« zur Bedingung machen, wie bereits dargestellt bei Benhabib (die sich auf Habermas beruft[266]), zentral die Autonomie der feministischen Bewegung als »partikularistisch« bis »irrational« angreifen – Habermas' »freundliches Zusammenleben.«[267] Ich denke, es geht bei aller patriarchalischen Theorie, Ideologie und Mythologie immer wieder um Sein Gebot: »Du Frau sollst dich auf den Mann beziehen« und um, wie Mary Daly analysiert, das Große Tabu: »Du Frau sollst keine Frau berühren.« Wie aber sollen Frauen sich berühren können, wie einen Kontext von Zu-Neigung weben können, wenn sie im patriarchalen Kontext der Frauenunterdrückung sich nicht trennen von denen, die Frauen voneinander getrennt und nur in Bezogenheit auf den Mann und durch den Mann definiert haben? In einem Gespräch, das Silvia Bovenschen und Marianne Schuller mit Herbert Marcuse geführt haben, kann dieser nichts Schlimmes an der Tatsache finden, dass und wie Männer als alleinige Subjekte »die Frau« imaginiert und definiert haben. (Obwohl beide Frauen sich argumentativ und redlich bemüht haben, ihm das zu erklären.) Er fand gar, dass Frauen dabei gut abgeschnitten hätten, zumal Männer das »Glücksversprechen« (für wen?) Frauen zugeordnet hatten; er tut das weiterhin. Marcuses Schlusswort im Gespräch lautet:

---

[264] Barbara Riedmüller: Theorien der neuen sozialen Bewegungen unter besonderer Berücksichtigung der Frauenbewegung, Habilitationsvortrag 1983, unveröffentlichtes Manuskript, S. 13
[265] Ebd.
[266] Vgl. Jürgen Habermas: Theorie des kommunikativen Handelns, Frankfurt am Main 1981
[267] Vgl. ebd.

»Meine These ist, dass die *wirklichen* Bedürfnisse *menschliche* Bedürfnisse sind und nicht männliche oder weibliche. Sie müssen in gemeinsamer Arbeit und in gemeinsamer Freude von Männern *und* von Frauen entdeckt und erfüllt werden.«[268]

Mary Daly nennt für die Versuche, Frauen-Freiräume zu unterminieren, die Universitätsverwaltungen, die Feministinnen hindern, wenigstens einige Frauenseminare ausschließlich für Frauen anzubieten.

»Es wird Crone-ologinnen kaum sehr überraschen, dass diese Institutionen der ›höheren Bildung‹, die alle Versuche unternehmen, Frauen-Studien zu erschweren, in gleicher Weise Schwarze Studien unterminieren, sich selbst jedoch ›ehren‹, indem sie fanatischen Befürwortern des Atomwaffenwettlaufs akademische Ehrentitel verleihen. Hinter all diesen Praktiken steht ein einziges Programm – das Leugnen der Möglichkeit, Glücklich-zu-sein. Dennoch findet in dieser schäbigen Szenerie immer noch ein Kampf um das Leben des Geistes/Bewusstseins statt. Diese Institutionen verfügen über immense Ressourcen, ein solches Leben zu stimulieren. Daher sind sie weiterhin eine entscheidende Arena – tatsächlich ein Schlachtfeld – für den Kampf um intellektuelle/emotionale Autonomie, welche die feministische Trennung vom Staat/Zustand der Trennung ist.«[269]

Ein typisches Beispiel »knilchiger Umkehrung«, wie Mary Daly es vielleicht nennen würde, waren die Vorgänge anlässlich ihres Gastvortrages in der Frankfurter Goethe-Universität Juli 1986, um den sich Feministinnen der theologischen Fakultät bemüht hatten. Dass Mary Daly ihren Vortrag ausschließlich mit Frauen diskutieren wollte, bewerteten die Professoren der theologischen Fakultät als Angriff auf die demokratische Freiheit der Wissenschaft. Ob diese theologischen Patriarchen in ihren Vorlesungen ähnliche Formulierungen wählen, wenn sie das konstitutive jahrhundertealte Schweigegebot für Frauen in der Kirche referieren? Die »Lösung« war eine räumliche: Zum Vortrag im großen Hörsaal waren Männer zugelassen, die Diskussion fand »separiert« statt im »Soziologen-Turm«, aus-

---

[268] Herbert Marcuse, Jürgen Habermas u. a.: Gespräche mit Herbert Marcuse, Frankfurt am Main 1978, S. 87
[269] Mary Daly: Reine Lust, S. 468

schließlich unter Frauen. Die schon Wochen vorher angedrohte Randale männlicher Theologiestudenten fand nicht statt.

Zur Diskussion über Separatismus vertritt Jan Raymond eine Meinung, die sich gegen die verkürzende, auf die hetero-bezogene normative Sichtweise richtet. Im Zusammenhang ihrer Analyse über die Bewegung der chinesischen Eheverweigerinnen des 19. und 20. Jahrhunderts schreibt Raymond:

»Die Voreingenommenheit gegen Separatismus ist – wie ich meine aus vielerlei Gründen – in vielen feministischen Schriften tief verwurzelt. Separatismus wird nicht von Segregation unterschieden. Auch wird er simplifizierend mit einem Separatismus gleichgesetzt, der unkritisch als eine eskapistische und apolitische Trennung von der Welt eingeordnet wird. Und er wird stets nur aus der Perspektive der ›Trennung von‹ betrachtet und nicht aus der Perspektive der damit gewonnenen persönlichen und politischen Integrität.«[270]

»Der Trennung, die Frauengruppen gewählt haben, muss das gleiche politische Gewicht und der gleiche politische Wert zukommen wie anderen getrennten Bereichen, wenn nämlich zu beweisen ist, dass damit wirklich die Lebensqualität von Frauen verändert, Frauen Macht zuerkannt und ihnen dazu verholfen wird, ihre Spuren in der Welt zu hinterlassen.«[271]

Feminismus

Die Kriterien zur Be-Zeichnung des Feminismus entwickelt Mary Daly in *Reine Lust* im Kapitel »Ver-Zaubern: Die Lust auf Metamorphose.« In Zusammenhang mit diesen Kriterien stehen die Begriffe des Gestalt-Wandelns und des Anders-Seins.

»Ausgangspunkt für die Metapatriarchale Metamorphose einer Frau ist eine ontologische Intuition von ihrem Anderssein gegenüber allen ihr vom Patriarchat aufgezwungenen Gestalten. Dazu gehören Symbolgestalten, Ideengestalten, Beziehungsgestalten, Gefühlsgestalten, Handlungsgestalten.«[272]

---
270 Janice G. Raymond: Frauenfreundschaft. Philosophie der Zuneigung, München 1987, S. 191
271 Ebd., S. 193
272 Mary Daly: Reine Lust, S. 496

Ausgehend von der Intuition ihres Anders-Seiens, deren Implikationen Mary Daly diskutiert hat, unternimmt eine Frau – so das *erste Kriterium* – einen Gestaltwandel (im Sinne von: Sie ordnet die Gestalt ihres Lebens neu), wenn ihr bewusst wird, eine Feministin zu sein. Dieses Gestalt-Wandeln beinhaltet im Realisieren des Anders-Seiens »alle patriarchalen Formen/Gestalten des Bewusstseins, Sprechens und Verhaltens.«[273]
Das *zweite Kriterium* ist das Wissen, dass eine Feministin, die ihr Anders-Seien lebt, mit Sanktionen der Sadogesellschaft zu rechnen hat.
Das Gefühl des Anders-Seiens impliziert die Lust nach Zu-Neigung zu anderen Frauen sowie die Wut angesichts der Unterdrückung von Frauen als Frauen. Die Frauenidentifikation ist das *dritte Kriterium*.
Das *vierte Kriterium* ist, am Engagement für die Sache der Frauen festzuhalten auch dann, wenn es durch den »Zeitgeist« als nicht mehr »in« erklärt wird oder wenn Plädoyers für mehr »Ausgewogenheit« und »Realo-Bewusstsein« gehalten werden oder wenn eine Karriere als Feministin nicht (mehr) machbar ist.
Auf einen Satz gebracht definiert Mary Daly eine Feministin als eine Frau, die, bewegt von ihrem Wissen um ihr Anders-Seien, sich mit Frauen als Frauen identifiziert und trotz der Sanktionen des Patriarchats an der Sache der Frauen festhält.
Ich denke, dass diese Kriterien, die Mary Daly vorschlägt, einige Vorteile haben. So z. B. den Vorteil, dass sie nicht die Unterscheidungen trifft, die innerhalb der feministischen Bewegung so oft freud- bis nutzlos gehandelt werden: Feministin versus radikale Feministin? Lesbische versus Hetero-Feministin? Politische versus spiritualistische Feministin? Mütterliche versus Karriere-Feministin? Weiße versus Farbige Feministin?
Natürlich haben diese Unterscheidungen neben Etikettierungsmissbräuchen auch wirkliche Ursachen, die in der Komplexität und den vielen unterschiedlichen Verwobenheiten gründen, in denen Frauen innerhalb einer bestimmten Zeit, einer Hautfarbe, einer sozialen Schicht, in nichtfamiliären oder familiären Bindungen leben. Ebenso in der Komplexität von Unterschieden ihrer Temperamente, ihrer Begabungen, ihres (nicht im akademischen Sinne gemeinten) Wissens. Trotz all dieser Unterschiede

---

[273] Ebd., S. 498

leben Frauen unter der Herr-schaft des Patriarchats als Unterdrückte, und *jede* Frau, die sich Feministin nennt, kann sich fragen, ob und wie sie ihr Anders-Seien gegen patriarchale Festlegungen und über diese hinaus lebt, wie es um ihre Loyalität und um ihre Zu-Neigung zu Frauen bestellt ist und ob es ihr ihre Selbst und andere Frauen wert sind, Sanktionen dafür in Kauf zu nehmen. Ob sie sich und der Frauenbefreiung (ein Wort, das in den 80ern fast nostalgisch klingt) treu bleibt, auch wenn konservative, liberale oder linke Ideologen und Akteure versuchen, ihr den Boden unter den Füßen wegzuziehen, um sie ihrer Herde einzuverleiben. Wenn eine Frau sich die Fragen so stellt, wird sie bald merken, dass es keinen Unterschied zwischen Feminismus und radikalem Feminismus gibt.

Mit dieser Sichtweise muss eine Feministin sich auch nicht einer bestimmten »Fraktion« der Frauenbewegung zurechnen; im Gegenteil ist diese Sichtweise eher fraktionssprengend als fraktionszementierend. *Wenn wir davon ausgehen, dass »die Intuition des Anders-Seiens« wegen der Komplexität der Frauenleben sehr unterschiedlich ist, verstehen wir diese Unterschiede nicht unbedingt als Fraktionszwänge mit (selbst-)schädigenden Folgen, sondern in Zu-Neigender Weise.* So wird eine feministische Schwarze Lesbe weitere Facetten weißer patriarchaler Unterdrückung erfahren und auch ihre positiven metamorphischen Potentiale entsprechend anders leben als ich. Auch lebe ich ein anderes Gefühl des Anders-Seiens, wenn ich im Festzelt des Dorfes, in dem ich lebe, mich mit meiner Freundin auf der Tanzfläche zur Schnulze »Only you« bewege im Kontext einer heterosexistischen Umwelt; Intuitionen, die nicht lesbisch lebende Feministinnen nicht erfahren können.

Ich muss wohl an dieser Frage mit Beispielen nicht überstrapazieren; jede Feministin kennt genügend durch ihr eigenes Leben. Mir geht es darum, anhand der Daly'schen Definition zu zeigen, dass eine wohlverstandene Anwendung ihrer Kriterien durch Feministinnen gegen die Teile-und-herrsche-Strategie des Knilchtums ein Netz an Frauen-Zuneigung zu weben vermag.

Zum anderen macht die Daly'sche Definition auch gut sichtbar, was Feminismus eben nicht ist.

Das Problem besteht ja nicht (nur) darin, dass es auf der einen Seite Feministinnen gibt und auf der anderen Seite die Maggie Thatchers, die ganz bewusst Ausführende phallokratischer Verbrechen sind. Diese Frauen, die Mary Daly »Alibi-Folterknechte« nennt,

> »dienen als Instrumente des Sadostaates nicht nur, weil sie zur Durchführung unterdrückerischer Akte ernannt wurden, sondern auch, weil sie ent-mutigende und verwirrende Rollenbilder darstellen, die andere Frauen in lähmende Schuldgefühle und fehlgeleiteten Zorn hineintreiben.«[274]

Weit schwieriger und fächerhafter sind die Mechanismen, die ehemalige Feministinnen dazu bringen, ihre Loyalität gegenüber Frauen zu opfern und sich als »Alibi-Feministinnen« vor Seinen Karren spannen zu lassen. Leichter erkennbar sind die Vorgänge dort, wo solche Frauen sich durch Karriereangebote schmieren lassen; denn wozu eine ihren Job verwendet, ist an ihren Arbeiten beurteilbar. Schon schwieriger verstehbar sind frauenfeindliche »Tugenden« ehemaliger Feministinnen, die nicht die patriarchalen *embeds* (plastikisierende Einpflanzungen) in ihrer Psyche exorziert haben, die demzufolge den ihnen eingestöpselten »Selbsthasser« (Doris Lessing) nicht wahrnehmen und ihren Selbsthass mit den Mechanismen horizontaler Gewalt ausagieren.

Ich denke, es ist sehr wichtig, die Dinge in einem weltweiten und zeitbedingten Kontext zu beobachten, um die aktuelle Gefährdung der 80er-Jahre für Feministinnen, für unser Bewusstsein tiefer zu verstehen.

> »Es ist voraussagbar und bereits zu beobachten, dass in dem Maße, wie das biozide Wettrüsten weitergeht, wie die Zerstörung von Völkern der Dritten Welt durch die Vereinigten Staaten und andere mächtigen Nationen eskaliert, wie Rassismus und Armut ›zu Hause‹ immer schlimmer werden, auch die Energie und Motivation vieler Frauen, an Geweben Weiblicher Zu-Neigung zu weben, unterminiert wird. Dies ist zum Teil zurückzuführen auf den Ekel und Schrecken angesichts der Tatsache, dass die Frauen des rechten Flügels und andere Dienerinnen des Sadostaates zunehmend in Erscheinung treten, und angesichts deren offensichtlichen moralischen Bankrotts; es ist auch zurückzuführen auf falsche Schuldgefühle, der Sache des Feminismus Vorrang gegeben zu haben.

---

274 Ebd., S. 475

Crones müssen hier also erkennen, wie ein uralter Trick der Patriarchen in den achtziger Jahren wieder äußerst effizient arbeitet: Es ist die Herstellung eines ständigen Not- oder Ausnahmezustandes, in dem irgendwelche von-Männern-befohlenen Aktivitäten für weit wichtiger gehalten werden als die Befreiung der Frauen.«[275]

Es ist schwieriger geworden, Feministin zu werden oder zu bleiben. Die wutbefeuerte Empörung gegen Frauenunterdrückung sowie die Befreiungs- und Glücksgefühle, die Frauen in autonom organisierten Gesprächs- und Aktionsgruppen der 70er-Jahre lebten, »korrespondierten« in gewisser Weise mit einem »liberaleren« Klima bzw. einer Situation, in der die patriarchalen Knilche noch nicht wussten, wie sie mit dem neuen Selbstbewusstsein der Frauen umgehen sollten, um es wieder unter ihre Kontrolle zu bekommen. In den 80ern herr-scht die Windstille der Lähmung/Zähmung von Frauen. Die neuen/alten Schuldgefühle (»Wir müssen dazugehören, um zu retten, um zu zivilisieren, um das Schlimmste abzuwenden.«) oder gar die Bekenntnisse (»Wir gehören dazu – und wie sogar!«, »Wir hatten ein einseitiges Männerbild«, »Keine Gnade der geschlechtsspezifischen Geburt«) feiern Hochkonjunktur. Die 80er-Jahre sind die Dekade der verstärkten Wiederkehr der Archetypen, ist Mary Dalys Befürchtung. Feministinnen, die trotz dieser unablässigen Propaganda immer noch nicht dazugehören wollen, spüren diese bedrohliche Situation in allen Fasern ihrer physischen und psychischen Substanz. Auch deswegen werfen Feministinnen neue Fragen auf, die diese Tendenzen berücksichtigen, und sie schaffen damit neue Räume für metamorphische Bewegung über den *state of boredom* (Staat/Zustand des Bohrertums/der Langeweile) hinaus.

Jan Raymond schreibt:

»Hetero-Beziehungen haben (auch) die Theorien und Realitäten des Feminismus beeinflusst, nämlich dort, wo Feminismus als Gleichheit von Frauen und Männern definiert wird, statt als Autonomie, Unabhängigkeit und Liebe des weiblichen Selbst in Affinität mit anderen Selbst, die ihm gleichen – ihre Schwestern. Diese Definition weist dem Feminismus eine falsche Ausgangsposition zu, sie setzt nämlich Frauen in Beziehung zu Männern statt zu Frauen.

---
[275] Ebd.

Für mich bedeutet Feminismus nie die Gleichheit von Frauen und Männern. Es bedeutet immer die Übereinstimmung von Frauen mit unseren Selbst – eine Gleichheit mit den Frauen, die für Frauen waren, die für die Freiheit der Frauen gelebt haben und dafür gestorben sind; Frauen, die für Frauen gekämpft haben und erkannten, dass ohne das Bewusstsein und die Überzeugung, im Leben von Frauen nehmen Frauen die erste Stelle ein, alles andere außer Perspektive gerät. Hetero-bezogener Feminismus verdeckt – genau wie hetero-bezogener Humanismus – die Notwendigkeit von Frauenfreundschaft als Grundlage für und Folge von Feminismus.«[276]
In dieser »Verschiebung des (Blick-)Winkels« (Emily Culpepper) durch metamorphische Bewegung, die der spiralenden Denkweise eigen ist, sehe ich Mary Dalys *Reine Lust*.

Statt eines Schlusswortes, möchte ich Mary Daly sprechen lassen:
»Nichts gleicht dem Klang, wenn Frauen richtig lachen. Das tosende Gelächter von Frauen ist wie das Tosen der ewigen See. Häxen können über sich selbst gackern und lachen, doch immer unüberhörbarer wird ihr schallendes Gelächter über jene Verkehrung, die das Patriarchat darstellt, diesen monströsen Zipfel-Witz, den Club der Männlichen Mütter, die nur Betrug und Verwesung gebären. Im Gelächter der Häxen ist Schmerz und vielleicht Zynismus zu hören, wenn sie dem Schauspiel zusehen, wie die männlichen Mütter (Mörder) einen Planeten verstümmeln, den sie bereits zum Tode verurteilt haben. Doch dieses Gelächter ist die einzige wahre Hoffnung, denn so lange es ertönt, legt es Zeugnis davon ab, dass jemand den dreckigen Witz durchschaut.«[277]

---

[276] Janice G. Raymond: Frauenfreundschaft, 1987, S. 22 f.
[277] Mary Daly: Gyn/Ökologie, S. 38

Literaturverzeichnis

Primärliteratur

Originalausgaben von Mary Daly

Natural Knowledge of God in the Philosophy of Jacques Maritain. Rom 1966

The Church and the Second Sex. Boston 1969

Beyond God the Father: Toward a Philosophy of Women's Liberation. Boston 1973

Gyn/ecology: A Metaethics of Radical Feminism. Boston 1978

Pure Lust: Elemental Feminist Philosophy. Boston 1986

Daly's Websters' First New Intergalactic Wickedary of the English Language Conjured (in Cahoots with Jane Caputi). Boston 1987

Outercourse: The Be-Dazzling Voyage. San Francisco 1993

Quintessence: Realizing the Outrageous Contagious Courage of Women. A Radical Elemental Feminist Manifesto. Boston 1998

Amazon Grace: Re-Calling the Courage to Sin Big. New York 2006

Deutsche Übersetzungen

Kirche, Frau und Sexus. Übersetzt von Dietgard Erb. Düsseldorf 1970

Jenseits von Gottvater, Sohn & Co. Aufbruch zu einer Philosophie der Frauenbefreiung. Übersetzt von Marianne Reppekus, Barbara Hininges und Erika Wisselinck. München 1980

Gyn/Ökologie. Eine Metaethik des Radikalen Feminismus. Übersetzt von Erika Wisselinck. München 1981

Reine Lust. Elemental-feministische Philosophie. Übersetzt von Erika Wisselinck. München 1986

Auswärts Reisen. Die Strahlkräftige Fahrt. Übersetzt von Erika Wisselinck. München 2002

Sekundärliteratur
Bücher
Francia, Luisa: Drachenzeit, München 1987
French, Marilyn: Jenseits der Macht, Hamburg 1985
Griffin, Susan: Frau und Natur. Das Brüllen in ihr, Frankfurt 1987
Habermas, Jürgen: Theorie des kommunikativen Handelns, Frankfurt 1981
König, Marie E.P.: Unsere Vergangenheit ist älter. Höhlenkult Alt-Europas, Darmstadt 1980
Langer, Susanne K.: Philosophie auf neuem Wege – Das Symbol im Denken, im Ritus und in der Kunst, Frankfurt 1984
Löpelmann, Martin: ERINN – Keltische Sagen aus Irland, Düsseldorf/Köln 1981
Markale, Jean: Die keltische Frau – Mythos, Geschichte und soziale Stellung, München 1986
McClelland, David: Macht als Motiv. Entwicklungswandel und Ausdrucksformen, Stuttgart 1978
Merchant, Carolyn: Der Tod der Natur, München 1987
Millett, Kate: Sexus und Herrschaft. Die Tyrannei des Mannes in unserer Gesellschaft, München 1974
Morgan, Robin: Die Anatomie der Freiheit, München 1987
Ranke-Graves, Robert von: Die Weiße Göttin – Sprache des Mythos, Hamburg 1985 (Erstausgabe 1948)
Raymond, Janice G.: Frauenfreundschaft. Philosophie der Zuneigung, München 1987
Solanas, Valerie: Manifest zur Vernichtung der Männer. SCUM, Hamburg 1983 (Originalausgabe 1968)
Thürmer-Rohr, Christina: Vagabundinnen. Feministische Essays, Berlin 1987
Walker, Barbara G.: Die Weise Alte. Kulturgeschichte – Symbolik – Archetypus, München 1986

Wisselinck, Erika: Hexen. Warum wir so wenig von ihrer Geschichte erfahren und was davon auch noch falsch ist, München, 1986
Woolf, Virginia: Drei Guineen, München 1977
Woolf, Virginia: Ein Zimmer für sich allein, Frankfurt 1983

Beiträge in Sammelwerken, Sammelwerke
Benhabib, Seyla: »Ansätze zu einer feministischen Moraltheorie – unter Berücksichtigung der Arbeit Caroll Gilligans«, in: H. Strueder und E. List (Hg.): Feminismus als Kritik, Frankfurt 1987
Becker, Bovenschen, Brackert u. a.: Aus der Zeit der Verzweiflung, Frankfurt, 1977
Druskowitz, Helene von: »Pessimistische Kardinalsätze«, in:
Hacker, Hanna: »Eigensinn und Doppelsinn in frauenbezogenen und lesbischen literarischen Texten österreichischer Autorinnen 1900-1938«, in: Kulturjahrbuch 2, Wien 1983
Göttner-Abendroth, Heide: »Wissenschaftstheoretische Positionen in der Frauenforschung (Amerika, Frankreich, Deutschland)«, in: Symposium: Methoden in der Frauenforschung, FU Berlin vom 30.11.-2.12.1983, hg. von Zentraleinrichtung zur Förderung von Frauenstudien und Frauenforschung an der FU Berlin, Frankfurt 1984
Marcuse, Herbert/Habermas, Jürgen u. a.: Gespräche mit Herbert Marcuse, Frankfurt 1978
Mies, Maria: »Die Debatte um die Methodischen Postulate zur Frauenforschung«, in: Symposium: Methoden in der Frauenforschung, FU Berlin vom 30.11.-2.12.1983, hg. von Zentraleinrichtung zur Förderung von Frauenstudien und Frauenforschung an der FU Berlin, Frankfurt 1984
Prokop, Ulrike: »Ein Zimmer für sich alleine – das ist nicht nur räumlich zu verstehen«, in: Dokumentation zum Frankfurter Frauenlehrstuhl, hg. vom Autonomen Lesben- und Frauenreferat der Goethe-Universität Frankfurt am Main 1986
Rang, Brita: »Zur Geschichte des dualistischen Denkens über Mann und Frau – Kritische Anmerkungen zu den Thesen von Karin Hauser zur Herausbildung der Geschlechtscharaktere im

18. und 19. Jahrhundert«, in: Dalhoff/Frey/Schöll: Frauenmacht in der Geschichte, Düsseldorf 1986

Beiträge in Zeitschriften
Bennholdt-Thomsen, Veronika: »Geh zurück auf ›Los‹ – Gegen die männeridentifizierte Reaktion in der Frauenforschung«, in: beiträge zur feministischen theorie und praxis, hg. von Sozialwissenschaftliche Forschung und Praxis für Frauen e.V., Nr. 18: Politik – Auf der Spur – gegen den Strich, S. 82-91, Köln 1986
Böttger, Barbara: »Macht und Liebe, Gleichberechtigung und Subsistenz – Kein Ort. Nirgends«, in: beiträge zur feministischen theorie und praxis, hg. von Sozialwissenschaftliche Forschung und Praxis für Frauen e.V., Nr. 19: Politik – Zeit zum Streit, S. 9-28, Köln 1987
Broetz, Gabriele/ Kroll, Brigitte : »Die politische Krankheit Aids: Eine neue Abtreibung der Frauenfrage?«, in: beiträge zur feministischen theorie und praxis, hg. von Sozialwissenschaftliche Forschung und Praxis für Frauen e.V., Nr. 20: Der neue Charme der sexuellen Unterwerfung, S. 65-74, Köln 1987
Ehrhardt, Heidrun/ Verbeet, Elisabeth: »Den Feind beim Namen nennen – Sexuelle Gewalt gegen Mädchen«, in: beiträge, Nr. 20, S. 37-50, 1987
Giebeler, Cornelia: »Institution der Empörung – Zum Verhältnis ›Bewegung‹ und ›Institution‹ am Beispiel der Frauenforschung«, in: beiträge, Nr. 18, S. 65-81, 1986
Hänsch, Ulrike: »Zum Schweigen der Lesben – Die Lesbe als Gegentäterin und Mit-täterin«, in: beiträge, Nr. 20, S. 95-102, 1987
Hickel, Erika: »Tod der Natur«, in: Wechselwirkung, 2/1984
Holland-Cunz, Barbara: »Patriarchaler Biozid – feministische (Kultur-)Revolution?«, in: beiträge, Nr. 18, S. 53-64, 1986
Holland-Cunz, Barbara: »Eine umstrittene Philosophin«, in: Kommune, 1/1987
Kröner, Sabine: »Technikfortschritt und weiblicher Körper im Sport«, in: beiträge, Nr. 20, S. 113-122, 1987

Lorent, Angela/Samasow, Magliane: »The energy crisis is the crisis of female energy«, Interview mit Mary Daly in: taz vom 21.10.1082

Michalik, Regina: »Politik: das Leid mit einer Leidenschaft«, in: beiträge, Nr. 19, S. 89-99, 1987

Prengel, Annedore/Wirbel, Ute: »Abschied von der Abhängigkeit – Zur historischen und biographischen Entmachtung der Frauen«, in: beiträge, Nr. 17: Neue Heimat Therapie, S. 69-82, 1986

Soltau, Heide: »Abschied von der Sadogesellschaft«, in: taz vom 7.7.1986

Frankfurter Rundschau: »Die reine Lust der Hexen. Feministin und Philosophin predigt Mut zur Sünde«, FR vom 3.7.1986

Stendhal, Renate: »Renate Stendhal, eine schreibende Frau, an Margaret Mitchell«, in: Virginia. Frauenbuchkritik, Nr. 1, Oktober 1986, S. 16 f.

Thürmer-Rohr, Christina: »Aus der Täuschung in die Ent-täuschung – Zur Mittäterschaft von Frauen«, in: beiträge, Nr. 8: Gegen welchen Krieg – für welchen Frieden, 1983

Thürmer-Rohr, Christina: »Wendezeit-Wendedenken-Wegdenken«, in: beiträge, Nr. 12: alltag: Natur, Technik, Magie, 1984

Waters, Lyssa: »Why I became a Gynecologist – Four Men Tell All«, in: Ms., Febr. 1977, S. 54

Weiler, Gerda: »Elga Sorge zu unbequem«, Leserinnenbrief in: Frankfurter Rundschau vom 21.4.1987

Weiler, Gerda: »Quantensprünge des Bewußtseins«, in: Virginia. Frauenbuchkritik, Nr. 1, Oktober 1986, S. 4 f.

Werner, Vera: »Krankheit als Chance«, in: beiträge, Nr. 17, S. 91-96, 1986

Wiegmann, Barbelies: Leserinnenbrief in: EMMA, 1/1987

Vorträge

Liebs, Elke: »Melusinen/Undinen in: Männerphantasien des 19. Jahrhunderts«, gehalten im Rahmen der feministischen Ringvorlesung Germanistik, Universität Frankfurt, WS 1986/87

Riedmüller, Barbara: »Theorien der neuen sozialen Bewegungen

unter besonderer Berücksichtigung der Frauenbewegung«, Habilitationsvortrag 1983 (unveröffentlichtes Manuskript)
Thürmer-Rohr, Christina: »Feminismus und Moral«, gehalten auf der Tagung »Frauenpolitik und feministische Utopie«, Bielefeld, Juni

Lexika
Kluge, Friedrich: Etymologisches Wörterbuch der deutschen Sprache, Berlin, New York, 1975
Merriam-Webster A.: Websters Third New International Dictionary of the English Language, Unabridged, Hg. Philip Babcock, Gove C. Springfield, Mass., 1976
Textor, A.M.: Auf deutsch. Das Fremdwörterlexikon, Hamburg 1985

Features, Kabarett, Gedichtbände, Gespräche
Berg, Christian/Schnibben, Cord: »Die größte Flasche des Jahrhunderts – 100 Jahre Coca Cola«, Sendung der ARD vom 15.4.87
Die Maininger: »… abhanden gekommen … culturclip auf horrortrip«, Frankfurter Kabarett, 1987
Rich, Adrienne: Der Traum einer gemeinsamen Sprache. Gedichte, München 1982
Wahnbaeck, Christa: Gespräch über Mythologie, Wilhelmshaven 1987

Abdruckgenehmigungen
Neben den vielen AutorInnen, die uns den Abdruck ihrer Artikel genehmigten, danken wir besonders auch dem Verlag Frauenoffensive, der uns den Abdruck zahlreicher Zitate aus den bei ihnen erschienenen Büchern erlaubte.

Autorinnenverzeichnis

Albers, Ilka
hat Betriebswirtschaft und Erziehungswissenschaften studiert und arbeitet seit 1988 journalistisch – vor allem zu frauenspezifischen Themen. Als Hörfunkautorin hat sie überwiegend für den Saarländischen Rundfunk zahlreiche Sendungen produziert. Ilka ist leider im April dieses Jahres verstorben.

Barufaldi, Linda
ist schon immer lesbisch feministische Aktivistin. Sie ist Chiropraktikerin und arbeitet im Non-Profit-Management. Sie war Dalys Studentin an der Harvard Divinity School und lebt in San Diego.

Benson, Jennifer
Assistant Professor of Philosophy am Washington College in Maryland.

Bindel, Julie
Journalistin, Autorin und feministische Aktivistin. Ihre besondere Leidenschaft gilt der Enthüllung des Horrors von Prostitution und allen Formen kommerzieller sexueller Ausbeutung.

Bridle, Susan
arbeitet auf dem Gebiet Internationale Politische Ökonomie & Politische Theory an der University of Denver, Colorado.

Brooks Thistlethwaite, Susan
ist ehemalige Präsidentin des Chicago Theological Seminary (1998-2008) und im Führungsstab des Center for American Progress.

Buchta, Dagmar
Politikwissenschaftlerin und Publizistin in Wien und seit 12 Jahren als Journalistin tätig, derzeit für *www.dieStandard.at* und verschiedene Printmedien.

Culpepper, Emily
Gründerin und seit 1989 Direktorin der Women's Studies an der Universität von Redlands, California. Sie stammt aus Georgia und ist seit ihrer Schulzeit Aktivistin für soziale Gerechtigkeit.

Dobkin, Alix
produzierte 1973 mit Kay Gardner und Marilyn Ries *Lavender Jane Loves Women* das allererste Album der Weltgeschichte von, für und über Lesben.

Fox, Thomas
Herausgeber des *National Catholic Reporter*.

Hunt, Mary E.
Mitbegründerin und Co-Leiterin der *Women's Alliance for Theology, Ethics and Ritual (WATER)* in Silverspring, Maryland. *(www.hers.com/~water/)*

Keller, Andrea
Jahrgang 1958 in Mainz, lebt in Karlsruhe und ist u. a. Stadtplanerin und Autorin von *Strömung* und *LesbenKomisch*. (Letzteres nur noch über eveline.ratzel@freenet.de erhältlich.)

Lindsay, Jay
schreibt für *Associated Press*.

Marquardt, Bryan
Reporter bei *The Boston Globe*.

Morgan, Robin
Dichterin, Autorin (Zu weit gehen und Anatomie der Freiheit) und bekannte Aktivistin. *(www.robinmorgan.us/)*

Neubauer, Irmgard
gelernte Buchhändlerin und ausgebildete Flötistin, hält Vorträge zu den Themen »Frauengeschichte« und »Die Sprache der Göttin«. *(www.frauenwissen.at)*

Nositschka, Gudrun
Vorsitzende des Fördervereins der Gerda-Weiler-Stiftung für feministische Frauenforschung. *(www.gerda-weiler-stiftung.de)*

Powers, Ann
bespricht Popmusik für die *New York Times*.

Pusch, Luise F.
(geb. 1944) ist Sprachwissenschaftlerin und Publizistin mit zahlreichen Veröffentlichungen auf dem Gebiet der feministischen Linguistik und der Frauenbiografieforschung. Im Internet schuf sie die Frauendatenbank *www.fembio.org*.

Ratzel, Eveline
hält Vorträge über Alte Frauenkulturen und ist Autorin von *ent-Grimm-te Märchen, Helle Nacht* und *Die Brache* (heute nur noch über eveline.ratzel@freenet.de erhältlich).

Raymond, Janice
emeritierte Professorin an der University of Massachusetts in Amherst, ehemalige Co-Direktorin der CATW, International Coalition Against Trafficking in Women [Internationale Koalition gegen Frauenhandel], und Autorin von Büchern (*Frauenfrendschaft* und *Die Fortpflanzungsmafia*) und zahlreichen Artikeln in frauenbewegten Medien.

Weiler, Gerda
Jahrgang 1921, Lehrerin mit Schwerpunkt Religion und studierte Psychologin, kam 1974 in die Frauenbewegung und veröffentlichte 1984 das Buch *Ich verwerfe im Lande die Kriege. Das verborgene Matriarchat im Alten Testament*. 1985 folgte *Der enteignete Mythos. Eine notwendige Revision der Archetypenlehre C.G. Jungs und Erich Neumanns*. *(www.gerda-weiler-stiftung.de)*

Weitere Bücher aus dem Christel Göttert Verlag

»Wir dachten alles neu«. *Die Feministin Erika Wisselinck und ihre Zeit* von Gabriele Meixner, ISBN 978-3-939623-22-9

Erika Wisselinck (1926 – 2001) hat die Frauenbewegung in Deutschland in vielfältiger Weise mitgestaltet. Die mitreißende Biografie zeigt, dass sich die Journalistin mit Hörfunksendungen, Zeitungsartikeln und Vorträgen, mit ihrem politischen Engagement, ihren Büchern und kongenialen Übersetzungen der Werke Mary Dalys dem überwältigenden Bewusstseinswandel der Frauen verschrieben hatte. Dabei entwarf sie ein Denken, das feministische Spiritualität, Philosophie und politisches Handeln verband.

Frauen denken anders. *Zur feministischen Diskussion* von Erika Wisselinck, ISBN 978-3-922499-24-4

Die Situation unseres Planeten, der durch männlichen Erfindergeist dem Abgrund zutreibt, ist kein Betriebsunfall. Erika Wisselinck erläutert, dass die Ursachen dieser Situation im abendländischen Denken liegen, zu dessen Tradition es gehört, die Hälfte der Menschen, nämlich die Frauen, von vornherein auszuschließen. Sie zeigt die scheinbar neutralen Kategorien des menschlichen Geistes, die immer von männlichen Traditionen bestimmt waren, und setzt ihre eigenen Denkansätze entgegen. Ein Buch für Neugierige.

Anna im Goldenen Tor. *Gegenlegende über die Mutter der Maria* von Erika Wisselinck, ISBN 978-3-939623-03-8

In der spannenden Erzählung von Anna, der Mutter von Maria und der Großmutter von Jesus, zeichnet Erika Wisselinck ein Bild der israelischen Gesellschaft am Übergang von der alten Mutter-Religion zur Herrschaft des einen männlichen Gottes. Die Geschichte einer weisen Heilerin – gegen den Strich der frommen Legende aus konsequent frauenengagierter Perspektive erzählt. Hochaktuell in einer Zeit fundamentalistischen Denkens – anregend für die noch immer zu führende Geschlechterdiskussion!

Mit Mut und Phantasie. *Frauen suchen ihre verlorene Geschichte*, hg. von Erika Wisselinck und Helma Mirus, ISBN 978-3-922499-37-6

In der reich bebilderten und ergänzten Neuauflage der Dokumentation des »Festes der 1000 Frauen« berichten einzelne Frauen exemplarisch von ihrem Weg zu einer Frau der Vergangenheit aus Politik, Kunst, Wissenschaft oder Mythologie. Ein einzigartiges gelebtes Geschichtsbuch und Nachschlagewerk.

Weitere Bücher aus dem Christel Göttert Verlag

Buch der 1000 Frauen. *FRAUEN-GEDENK-LABYRINTH,* hg. von Dagmar v. Garnier, Teil 1: ISBN 978-3-922499-45-9, Teil 2: ISBN 978-3-922499-54-1

Als alle Menschen Schwestern waren von Irene Fleiss, Teil 1: *Leben in matriarchalen Gesellschaften,* ISBN 978-3-922499-84-8, Teil 2: *Weiblichkeit in matriarchalen Gesellschaften – gestern und heute,* ISBN 978-3-922499-88-6

Menstruation. *Von der Ohnmacht zur Macht* von Dagmar Margotsdotter-Fricke, ISBN 978-3-922499-76-3

Der weiblich Faden. *Geschichte weitergereicht* von Birgitta M. Schulte, ISBN 978-3-922499-23-7

Wo wilde Weiber wohnen. *Geschichte von und über Frauen rund um den Odenwald* aus der Frauengeschichtswerkstatt Odenwald, hg. von Barbara Linnenbrügger, ISBN 978-3-939623-26-7

zwischen den welten. *Orte der ›Hexen‹-Verfolgung als Bildhauerin neu sehen* von Eva-Gesine Wegner, ISBN 978-3-922499-63-5

Klara Hitler. *Muttersein im Patriarchat* von Christa Mulack ISBN 978-3-922499-80-0

Ich lebe. Ich bin. *Mutter und Tochter im Schatten von sexueller Gewalt – ein Aufbruch* von Gita Iff, ISBN 978-3-939623-34-2

Die Zauberhaft. *Von sexualisierter Gewalt im Märchen und wie betroffene Prinzessinnen dennoch Königinnen werden können* von Dagmar Margotsdotter-Fricke, ISBN 978-3-922499-76-3 (auch als Hörbuch, ISBN 978-3-939623-20-5)

Mit der Drachin reisen von Saheta S. Weik, ISBN 978-3-922499-55-8

Starke Mütter verändern die Welt. *Was schiefläuft und wie wir Gutes Leben für alle erreichen* von Kirsten Armbruster ISBN 978-3-922499-97-8

Die Ordnung der Mutter – Wege aus dem Patriarchat. *Dokumentation des Internationalen MutterGipfels 2008,* hg. von Uschi Madeisky, ISBN 978-3-939623-25-0

Die symbolische Ordnung der Mutter von Luisa Muraro
(erweiterte Neuauflage), ISBN 978-3-922499-79-4

Das Patriarchat ist zu Ende. *Es ist passiert – nicht aus Zufall*
von Libreria della donne di Milano, ISBN 978-3-922499-28-2

frauen lehren von Gisela Jürgens und Angelika Dickmann
ISBN 978-3-922499-25-1

Weit über Gleichberechtigung hinaus ... *Das Wissen der Frauenbewegung fruchtbar machen* von Ina Praetorius, ISBN 978-3-939623-18-2

Sinn – Grundlage von Politik von Maren Frank, Andrea Günter
u.a., ISBN 978-3-922499-82-4

Erzähl mir Labyrinth. *Frauenkultur im öffentlichen Raum. 20 Jahre Labyrinthplatz Zürich* von A. Barmettler, R. Farner, U. Knecht,
C. Krüger, Z. Küng, K. Morf, R. Schmid, ISBN 978-3-939623-33-5

Über die Liebe zum Gras an der Autobahn. *Analysen, Polemiken und Erfahrungen in der ›Zeit des Bumerang‹* von Claudia von Werlhof, ISBN 978-3-939623-21-2

Grüner Himmel über schwarzen Tulpen. *Ein west-östlicher Blick hinter den Schleier Irans* von Barbara Naziri, ISBN 978-3-939623-27-4

Mein Kabul – mein Deutschland. *Máris mutiger Weg zwischen den Kulturen* von Mári Saeed, ISBN 978-3-939623-02-1

Der Christel Göttert Verlag publiziert – nunmehr bereits in seinem 20. Jahr – Bücher von Frauen für die Welt. Auf unseren Internetseiten finden Sie Informationen über unsere Programmschwerpunkte: feministische Philosophie, praktische Politik von Frauen, weibliche Spiritualität, Matriarchatsforschung sowie Frauengeschichte und Frauenbiografien – mit Büchern zu aktuellen gesellschaftlichen Debatten, kritischen Analysen, differenzierten Kulturbetrachtungen sowie interessanten Porträts und Werkdarstellungen.

www.christel-goettert-verlag.de   info@christel-goettert-verlag.de